大学生心理健康教育

主　编◎钟　歆

副主编◎胡佳怡　周　明

吴骕骦　黄　琳

西南财经大学出版社

中国·成都

图书在版编目(CIP)数据

大学生心理健康教育 / 钟歆主编;胡佳怡等副主编.
成都:西南财经大学出版社,2025. 1. --ISBN 978-7-5504-6443-8
Ⅰ. G444
中国国家版本馆 CIP 数据核字第 2024F6A407 号

大学生心理健康教育
DAXUESHENG XINLI JIANKANG JIAOYU

主　编　钟　歆
副主编　胡佳怡　周　明　吴骕骕　黄　琳

责任编辑:李特军
助理编辑:李　佳
责任校对:冯　雪
封面设计:墨创文化
责任印制:朱曼丽

出版发行	西南财经大学出版社(四川省成都市光华村街 55 号)
网　　址	http://cbs. swufe. edu. cn
电子邮件	bookcj@ swufe. edu. cn
邮政编码	610074
电　　话	028-87353785
照　　排	四川胜翔数码印务设计有限公司
印　　刷	郫县犀浦印刷厂
成品尺寸	185 mm×260 mm
印　　张	15. 375
字　　数	363 千字
版　　次	2025 年 1 月第 1 版
印　　次	2025 年 1 月第 1 次印刷
印　　数	1— 2000 册
书　　号	ISBN 978-7-5504-6443-8
定　　价	29. 80 元

大学生心理健康教育

主　编　钟　歆

副主编　胡佳怡　周　明　吴骕骦　黄　琳

编　委（按姓氏笔画排列）

白文静　刘　璐　陈　雪　陈　曦　张　璐

张　星　李红雀　施秀梅　游　薇

前言

大学生，作为新时代的建设者和接班人，承载着将“中国梦”的伟大构想化为美好现实的重托。当今一代的大学生，成长于经济快速发展、社会急剧变革的重大历史转型期，他们的发展面临着诸多冲击和挑战，而他们的心理健康水平不仅关乎个人的成长，也关系着我国人才培养的水平和国民的幸福感。因此，高校应大力帮助大学生度过人生中的这一重要时期，提高他们的心理素质，促进其身心健康和谐发展。这也是高校人才培养体系的重要组成部分。

为全面贯彻党的教育方针，落实立德树人的根本任务，本书的编写根据2023年4月教育部等十七部门印发的《全面加强和改进新时代学生心理健康工作专项行动计划（2023—2025年）》、2018年7月中共教育部党组印发的《高等学校学生心理健康教育指导纲要》等相关文件要求，紧扣当代大学生的心理特点及困惑，以科学而专业的视角、通俗而生动的语言为大学生释疑解惑，帮助大学生掌握心理健康知识和技能，树立自助、求助意识，学会理性面对困难和挫折，增强心理健康素养。

本书通过深入的理论思考，精选章节模块，完善逻辑架构，优化内容设计，力图满足大学生的心理需求，使其有一个良好的心态来应对大学期间可能面临的各种挑战。本书共十章，内容涵盖了与大学生心理健康相关的各个方面：心理健康概述、心理适应、自我意识与自我完善、大学生人格发展与心理健康、情绪调节、人际关系与交往、学习心理、恋爱与性、心理问题与心理咨询、生命教育；在正文之外还附有“知识窗”“案例链接”“心灵点悟”“课堂之外”等延展性内容，以丰富学生的思考切入点，拓展学生自主学习的兴趣，全方位、多角度、深层次增进学生的学习体验。

本书由重庆工商大学大学生心理健康教育教研室团队成员通力合作完成，各章节撰稿者分别是：第一章（陈雪）；第二章（施秀梅、刘璐）；第三章（张璐）；第四章（周明）；第五章（胡佳怡）；第六章（李红雀、陈曦）；第七章（吴骕骕）、第八章（张星）、第九章（钟歆、白文静）；第十章（黄琳）。钟歆、胡佳怡、游薇、陈曦对全书做了审阅和统稿。

本书在编写过程中得到了很多领导和专家的帮助，同时，本书参考和引用了国内外诸多学者、同仁的大量研究成果，在此一并表示诚挚谢意。由于编者水平有限，书中难免有不足之处，真诚地欢迎广大读者给予批评、指正。

钟歆

2024 年 6 月

目录

第一章 探秘心灵，健康同行
——心理健康概述

第一节 走进心理

一、心理学知多少

（一）什么是心理学

提起心理学，你会想到什么？

催眠大师？弗洛伊德？有心理问题的人才需要？精神病？抑郁症？MBTI？各种测试？

这些内容都是心理学的组成部分，但心理学远不止于这些内容。心理学（psychology）是研究心理现象的科学[①]。虽然心理活动是看不见摸不着的东西，但这并不意味着心理学研究是主观猜测出来的，更不是什么装神弄鬼的“读心术”，心理学是一门从哲学中独立出来的既古老又年轻的科学。

德国心理学家艾宾浩斯说：“心理学有一个漫长的过去，却只有一个短暂的历史。”心理学一词来源于希腊文，意思是关于灵魂的科学。古希腊哲学亚里士多德的《论灵魂》被看作西方最早的一部论述心理学的著作。早在公元前五六世纪，我国古代思想家孔子在《论语》一书中就对心理差异、学习心理等做了一定的论述。随着科学的发展，心理学的研究对象由灵魂改为心灵。

19 世纪中叶，由于生产力的进一步发展，自然科学取得了长足的进步，作为心理学孪生科学的生理学也接近成熟，心理学开始摆脱哲学的一般讨论而转向于具体问题的研究。1879 年，“心理学之父”冯特在德国莱比锡大学建立了世界上第一个心理学实验室，开始对心理现象进行系统的科学研究。心理学正式成为了一门脱离了哲学、被承认了的独立学科，开始了蓬勃发展的历程。

此后，心理学快速发展，学派林立，如以弗洛伊德为代表的精神分析学派，以冯

---

① 彭聃龄. 普通心理学［M］. 北京：北京师范大学出版社，2012：2.

特为代表的构造主义学派，以詹姆斯为代表的机能主义，以华生为代表的行为主义，以韦特海默为代表的格式塔心理学，以奈瑟为代表的认知心理学，以马斯洛为代表的人本主义心理学，以塞利格曼为代表的积极心理学，等等。他们从不同的角度来研究心理现象，对心理学的基本原理各有不同的论述，对心理学的发展产生了重大的影响。

随着科学的发展和时代的进步，心理学不再局限于某一流派或单一研究方法，开始与神经科学、医学、生物学、经济学等学科进行交叉研究，结合现代科学技术手段和研究方法进行研究，研究包括感觉、知觉、认知、注意、思维、情绪、人格、行为等各个基本概念，也涉及与家庭、教育、学习、娱乐、消费、运动相关联的日常生活领域。心理学一方面尝试用大脑的运作来解释个人基本的行为与心理机能，另一方面也尝试解释个人心理机能在社会活动中的作用。

心理学是一把钥匙，帮助我们打开自己和他人内心的那扇门，如人的思维过程是怎样的，人与人有什么不同，为什么会有这样那样的不同。有了这把钥匙，我们便能更加从容地面对生活的种种挑战，迈向幸福的彼岸。

【知识窗】

心理学五大误区

1. 学了心理学能看穿他人想什么

心理学并不是读心术，心理学家并不能真正读懂他人的思想。心理学是研究人心理和行为的规律的学科，心理学家通过观察和实验推理人们的行为、言语和情绪等来推测个体的心理状态，但无法直接得知他人的内心感受。心理学家也是人，人们面对的难题与困扰，心理学家同样面对，同样也会困惑。再聪明的心理学家也不太可能具有所谓的“读心术”，一眼便洞察别人的心理。

2. 每个人的心理各不相同，学了心理学也没用

心理学揭示了人类心理活动的普遍规律和个体差异，尽管每个人的心理确实各不相同，具有独特的个体差异，但学习心理学仍然具有广泛作用。通过学习心理学，我们可以更深入地了解人类行为的本质和动机，更好地理解自己和他人的心理状态和需求。个体通过了解自己的心理特点和行为模式，有助于提高其自我认知和情绪管理能力，有助于其更好地控制自己的情绪和行为，减少不良的心理问题和困扰。同时，心理学也提供了许多有效的心理调节和治疗方法来帮助我们更好地应对各种生活压力和挑战。

3. 有心理问题的人才需要学习心理学

有的人认为只有心理有问题或者有精神疾病的人才需要学习心理学。但是，心理学不仅关注问题和疾病，也研究正常的心理现象。心理学研究涉及人类行为的各个方面，包括认知、情感、行为、语言、社会文化等方方面面的内容，同时致力于将结论运用到日常的生活学习中去。学习心理学可以帮助我们更好地理解自己和他人的行为，更好地与他人进行交往、适应社会、应对生活中的挑战和困难，更好地工作、生活和学习。

4. 心理学里全是好玩的东西

在心理学的研究中，确实有许多有趣的实验和发现，比如记忆的研究、意识的探索、梦境的分析等，这些主题能够激发人们的好奇心和探索欲。但心理学也有其严肃

和深刻的一面，比如研究心理疾病的原因和治疗方法、探讨社会问题的心理机制等，这些主题虽然不如某些有趣的实验那样吸引人，但对于人类的发展和进步同样具有重要的意义。可以说，心理学是一门既有趣又严肃的学科，我们要以一个开放和严谨的态度去学习和探索。

5. 心理学就是做测试

我们常说的心理测试在专业领域叫心理测量，是心理学下属的心理测量分支，是众多心理学测试和评估工具中的一种，只占了心理学很小的一部分。心理测验是根据一定的法则和心理学原理，使用一定的操作程序对人的认知、行为、情感等心理活动予以量化。心理测试是心理学研究中的重要方法，在实际生活中运用得越来越广，但是我们要清醒地认识到，心理测试本质上是一种工具，只是给我们提供一定的参考。因为人是不断发展变化的，心理测试仅仅是反映了个体某一时刻的心理状态与特征，同时心理测试还要受个体对心理测试的态度、测试题目是否恰当、测试答案的分析方法等多种因素的影响，因此心理测试仅供参考，我们不能过分夸大心理测试的效果，也不要根据测试结果给自己贴上标签。网络上常常见到的选一下咖啡、茶、可乐还是水就能知道你的性格或者你的恋爱类型的心理测试根本不属于心理测量，没有科学依据，更多的是娱乐游戏性质。

（二）生活中的心理学

心理是对心理现象、心理活动的总称，心理现象存在于我们生活中的每一个瞬间，我们随时随地可以体验到某些心理活动，但是我们却很少注意到它。心理现象既是我们熟悉的，又是无比神秘与奇妙的。下面先来看一个小故事，看看其中有哪些心理现象。

小明早上还做着美梦的时候被闹钟叫醒，睁开眼看到阳光透过窗帘照进屋子，听到窗外的鸟儿在不停地鸣叫。他打了个哈欠，站了起来，走过去拉开窗帘，打开窗户，感觉到一阵微风吹过脸颊，凉爽极了，他深吸了一口气，闻到了阵阵花香。小明的室友也起床了，大家洗漱后结伴去食堂吃早餐。美味的食物下肚，很快就吃饱了。走出食堂，小明看见对面走来一个女生，很快意识到这是自己喜欢的小花，她活泼、聪明、能干，从她走路的姿势和表情，小明感觉她的心情很好。要不要趁机打个招呼？于是，小明鼓起勇气上前打招呼，并请她一起去教室学习。一路上两人相谈甚欢，小明情绪相当高涨，还约她周末一起打羽毛球。人逢喜事精神爽，下课回去的路上，小明感觉走路都飘飘然，满脑子都是美好的回忆和对未来的憧憬，回到宿舍很久激动的情绪还平复不下来。

大家发现了么，心理现象存于小明每时每刻的活动中。我们通过各种感官来认识外部世界事物，通过头脑的活动思考着事物的因果关系，并伴随着喜、怒、哀、乐等情感体验。心理现象人皆有之，它是宇宙中最复杂的现象之一。

从动态性维度上我们一般可以将心理现象分为心理过程和个性心理。心理过程是心理现象的动态过程，是人脑对客观现实的反映过程，包括认知、情感和意志过程。认知过程主要包括感觉、知觉、记忆、思维、想象等心理现象。情感过程是个体在实践活动中对事物的态度体验。意志过程是个体自觉地确认目的，并根据目的调节支配自身的行动，克服困难，去实现预定目标的心理过程。这三个过程并不是彼此孤立的，它们相互联系、相互作用，是个体有机统一的心理过程的三个不同方面。

个性心理是一个人在社会生活实践中形成的相对稳定的各种心理现象的总和，包括个性倾向性、个性心理特征和自我意识。个性倾向性反映了人对周围世界的倾向和追求，主要包括需求、动机、兴趣、理想、信念和价值观等。个性心理特征是个体表现出来的本质的、稳定的心理特征，主要包括能力、气质和性格。自我意识是指人在改造社会与自然的过程中，会意识到自己的心理和行为，并以自我认识、自我体验、自我调节来不断改造和完善自己，调节自己与周围的关系，表现出不同的水平和特点。

心理过程和个性心理是构成人心理现象的两个方面，是人心理活动的不同表现形式，它们相互影响、相互联系，共同塑造了人的整体心理活动。

为什么一千个人眼中有一千个哈姆雷特？同样的事情发生在不同的人身上，会有不同的反应，这就是因为我们每个人都有自己独特的内心世界。同样的秋天，有的诗人孤独寂寞，写出了“落叶他乡树，寒灯独夜人”，也有诗人感到无比愉悦，直言“晴空一鹤排云上，便引诗情到碧霄”。心理是对客观事物的主观反映，面对同一客观事物，不同的人，或者同一个人在不同的时间，反映都会有所不同，带有主体自身的特点。这种内心的独特性，使得我们每个人的生活都充满了色彩。就像夜空中的星星，虽然都闪烁着光芒，但每一颗星星都有其独特的亮度、位置和故事。

【知识窗】

心理学趣味效应

1. 蔡格尼克效应

你在生活中有没有这样的体验，看电视剧看到正精彩的地方广告插进来了，怕错过关键的剧情，然后看了一条又一条的广告仍不换台；或者被一本小说迷住了，哪怕明天有早上八点的课，也要读到凌晨4点……可以做这样一个小实验，请试画一个圆圈，在最后留下一个小缺口，请你这时候再看它一眼，你会有什么样的想法？你是不是仍然会倾向于把这个圆完成。之所以出现这种欲罢不能的现象，是因为我们天生有一种办事有始有终的驱动力，在心理学上把这种现象称为蔡格尼克效应。

蔡格尼克效应指人们对于尚未处理完的事情，比对已处理完成的事情印象更加深刻。这个现象最初是由德国心理学家蔡格尼克在一项记忆实验中发现的心理现象。她让被试者做22件简单的工作，如写下一首你喜欢的诗，从55倒数到17，把一些颜色和形状不同的珠子按一定的模式用线穿起来，等等。完成每件工作所需要的时间大体相等，一般为几分钟。在这些工作中，只有一半允许做完，另一半在没有做完时就受到阻止。允许做完和不允许做完的工作出现的顺序是随机排列的。做完实验后，在出乎被试意料的情况下，立刻让他回忆做了22件什么工作。结果是未完成的工作平均可回忆起68%，而已完成的工作只能回忆起43%。在上述条件下，未完成的工作比已完成的工作保持得较好，这种现象就叫蔡格尼克效应。

蔡格尼克效应不仅仅是一个记忆现象，它也揭示了人们在面临挑战或变化时的一种心理倾向。当已经做出某种选择后，如果面临新的挑战或变化，人们通常会更倾向于保持已经做出的选择，而不是重新考虑或改变决策。这种倾向在一定程度上可以解释为人们为了避免未完成任务的挫败感或焦虑感，而倾向于保持已经做出的选择。

那么我们可以怎么做来抑制完成驱动力呢[①]？

第一，在看事物的时候运用自己的价值观标准，如果发现一个工作计划不值得做，那么就勇敢地放弃。

第二，编制一个时间表，把必须做的事以及要花费的时间都写下来。努力培养出一种较合实际的意识，把期限定在要求办妥的时间以前。如果有笔账必须在 12 月 1 日缴付，那就预订在 11 月 25 日付出。

第三，一点一滴地强化意志力。我们可以先从一件小事来训练自己。比如强迫自己在洗碗槽里留下几只碟子不洗；看一本书的时候，尝试停一下，想想自己是否在浪费时间和精力，如果是，要不要继续看下去？

第四，从现在开始，做任何事情，不要想着我还有时间去做，可以等待片刻。这样子会让大脑产生一定的滞后性，会让自己产生懒惰的行为。因此，想到就去实现，做是一切成功的前提。

第五，练习是一件好事，但是切勿目标盲目。

第六，制定一个准确的截止日期。针对每一项工作任务，预测可能需要的时间，根据时间节点来评估自己的任务完成计划。

第七，细分每一步工作计划。对于一项工作任务，我们不要盲目去做。我们要仔细思考，细化每一个任务步骤，结合每一步任务所需要的条件。

2. 戈培尔效应

你有过看直播购物的经历吗？你有没有这样的感觉，明明只是打算看看，也不是必备的东西，但是看着看着就不自觉下单了，像着了魔一般。事实上，主播反反复复诱导观众“买买买”确实有强烈的影响力，这在心理学上称为“戈培尔效应”。

戈培尔效应，又称真相错觉效应或“重复成真”效应，是一种认知偏见。它指的是通过不断重复和灌输信息，人们会开始相信这些信息是真实的，即使事实证明它们是错误的。这个效应最初源于第二次世界大战时期的德国纳粹宣传部部长约瑟夫·戈培尔的言论和行动。他严格控制了德国的文化艺术与信息的传播，通过焚书运动、媒体管制等手段，使纳粹的思想成为主导，许多人都深信戈培尔的话，加入纳粹党。

为什么重复的信息影响力这么大？目前有以下几种解释：一是人们倾向于对那些他们熟悉的事物和人物产生更高的信任度，而重复会带来熟悉度与安全感。二是人们倾向于记住信息的内容，而不太容易记住信息的来源，当一个信息被重复时，人们就会错误地认为这个信息来自多个不同的渠道，从而确信这个信息的真实性和可信度。三是大多数人会受到群体压力的影响，倾向于与群体保持一致。所以人们更容易相信广泛重复的信息，因为这些信息似乎得到了更多人的认可和支持。四是当个体面临两个或多个相互矛盾的观点或信息时，其会感到不适或紧张。为了避免这种不适，个体可能会倾向于接受那些与现有信念或认知结构相一致的信息，而忽略或拒绝那些不一致的信息。因此，当某个信息与个体的现有认知结构相一致，并且被不断重复时，个体可能会更加坚定地相信这个信息，即使这个信息可能是错误的或片面的。总的来说，重复的信息触发了人类的多种心理机制，在这些心理机制的共同作用下，人们在面对

① 全国 13 所高等院校《社会心理学》编写组. 社会心理学［M］. 天津：南开大学出版社，2006：312.

重复信息时更容易产生信任感，并接受其作为可靠的信息来源。

对戈培尔效应的描述有一句很著名的话："重复是一种力量，谎言重复千遍便会成为真理"。当然，任何事物都有两面性，重复也是一样，有正面影响，也有负面影响。因此，在面对重复的信息时，我们要保持冷静和理性，用批判性思维来评估信息的真实性和可信度，验证信息来源；尝试从不同角度、不同渠道获取信息，更全面、客观地了解事件或问题的真相；保持清醒的头脑与独立思考的能力，不轻易被他人的言辞所左右。

总之，面对重复的信息时，我们需要保持冷静和理性，用批判性思维来评估信息的真实性和可信度，减少被误导的可能。

3. 巴纳姆效应

你是否请教过算命先生？你是否试过用星座或者 MBTI 测试自己的性格？看到最后的结果分析的时候，你有没有产生一种感慨，太准了，这说的不就是我嘛。这种心理现象就被称为"巴纳姆效应"。它是指人们常常认为一些笼统的、一般性的描述十分准确地揭示了自己的特点，认为描述中所说的就是自己，而这些描述往往十分空洞，能够放诸四海而皆准，适用于很多人身上。

巴纳姆效应是心理学家福勒通过实验发现的一种心理现象。他对学生进行了一项人格测验，并根据测验结果进行分析。测试后学生对测验结果与本身特质的契合度评分，0 分最低，5 分最高，最后契合度平均评分为 4. 26。然而事实上，所有学生得到的"个人分析"都是相同的。

在日常生活中，我们很多时候都要借助外界信息来认识自己，也正因如此，我们在认识自我时很容易受外界信息的暗示，并把他人的言行作为自己行动的参照。基于认知偏差和对于自我认同的心理需求，人们往往倾向于接受那些符合自己期望和信仰的信息，并将其视为真实和准确的。因此，当面对一些模糊而普遍的人格描述时，人们很容易将其视为个人化、准确的描述，并产生强烈的认同感。

但巴纳姆效应更多地展现出的是一个人的理想自我，而非真实自我。在我们的头脑中，"自我"占据了大部分的空间，所有关于"我"的东西都是很重要的。比如，人们穿了某种颜色的衣服会发现路上同一种颜色衣服的人变多了；开着一款新车在路上，会发现同一款车变多了；等等。大部分人更愿意相信他们自己看起来更正面和更积极的事情。根本原因就是"自我"占据了大脑的判断空间，人们聚焦自我，而不是事实反应的巴纳姆效应。

了解巴纳姆效应有助于我们更好地理解我们的行为和决策过程，并在实际生活中找到更有效的应对策略。在搜索和加工信息时考虑有关信念、假设、观点、结果等的对立面的方法，可以使我们考虑得更加全面，也能帮助我们在判断与决策时更加谨慎。同时，在生活中我们如果合理运用巴纳姆效应，则其带来积极的心理暗示有助于我们对未来有更强大的信心。

我们应该明白，每个人的性格都是独一无二的，受到诸多不同因素的影响。不论你是否对星座非常痴迷，我们都应当更多地依据自身的特质、喜好、价值观来塑造自己的生活方式，而不是盲目跟随星座性格描述的框架去生活。每一个人都是独一无二的，不是区区一个测试、一个笼统的描述就能概括的。

二、身体与心理

（一）脑是心理器官

一直以来，人们都在探究心理的起源，希望知道哪个器官会产生心理活动。因为人会梦见没有去过的地方或者离世的亲人，因此有人认为人的灵魂和肉体是分开的；人们在情绪剧烈波动时会感到心脏有不一样的感觉，因此有人认为心脏是心理器官。随着科学技术的发展，人们才逐渐意识到脑是心理器官。

19 世纪的欧洲，有一批颅相学家，他们根据头部隆起的位置来确定一个人的人格和智力，相信脑的不同部分负责不同的心理官能。虽然颅相学不具备科学性，但它提出的大脑机能定位思想为近代的脑生理心理研究打下了基础。我们可以将大脑皮层分为初级感觉区、初级运动区和联合区三个分区。不同区域的大脑受损则可能会影响到不同的心理机能。比如，如果个体大脑两半球的初级感觉区中的视觉区受到破坏，那么即使其眼睛功能正常，也会丧失视觉成为全盲。运动联合区受损的钢琴家，能够正确移动他的每个手指，正确完成演奏时的各种基本动作，但是不能完成一段乐曲，演奏一个音阶，甚至不能有韵律地弹动自己的手指①。心理活动和脑的结构与机能密不可分，脑是真正的心理器官。

人的大脑分为左右两个半球，两个半球协同活动。两个半球看上去非常相似，但实际上在结构和功能上有明显的差异。两个半球具有不同的功能，语言功能主要在左半球，该半球主要负责言语、阅读、书写、数学运算和逻辑推理等，而右半球则主要负责知觉物体的空间关系、情绪、欣赏音乐和艺术等。但大脑两个半球功能的单侧化也不是绝对的，近年来许多研究发现，右半球在语言理解中同样起着重要的作用。

心理是脑的机能，任何心理活动都产生于脑，人的心理活动无论多么复杂都是人脑的机能。大脑就像是一个无比复杂的“思维工厂”，负责处理我们的感知、思考、记忆、情感等各种心理活动。

心理是人脑对客观现实的反映，人们的一切心理现象，无论是简单的还是复杂的，都来源于客观现实。想象一下，当你看到一朵美丽的花时，你的大脑会立即处理这个信息，反馈花的颜色形状、味道等信息，让你意识到这是一朵花，并且可能会引发你曾经关于花的一些回忆，同时激发你的情绪情感。这一系列心理活动的产生，都是大脑工作的结果。对于想象等一些比较高级的心理活动，无论结果多么离奇，我们都可以从客观现实中找到它的来源。比如神话传说中的龙是不存在的，但它有蛇、猪、马、鱼等动物的特征。任何一种心理现象都不是凭空而来，都有客观基础。

人的心理具有主观能动的特点。客观现实是独立于人的主观意识存在的，但是在处理和解释客观现实时，会受到自身知识、经验、观念、个性和状态等因素的影响。正所谓仁者见仁，智者见智，每个对相同的信息都会有不同的理解与反应。人对客观现实进行的主观能动加工具有积极的意义。它使我们能够积极地认识并改造客观世界。人们通过有目的的实践活动，不断认识到事物的本质和规律，预测其发展趋势，并据此做出决策和行动，从而改变客观世界。同时，这种主观的加工过程也帮助我们更好

① 彭聃龄. 普通心理学［M］. 北京：北京师范大学出版社，2012：74.

地认识自己并改造自己的主观世界。人之所以成为万物之灵，在于人有自我意识。通过自我观察、自我评价、自我体验等方式，我们可以更深入地了解自己的内心世界，发现自己的优点和不足，从而有针对性地进行自我提升和完善。

【知识窗】

如何照顾好你的大脑

1. 睡眠充足不熬夜

充足的睡眠对大脑的健康至关重要。大脑在休息的时候，不仅有利于脑血液循环，清除白天脑细胞所形成的代谢废物，还有利于形成长时记忆，也就是对白天所学到的知识或者程序性记忆，在夜间休息的时候，大脑会以电影播放的形式回放一次，有助于人们巩固新学到的知识和技能。

2. 给大脑出个难题

“用进废退”是大脑的使用原理，人们经常使用大脑可以使其变得更加灵活和聪明。我们不妨试着记忆路线、背一些电话号码，遇到问题先思考、想不起来的尽量回忆等，让大脑保持工作状态，也可以玩一些智力游戏，如华容道、数独等，或者学习一些新技能，如学习新乐器、做手工、插花等。

3. 定期锻炼

定期进行体育锻炼不仅可以提高身体健康，还能增强大脑的功能。运动可以促进血液循环，为大脑提供更多的氧气和营养物质，从而有助于提升记忆力和认知能力。

4. 健康饮食

均衡的饮食对大脑健康至关重要。我们要多摄入富含优质蛋白质、不饱和脂肪酸、维生素和矿物质的食物，如鱼类、坚果、新鲜水果和蔬菜等。此外，保持水分充足也对大脑有益。我们还要避免酒精、烟草等有害物质的摄入损害大脑。

5. 记住每次成功的感觉

设定比较小、可实现的目标，然后不断地实现这些目标，就能让多巴胺不断分泌。大量分泌多巴胺，可以增加脑神经细胞的活性。

6. 日常琐事中增加新鲜感

改变我们的日常习惯，大脑会感到诧异，从而挑战我们潜意识下的行为模式。如在上学的时候选择一条新路线，改变饮食尝试不同的风味，重新整理居住房间等。

7. 参与社交

与他人交流思想和观点，分享经验和知识。社交互动可以刺激大脑并促进其健康发展，同时还可以提供情感支持和减轻精神压力。

8. 养成专注做事的习惯

很多人有一心多用的做法，也就是同时做两件甚至更多的事情，认为这样效率更高。其实，即使我们表面上似乎真的在同时做两件事，但真实的情况是，我们的大脑在每个具体的时间里，必定只能注意到其中之一。所以，我们应该养成专注一件事的习惯，避免一心多用，因为那样会分散我们的注意力，损耗神经资源，让我们顾此失彼而疲惫不堪。

9. 劳逸结合

长期面对压力会对大脑产生负面影响。我们可以尝试通过运动、冥想、呼吸练习等方式来减轻压力，保持心情愉快和放松，不要让大脑过度工作，不带病用脑。

10. 大笑

笑容会使大脑分泌幸福激素——内啡肽，从而减少紧张情绪产生幸福感。笑容就像大脑的“快速充电器”，迅速让脑力充电。主动制造快乐，设定一些令人愉快的目标，如吃一顿大餐、看个电影，能更高效地完成工作。

（二）神经系统

人体共有八大系统：运动系统、神经系统、内分泌系统、循环系统、呼吸系统、消化系统、泌尿系统、生殖系统。这些系统各司其职，协调配合实现人体内各种复杂的生命活动。

以人脑为核心的神经系统是心理的物质基础。人们接受外界的信息，贮存获得知识，支配人的行为，形成人的意识经验，都是在神经系统之中特别是人脑中实现的。

神经系统的基本单位是神经元，负责接收和传递信息。神经元通过突触与其他神经元相连，形成了复杂的神经系统。神经系统可以分为中枢神经系统和周围神经系统。中枢神经系统，其核心组成部分包括脑和脊髓，负责接收、整合、存储并处理来自身体内外的大量信息。这些信息经过处理后，中枢神经系统会生成各种心理活动，如思考、记忆和情绪等，并据此控制人体的所有行为——从简单的眨眼动作到解决复杂的逻辑问题。

周围神经系统从中枢神经系统导向身体各个部位，周围神经系统的主要职责是传递信息，担负与身体的联络工作，起传入和传出信息的作用。周围神经系统包括躯体神经系统和植物神经系统。躯体神经系统包括脑神经和脊神经，脑神经主要分布于头面部，脊神经主要分布于躯干和四肢。植物神经系统主要分布于内脏器官、心血管、腺体及其他平滑肌。植物神经系统可分为交感神经系统和副交感神经系统，它们在机能上具有拮抗性。交感神经主要负责应付紧急情况，如人们在愤怒或恐惧等时，会出现心跳加快、瞳孔放大等一系列反应，以应对环境的变化。副交感神经的作用则相反，起着保持生理平衡的作用，抑制器官过度兴奋，使器官获得必要的休息。例如当身体处于压力状态时，交感神经系统会接管身体并准备应对挑战，而当压力消退时，副交感神经系统则会接管并帮助身体恢复。这两种系统在许多活动中具有拮抗作用，又相辅相成，它们共同调节和控制着许多无意识的身体活动，如心跳、呼吸、消化和血管舒缩等，以维持体内环境的平衡。

神经系统是一个极其复杂而精细的系统，不但确保了有机体的完整性，也确保了有机体与环境的统一，而神经系统实现作用的一个重要途径就是反射。反射是神经活动的基本方式，是动物有机体借助中枢神经系统实现的，对环境中一定动因所作的一定的有规律的反应。这种反应通常是自动化的、迅速的，并且不需要大脑的思考。例如：在上课时听到窗外突然传来声音，我们立即转过头等，这种由环境引起的应答性活动就叫反射。一切心理活动，就其生产方式来说，都是脑的反射活动。

反射的结构基础是反射弧，它由感受器、传入神经、神经中枢、传出神经和效应器组成①。当感受器接感知到刺激时，它会将刺激转化为神经信号，通过传入神经传递到神经中枢。神经中枢会对这个信号进行加工和处理，通过传出神经将处理后的信号传递给效应器，促使有机体做出相应的反应。例如当我们手接触到煮沸的水时，感受器会将这个刺激传给大脑，大脑会做出反应，将手收缩回来。需要注意的是，做出相应反应是一个反射弧的终末环节，但并不意味着反射活动的结束。在通常情况下，由效应器产生的反应也可能成为一种新的刺激物，再次引起一定的神经活动，沿传入神经返回中枢，这个过程被称为反馈。中枢神经系统根据这种反馈信息，可以持续对效应器的活动进行调节，从而保证有机体对活动的连续性、完整性与准确性。

俄罗斯著名生理学家，生理学和医学诺贝尔奖获得者巴甫洛夫将反射分为无条件反射和条件反射两类。无条件反射是通过遗传获得的不学而能的反射，是一种本能行为，这些反射活动数量有限、比较固定、形式低级。常见的无条件反射包括眨眼反射、缩手反射、膝跳反射等。凭借无条件反射，个体可以初步适应一些固定不变的环境。为了适应千变万化的环境，个体在生活过程中建立了许多新的反射，这种后天学习和训练而形成的反射叫条件反射。比如画饼充饥、望梅止渴、一朝被蛇咬十年怕井绳、熊骑自行车等。它是反射活动的高级形式，是按照所处的生活环境在无条件反射的基础上不断建立起来的，数量无限，可以建立，也能消退。与无条件反射相比，条件反射使个体对各种环境具有更加完善的适应性。

在条件反射的基础上，根据信号刺激的特点，巴甫洛夫提出两种信号系统理论。第一信号系统是由具体的事物或事物属性作为条件刺激物而建立的条件反射系统。第二信号系统是由抽象刺激，如词和语言等作为条件刺激物所建立起来的条件反射系统。第一信号系统是人和动物共有的，第二信号系统是人类所特有的，两种信号系统相互协调活动。

第二信号系统与人类的语言发展密切联系，是人类社会活动的产物。语言文字的出现使人的高级神经活动产生了质的飞跃。只有通过语言，人的心理活动才能相对地脱离客观事物的直接制约。有了语言，人们就可以通过语言来描述、解释和预测事物，而不仅仅依靠直观感觉感知世界。这种主观能动性使人们更深刻地认识自然，认识世界，探索并理解其中的规律，从而大大提高了人类的认知能力，推动了社会的进步和发展。

【知识窗】

巴甫洛夫的狗

巴甫洛夫的狗是一个著名的心理学实验。这个实验由俄国生理学家巴甫洛夫进行，他通过观察狗在特定条件下的行为反应，揭示了条件反射的基本原则。巴甫洛夫早先致力于研究狗的消化系统。但后来，他注意到当狗听到铃声时，即使没有食物，也会分泌唾液。所以他测试了食物和唾液分泌之间的关联。首先巴甫洛夫给狗食物，狗会分泌唾液，狗看见食物就会分泌唾液这种先天的本能的行为被称为无条件反射；其次给狗摇铃声，这个时候狗不明白铃声的意思，不会分泌唾液；然后巴甫洛夫开始对狗

---

① 彭聃龄. 普通心理学［M］. 北京：北京师范大学出版社，2012：61.

进行训练，每次摇完铃声都会给狗食物，经过多次反复的练习，很快狗就把铃声与食物联系起来，即使只有铃声响起，没有食物出现，它们也开始分泌唾液，这时狗听见铃声就会分泌唾液这种行为被称为条件反射。这个实验不仅揭示了动物学习的条件性，也为人类理解学习和行为提供了重要的基础。

巴甫洛夫的狗这个实验解释和说明了许多人类行为，例如你为何不喜欢某种食物，什么是你情绪的来源，广告是如何发生作用的，为何在面试或考试前你会感到焦虑，为什么你会对一些特定的味道或声音感到厌恶……而由实验得出的经典条件反射理论也被应用于解决生活中的各种实际问题。

第二节　健康与心理健康

一、健康的定义

健康是我们幸福生活的前提和保障，它的重要性体现在我们生活的方方面面。拥有健康的身心可以让我们更乐观地面对生活，参加各种活动，充分享受生命带来的美好和乐趣。健康是人生的第一财富，健康是“1”，其他一切都是“1”后面的“0”，“1”没有了，后面的“0”再多也毫无意义。

早期的健康观念主要集中在身体的无疾病状态，即“无病即健康”，通常用各种生理指标来衡量。《辞海》中对健康的定义为：人体各器官系统发育良好、功能正常、体质健壮、精力充沛并具有良好劳动效能的状态。早期的健康观念在生物医学时代是公认的、正确的，但这种观念只关注到了生理健康，忽视了心理和社会因素。

随着科学的发展，生活水平的提高，健康观念也开始发生重大变化。世界卫生组织在 1948 年的宪章中首次提出：“健康不仅是没有疾病和不虚弱，而是身体、心理和社会适应的完好状态。”这一定义强调了健康的多维性，包括生理、心理和社会适应等方面。

1989 年，世界卫生组织对健康作出了新的定义：健康不仅是没有疾病，而且包括躯体健康、心理健康、社会适应良好、道德健康和环境健康。其中，在生理健康方面，注重身体的完整性、功能正常和形态优美；在心理健康方面，强调个体能够积极面对生活、保持情绪稳定、具有良好的人际关系等；在社会适应方面，注重个体能够融入社会、履行社会角色、适应社会环境等；在道德健康方面，强调个体能够遵循道德规范、具有良好的道德品质和道德行为等；在环境健康方面，注重个体所处环境的质量、卫生和安全等。其提出了健康的十条标准，这些标准更加全面地反映了健康的内涵：

（1）有足够充沛的精力，能从容不迫地应对日常生活和工作压力而不感到过分疲劳紧张。

（2）处事乐观、态度积极、勇于承担责任，不论事情大小都不挑剔。

（3）善于休息、睡眠良好。

（4）应变能力强，能适应外界环境的各种变化。

（5）能够抵抗一般性的感冒和传染病。

（6）体重得当、身体匀称；站立时，头、肩、臂的位置协调。

（7）反应敏锐、眼睛明亮、眼睑不发炎。

（8）牙齿清洁、无空洞、无痛感、无出血现象，齿龈颜色正常。

（9）头发具有光泽而少头屑。

（10）肌肉和皮肤富有弹性，走路轻松匀称。

进入 21 世纪后，随着时代的发展，健康观念也在不断更新。现代健康观打破传统的界限，提出了更为复杂而多维的健康理念，涵盖了生理、心理、社会、道德和环境等多个层面。健康定义的发展与变化体现了人类对健康认识的深入与全面。健康不仅仅是没有疾病，更是一种身心和谐，社会融入以及与自然和谐相处。这种变化不仅有助于我们更好地理解和维护健康，提高生活质量，还有助于我们更好地应对各种挑战和机遇，推动个人和社会的可持续发展。

二、什么是心理健康

（一）心理健康的含义

从健康定义的变化中我们不难看出，心理健康越来越受到人们的重视。1946 年的第三届国际心理卫生大会提出：心理健康是指在身体、智能以及情感上与他人的心理健康不相矛盾的范围内，将个人心境发展成最佳状态。心理健康是指这样一种心理状态，即个体对内部环境具有安全感，对外部环境能以社会上认可的形式与之相适应。也就是说，个体遇到任何障碍和困难问题，心理都不会失调，都能以社会认可的行为加以克服。

荣格认为理想的心理健康是有意识地指挥和引导潜意识的力量。能使意识和潜意识一体化，就实现了个体化或自我实现化，这一过程是一种自然的过程。那些真能达到自我实现顶点的人，就是心理成熟健康的、纯粹的、完美人性的人①。

人格心理学家弗洛姆认为人格是社会文化的产物。因此，心理健康应该是社会根据所有个体的基本需要来适应群体，而不是个体去适应社会。所以，心理健康问题不是社会成员的问题，而是社会满足人的需要达到什么程度的问题。

总的来看，心理健康是一种持续的心理状态。个体在这种状态中，其认识活动、情绪反应、意志行动处于协调一致的状态，心理内容与客观世界保持统一，并据此能促使人体内外环境平衡，促使自己与社会环境相适应的状态，并由此不断地发展健全人格，充分发挥潜能。它包含两层含义：第一，没有心理疾病，这是心理健康的最基本条件，如同身体没有疾病是身体健康的最基本条件一样，这是心理健康最基本的条件；第二，有一种积极发展的心理状态，能够维持自己的心理健康，主动减少问题行为和解决心理困扰②。

（二）心理健康的标准

生理健康可以从体温、心率、血压等来进行测量，有客观的标准。但心理健康不

① 倪亚红，杨雪花. 大学生心理健康教程［M］. 南京：东南大学出版社，2006：4.

② 陈小梅. 大学生心理健康教育［M］. 成都：电子科技大学出版社，2018：4.

像躯体健康一样有硬性的指标，心理健康是一个相对的健康，那怎样才算是心理健康呢？国内外学者提出了不同的标准。

人本主义学家马斯洛提出了心理健康的十条标准：①有充分的自我安全感；②能充分了解自己，并能恰当地评价自己的能力；③能与周围环境保持良好的接触；④生活的理想切合实际；⑤能保持自身人格的完整与和谐；⑥善于从经验中学习；⑦能保持适当和良好的人际关系；⑧能适度地表达和控制自己的情绪；⑨能在不违背团体要求的前提下，有限度地发挥个性；⑩能在不违背社会规范的前提下，适度满足个人的基本需求。

人格心理学家奥尔波特认为心理健康包括七个方面：自我意识广延、良好的人际关系、情绪上的安全性、知觉客观、具有各种技能并专注于工作、现实的自我形象、内在统一的人生观。

北京师范大学郑日昌教授认为心理健康包括：正视现实，了解自己，善与人处，情绪乐观，自尊自制，乐于工作。

清华大学樊富珉教授认为心理健康包括：①能保持对学习较浓厚的兴趣和求知欲望；②能保持正确的自我意识，接纳自我；③能协调与控制情绪，保持良好的心境；④能保持和谐的人际关系，乐于交往；⑤能保持完整统一的人格品质；⑥能保持良好的环境适应能力；⑦心理行为符合年龄特征[①]。

北京师范大学林崇德教授提出：心理健康者一是没有心理疾病；二是具有一种积极向上发展的心理状态。心理健康标准的核心是，凡对一切有益于心理健康的事件或活动作出积极反应的人，其心理便是健康的[②]。

国内外学者对于心理健康标准的侧重点和表述各有不同，但都从不同的角度为心理健康的标准提供了参考。通过对不同观点的对比，我们大概可以总结出以下几个特征：智力正常、心理行为符合年龄特点、善于控制情绪、人格的完整与健康、意志坚强、人际关系协调、能较好地适应环境。

【知识窗】

正确看待心理健康

如果一个人看书看得好好的，同伴拿走了他的书，他立刻大哭起来，你认为他正常吗？也许你觉得不正常，但如果告诉你他只是一个三岁的孩子，你还这样认为吗？

如果有同学平时乐观开朗，无忧无虑，但是近两个星期，他变得很抑郁，上课不专心，晚上失眠，经常哭泣，他是精神不正常吗？但如他一个星期前刚知得家人病重，前两天又得知家人离世，你还会这样认为吗？

通过这两个例子，我们可以看出心理健康的标准是相对的，判断一个人是否健康，需要从年龄、性别、社会身份、情境等各个因素进行考虑，某些行为在某种群体上产生是正常反应，但是在某些情况下产生就被认为是偏离常规的。随着时间和环境的变化以及个人的成长，每个人的心理状态都会有所波动，因此我们不应该将某些心理现象简单地贴上“健康”或“不健康”的标签。

---

① 樊富珉. 大学生心理健康与发展［M］. 北京：清华大学出版社，1997：1-11.

② 林崇德. 积极而科学地开展心理健康教育［J］. 北京师范大学学报（社会科学版），2003（1）：31-37.

三、大学生心理健康标准

不同群体的心理健康标准是不同的。大学生作为一个特殊的社会群体，处于生理、心理和社会适应等迅速发展的阶段。那么，大学生心理健康的标准有哪些呢?

1. 智力正常

智力正常是一个人顺利生活、高效学习和积极工作的基础条件。对于大学生而言，其能够成功考入大学，本身就已经证明了他们具备了高于平均水平的智力水平和学习能力。在大学的学习生活中，大学生会继续展现出浓厚的学习兴趣和对知识的热爱与渴求。他们不仅能够掌握适合自己的学习方法，有较高的学习效率，迅速掌握课内知识，还能够主动拓展自己的知识领域，丰富自己的知识体系，从学习中获得满足感。

2. 情绪稳定乐观

情绪在维护一个人的心理健康中扮演着至关重要的角色。情绪稳定乐观并不意味着一个人没有情绪低落的时候，而是总体来看积极情绪多于消极情绪，积极情绪状态占主导地位，而且喜怒哀乐等情绪处于相对平衡的状态。情绪稳定乐观意味着喜怒正常，能够控制自己的情绪，在不同的时间和场合有恰如其分的情绪表达，同时情绪反应的强度和引起这种情绪的情境相符合。

3. 人际关系和谐

人际关系和谐是心理健康的重要保证。一个拥有和谐人际关系的大学生，乐于与别人交往，并在交往中保持独立和完整的人格。他们能够客观地评价自己和他人，能信任和尊重别人，设身处地地理解他人的立场与感受，同时能以恰当的方式表达自己，让别人理解自己的观点与感受。人际关系和谐并不意味着与别人不存在任何矛盾，而是在发生矛盾时能积极地、有效地去寻找解决的办法，重新建立彼此之间的理解和信任。

4. 意志健全

意志健全主要体现为个体行动自觉果断，做事情时有明确的目的，经过深思熟虑以后便果断地采取决定采取行为，不盲目、不犹豫，一旦做出决定就会全力以赴执行，同时有较强的自制力，能克服不良习惯，坚定自己的原则。但这并不是说不能改变决定，而是说不会轻易地改变深思熟虑的决定。他们在面对新的信息或变化时，会重新评估自己的决定，并做出必要的调整。

5. 正确的自我意识

心理健康的大学生在自我认知方面有“自知之明”，包括对自己身心状态的全面了解以及对自我与外界环境关系的理解与把握。他们能正确客观地评价自己，既认识到自己的优点并积极地发挥，也能勇于面对自己的缺点，自觉寻求改进；不因优点而自满，也不因缺点而自卑，以理性平和的心态接受自我，始终保持进取之心，为自己取得的成就感到骄傲和自豪；能更好地认识自己，培养积极的自我体验，并有效地进行自我控制。

6. 人格统一

人格统一对于融入社会具有重要意义。人格的各种特征不是孤立存在的，而是紧密相连、相互作用的整体，共同协作，对行为进行调节和控制。一个健康的人格表现为内在思想、语言表达和实际行为之间协调一致。心理健康的大学生在气质、性格、能力等各方面均衡发展，他们能将自己的需要、愿望、目标与实际行为紧密结合起来，形成统一的整体。他们具有积极的人生观，能积极地融入集体，与社会发展保持一致，为社会和谐与进步贡献力量。

7. 社会适应良好

在环境发生变动时，心理健康的大学生能够坦然面对现实，客观分析和评估所处的环境，愿意主动去适应新的环境，积极应对环境中的困难与挑战。他们与社会保持紧密的互动与联系，能敏锐察外界环境的变化，及时调整自己的态度及行为方式，与社会保持协调一致。当环境出现不利变动时，他们不是被动接受，而是积极寻找解决方案，通过自己的努力来影响和改变环境。

8. 心理行为符合大学生的年龄特征

人的心理和行为是随着年龄的变化而不断变化的，每个年龄都有其鲜明的心理行为表现。对于大学生而言，他们正处于充满生机与朝气的青年阶段，应具有与这一年龄和角色相匹配的心理行为特征：精力充沛，洋溢着活力与热情；勤学好问，对知识充满渴望与好奇心；反应敏捷，能够迅速适应新环境和新挑战；喜欢探索，勇于尝试和创新，追求更高的成就与更好的自我。

但是要注意，大学生心理健康是相对的，心理健康与不健康之间并无清晰的分界线，它不是黑白分明的，而是一个包含广泛灰色区域的连续体，绝大多数人的心理状态都位于灰色区域。心理健康需要考察整体协调性，它的发展是一个连续的、动态变化的过程。对于大学生而言，其在成长过程中可能会遇到一些心理困扰或发展性问题，这是正常的成长经历，只要不影响学习和生活，都是正常的表现。大学生不能用某一时刻的心理和行为来对自己进行判断，要用发展的眼光看待问题，同时提高自我保健意识，学会进行积极的自我调整，许多发展性问题往往会随着时间的推移和个人的成长而自行消失。

大学生心理健康标准只是一种相对的衡量尺度，它是评价大学生心理健康状况的基准，同时也是大学生追求健康心理的努力方向。心理健康有三个层次：没有心理疾病；能够有效率地学习、生活、交往；发挥自身潜能，促进自我价值实现，追求自身全面发展。每个大学生都应该努力追求心理健康的更高境界，不断发展自我和完善自我①。

【心理自测】

大学生心理健康测试

对以下40道题，如果感到“常常是”，划“√”号；“偶尔”是，划“△”号；“完全没有”，划“×”号。

1. 平时不知为什么总觉得心慌意乱，坐立不安。

2. 上床后，怎么也睡不着，即使睡着也容易惊醒。

3. 经常做噩梦，惊恐不安，早晨醒来就感到倦怠无力、焦虑烦躁。

① 闫颖，闫瑞. 新编大学生心理健康教育［M］. 长春：吉林大学出版社，2016：10.

4. 经常早醒1~2小时，醒后很难再入睡。

5. 学习的压力常使自己感到非常烦躁，讨厌学习。

6. 读书看报甚至在课堂上也不能专心一致，往往自己也搞不清在想什么。

7. 遇到不称心的事情便较长时间地沉默少言。

8. 感到很多事情不称心，无端发火。

9. 哪怕是一件小事情，也总是很放不开，整日思索。

10. 感到现实生活中没有什么事情能引起自己的乐趣，郁郁寡欢。

11. 老师讲概念，常常听不懂，有时懂得快忘得也快。

12. 遇到问题常常举棋不定，迟疑再三。

13. 经常与人争吵发火，过后又后悔不已。

14. 经常追悔自己做过的事，有负疚感。

15. 一遇到考试，即使有准备也紧张焦虑。

16. 一遇挫折，便心灰意冷，丧失信心。

17. 非常害怕失败，行动前总是提心吊胆，畏首畏尾

18. 感情脆弱，稍不顺心，就暗自流泪。

19. 自己瞧不起自己，觉得别人总在嘲笑自己。

20. 喜欢跟比自己年幼或能力不如自己的人一起玩或比赛。

21. 感到没有人理解自己，烦闷时别人很难使自己高兴。

22. 发现别人在窃窃私语，便怀疑是在背后议论自己。

23. 对别人取得的成绩和荣誉常常表示怀疑，甚至嫉妒。

24. 缺乏安全感，总觉得别人要加害自己。

25. 参加春游等集体活动时，总感到有孤独感。

26. 非常害怕见陌生人，人多时说话就脸红。

27. 在黑夜行走或者独自在家时有恐惧感。

28. 一旦离开父母，心里就不踏实。

29. 经常怀疑自己接触的东西不干净，反复洗手或换衣服，对清洁极端注意。

30. 担心是否锁门和可能着火，反复检查，经常躺在床上又起来确认，或刚一出门又返回检查。

31. 站在场所、悬崖边、大厦顶、阳台上，会有摇摇晃晃要跳下去的感觉。

32. 对他人的疾病非常敏感，经常打听，深怕自己也身患同病。

33. 对特定的事物、交通工具（电车、公共汽车等）、尖状物及白色墙壁等稍微奇怪的东西有恐怖倾向。

34. 经常怀疑自己发育不良。

35. 一旦与异性交往就脸红心慌或想入非非。

36. 对某个异性的伙伴的每一个细微行为都很注意。

37. 怀疑自己患了癌症等严重不治之症，反复看医书或去医院检查。

38. 经常无端头痛，并依赖止痛或镇静药。

39. 经常有离家出走或脱离集体的想法。

40. 感到内心痛苦无法解脱，只能自伤或自杀。

计分规则：

"√" 得2分，"△" 得1分，"×" 得0分。

结果参考：

（1）0~8分：心理非常健康，请你放心。

（2）9~16分：大致还属于健康的范围，但应有所注意，也可以找老师或同学聊聊。

（3）17~30分：你在心理方面有了一些障碍，应采取适当的方法进行调适，或找心理辅导老师帮助

（4）31~40分：这是黄牌警告，你有可能患了某些心理疾病，应找专门的心理医生进行检查治疗。

（5）41分及以上：可能有较严重的心理障碍，应及时找专门的心理医生治疗。

（此测验仅作为了解自己使用，不同状态下测试结果可能有所差异；如有疑问，请咨询心理辅导专业老师）

第三节　走向心理健康

大学时代是非常美好的，也是非常复杂的。大学生大多处于青春期到成年早期的过渡阶段。在大学里，他们逐步走向成熟，走向独立，交友，恋爱，面临职业选择，等等；同时，他们接触了许许多多新事物，对他们的世界观、人生观、价值观产生了很大的影响。这些影响可能对他们有好处但也有可能给他们造成心理负担。当前，大学生的心理健康问题应该引起广泛关注。维护大学生心理健康是一件十分重要的事情。

一、大学生维护心理健康的意义

（一）心理健康促进个人全面发展

心理健康是大学生全面发展的基石，是大学生在大学期间顺利学习、生活、社交的前提与保障。大学生的心理尚未完全成熟，其人生观、世界观也正处于形成的关键时期。面对生活中层出不穷的挑战，其心理困扰难以避免。然而，心理健康的大学生能够展现出非凡的韧性。他们不仅能够积极应对生活中的困难，还能根据外界环境的变化，灵活地调整自己的心理状态和行为方式，与环境保持良好的适应性。他们具有优秀的认知能力、灵活的情绪调节能力和顽强的意志力，这些素质能够让他们充分挖掘自身潜力，圆满完成繁重的学习任务，恰当处理好人际关系，正确看待和妥善解决情感问题，辩证看待荣辱得失，在学习、工作和生活中取得优异的成绩，为未来职业生涯和人生道路奠定坚实的基础，妥善完成大学阶段的人生发展课题。

（二）心理健康有利于构建和谐社会

心理健康也是适应社会发展的需要，个体的心理健康是构建和谐社会的基石。随着社会的发展，社会对个体心理素质的要求也越来越高。大学生是社会的未来和希望，他们的心理健康状况直接关系到社会的稳定和发展。心理健康的大学生是社会的宝贵

财富，他们不仅富有创新精神，还具备出色的实践能力。他们通常拥有敏锐的观察力和出色的分析问题的能力，能快速掌握新知识和新技能，积极吸纳前沿观念，勇于面对各种挑战，能够坚定地克服困难，达成目标，不断探寻生活的意义和人生的价值。一个和谐社会，必然是一个充满创造力和活力的社会。而心理健康，正是大学生们释放创造潜能、实现个人价值的必要条件。这些大学生为社会的进步注入了新的活力，在追求个人幸福的同时成为推动社会和谐与进步的重要力量。通过自身不懈努力和传递积极影响，大学生更为广大社会成员树立了积极向上的典范，为构建和谐社会打下了坚实的社会和文化基础①。

二、大学生心理健康现状

(一) 大学生心理发展特点

与中学生相比，大学生无论是生理还是心理都发生了巨大的变化，有许多新特点，处于发展的关键时期。在生理方面，大学生的身体发育放缓，生理机能日益成熟，身体形态日益稳定。在心理方面，大学生逐渐走向成熟，走向独立。其心理发展的特点主要表现在以下几个方面。

1. 智力发展达到顶峰

智力是衡量一个人心理健康的重要标志之一，人的智力是先天因素和后天教育、个人努力等因素共同作用的结果。大学为大学生智力的开发提供了良好的基础条件。大学期间是大学生智力发展的关键时期。在这一期间，大学生的观察力、记忆力、思维力、想象力等都会得到较大的增长，对其未来的发展具有重要意义②。

2. 自我意识增强但不完善

大学生脱离了原来熟悉的生活环境，生活方式发生改变，独立感与成人感迅速增强。但由于与社会有一定的距离，因此其在自我认知、自我体验等方面往往会有一定的偏差。自我统一性的整合也是青少年时期的关键议题。大学生会开始思考“我是一个怎样的人”“我未来要从事什么职业”“我想要过怎样的生活”，这些都是自我意识逐渐增强的表现，扩展了自我认识的广度和深度。大学生也更加重视自我评价与自我表现，渴望得到他人的认可。

3. 认知迅速发展但不够成熟

大学生在生活学习中逐渐形成了自己的认知风格，认知水平也有了较快的发展，思维的灵敏度、独立性、批判性、创造性都有了较大的提升。但是由于个体阅历尚浅，经验不足，以及自我中心观念的影响，其看待问题时容易钻牛角尖，掺杂个人情感，将问题看得过于简单而陷入主观、片面的境地，显得不够成熟。

4. 情绪丰富但易偏激

大学生随着各方面需求的产生、生活的丰富、生活空间的扩大，情感日益丰富且深度广度迅速发展，但其还处于青春期到成年早期的过渡阶段，情绪容易产生较大波动甚至表现为两极性。心理学家霍尔曾经说过：青少年时期是一个狂风骤雨时期，充

---

① 马宁. 大学生心理健康对和谐社会构建的意义［J］. 当代青年研究，2006，(10)：5-8.

② 闫颖，闫瑞. 新编大学生心理健康教育［M］. 长春：吉林大学出版社，2016：5.

满了不安与混乱。在整个青少年期，个体都是感情激烈的、浮躁的和不可预测的，容易出现一些非常显著的、互相对立的冲突。其产生的原因有两方面：一方面是因为其体内激素水平增长较快同时波动较大，这些激素水平的变化导致青年情绪的波动较大；另一方面由于环境的变化影响到青年体内的激素活动，进而影响到了他们的情绪。

5. 意志水平提高但不稳定

绝大多数大学生能够确定自己的奋斗目标并根据目标去制订实施计划，并努力实现奋斗目标。但是大学生的意志水平发展不平衡、不稳定。其意志的自觉性和坚韧性有了较高发展，但是果断性和自制性发展较为缓慢。表现为拖延行为和临场突击现象比较常见，同时受情绪波动的影响较大。心境好时意志水平较高，心境差时意志水平较低。

6. 性意识迅速觉醒但处理相关问题的能力欠缺

大学生的年龄大多处于青春期到成年早期的过度阶段，生理发育已经基本完成，性意识逐渐增强并明朗化。他们开始注意自己的外在形象，关注与追求异性，渴望与异性交往，追求美好爱情。但同时也容易因为认知偏差，缺乏生活经验与经济基础，不能正确而理智地处理与异性间的关系，因恋爱困惑产生一系列心理问题，影响生活学习。

（二）大学生常见心理困惑

每一个大学生都对未来有着无数的憧憬，如生活开心，学业有成，结交到知心朋友，有一段美好的爱情。但是，大学生活也不是一帆风顺的，他们在大学里也会面对各种困难与挑战。影响大学生大学生活顺利开展的一个重要因素就是心理困惑。大学生常见的心理困惑主要可以分为以下几类。

1. 环境适应性问题

大学生活是其生活中的一个重要转折点，大学生活与中学生活有很大的不同。大学生一方面渴望进入成人世界，渴望自由与独立；另一方面他们处于心理断乳期，对父母依赖增强，怀念过去，容易将生活理想化[①]。适应问题多出现在大一，新生进入一个全新的环境，面对新的集体、新的生活方式、新的学习形式，容易出现失落感及心理上的孤独感、空洞感，如果不进行及时的调整，其就会产生较大的心理压力，影响后续的学习与生活。

2. 自我意识的模糊与困惑

在大学阶段，学生的自我意识逐渐增强，却尚未稳固，其看待问题往往较为片面和主观，易受外界评价左右，引起较大情绪波动和应激反应。自我意识涵盖自我评价、自我控制和自我体验三个方面。大学生对自我评价有很高的兴趣，但在自我体验方面，他们表现出强烈的情绪性，不稳定，有时因为自我感觉太好而自负骄傲，自我期望过高，但是一旦遇到挫折，又可能迅速转向另一面，自我评价过低，不能正确看待自己的能力和价值，对现实与自我期望的落差感到心灰意冷。因此，大学生在自我控制方面缺乏持久性，从而导致自我状态起伏不定。

① 吴凌燕，戴丽. 大学生心理健康教育［M］. 成都：电子科技大学出版社，2020：19.

3. 健全人格培养

健康统一的人格是大学生心理健康的重要标准。面对相同的环境与挑战，不同的个体也会有不同的反应，这就与每个人的个性心理有关。在人格的形成和发展过程中，许多因素会对其产生影响，一些不良因素会阻碍人格正常发展，从而导致人格缺陷。如果大学生的人格出现残缺或失调，就可能引发异常行为。部分心理障碍也与人格缺陷有着密切联系。

4. 情绪不稳定

大学生处于青春期的“暴风雨时期”，他们的身体和心理都在迅速发育，但由于其阅历尚浅，对人生和社会问题看法不稳定，因此容易出现各种心理矛盾，且容易受到外界因素的干扰。在这一阶段，他们自控和自我调适能力尚未完全成熟，容易因为一些小事情引起强烈的情绪体验，但部分学生不能及时有效地宣泄情绪，缺乏情绪调节的技巧与方法。在这种情况下，他们就可能会出现焦虑、抑郁等情绪，进而产生心理和行为上的偏差。

5. 人际交往困难

人际关系的好坏对大学生的学习、生活的方方面面都有一定的影响。由于大学生来自不同的地域，有不同的教育背景、经济状况、风俗文化、生活背景等，因此他们容易产生人际关系矛盾。一方面大学生渴望友情，希望能与他人建立良好的人际关系；另一方面由于他们缺少社会阅历与生活经验，缺乏人际交往技巧，而每个人都有独特的个性与社交态度，因此他们容易因沟通不良引发人际冲突，导致人际关系失调，从而出现情绪低落、孤独、压抑、焦虑、抑郁等心理。

6. 学习有问题

学习依然是大学的主旋律，但大学的学习方式由被动式学习变为主动式学习，学习内容、难度和中学有较大差异。有的学生没有养成自主学习的习惯，没有及时调整学习方法，沿用高中的学习方法，出现水土不服；有的学生自控能力差，在大学阶段过度放松，学习缺乏动力，出现学习困难的情况；有的学生因为就业压力的增大，学业压力也与日俱增，对学习、考试过度紧张而引起一定的心理问题。

7. 情感问题

恋爱一直是大学校园的热门话题，大学生身心发展逐渐成熟，非常渴望同异性接触。但由于大学生思想尚未成熟，且在青春期接受的性教育相对不足，因此没有形成健全的心理结构和稳定的恋爱观。部分大学生缺乏对爱情的正确认识，缺乏对情感的把握能力，缺乏足够的应对能力，容易因恋爱产生心理困扰，尤其是当恋爱出现矛盾或者失恋时，难以自我调适，容易产生各种心理问题，甚至导致心理障碍。

三、大学生心理健康自我保健

就像天气有阴晴雨雾，味道有酸甜苦辣，月有阴晴圆缺，我们在生活中也会经历各种开心与烦恼，这些是我们多彩生活的一部分。但如果我们没有及时觉察到这些情绪对我们的影响，并采取措施释放与缓解，那这些情绪可能就会对我们生活产生严重影响，甚至发展成心理疾病。人吃五谷杂粮免不了生病，生活中经历各种事情后出现心理困扰也是十分正常的现象。我们可以采用一些科学的方法进行积极的自我调整，同时也可以寻求专业人员的帮助。

1. 学习心理健康知识，掌握应对心理问题的科学方法

学习心理健康知识有助于大学生提高对心理健康的重视和认知程度，提高对心理问题的认识和理解，了解自身心理发展的变化规律与特点。大学生可以学习一些简单的自我保健方法，采取有效的措施解决自身心理困扰。大学生可以通过阅读心理书籍、参加心理讲座等方式来学习心理健康知识，增强心理健康。

2. 参加体育锻炼，保持身体健康

大学生要树立身心一体健康理念，适当参加体育锻炼，这不仅利于身体健康，也有利于心理健康。在运动中，个体全身的肌肉被激活，心肺功能得到了充分的锻炼，大脑有更为充足的氧气供应，同时运动还能促进排汗，改善内循环，这些都对我们的精神状态产生了积极的影响。运动后，人体会自然分泌一种名为内啡肽的激素。这种激素不仅强化了我们的呼吸和血液循环，更在缓解焦虑情绪上发挥着显著作用，为我们带来宁静和愉悦的感觉，让人愉悦无比。若能坚持长期运动，每天定时跑步、骑车、游泳、打球等，内啡肽的作用将更为显著，它能帮助我们改善失眠问题，甚至增强免疫系统的功能，有效缓解不良情绪。

3. 积极参加集体活动，建立社会支持系统

马克思曾说过，人是一切社会关系的总和。良好的人际关系可以提供情感与社会支持，减轻压力，增强归属感与安全感。在大学这一阶段，大学生可以通过多元化的方式扩展社交圈子，例如通过宿舍团体活动、课余班级活动、社团活动、兴趣小组等方式，结识更多的朋友。这些社交活动不仅为我们提供了与兴趣相投的朋友进行思想沟通和情感交流的机会，还让我们在互动中锻炼了人际交往的技巧；让我们学会更加专注地倾听他人的意见，用恰当的方式表达自己的观点，同时也让我们更加懂得理解他人的感受，尊重每个人的个性差异。

4. 合理调控情绪，掌握放松技巧

长期压抑的情绪不会自己消失，累积到一定的程度会以更严重的形势爆发，造成更大的伤害。合理的宣泄是正常的心理需要。遇到不愉快的事情，要及时以一种适当的方式将不良情绪合理宣泄或转移，从而保持情绪的积极性和稳定性。常用的情绪宣泄的方法包括找亲朋好友倾诉、大哭一场、写日记、体力劳动、唱歌、运动或者在空旷的地方大声喊叫等；也可以采用正念、冥想、呼吸放松等放松技巧来调节情绪。

5. 培养兴趣爱好，激发积极情绪

培养兴趣爱好是有效的心理调适方法。大学生在学习之余，可以根据自身的特点及喜好，利用课余时间发现自己的兴趣所在，培养一些兴趣爱好，学会自娱自乐。兴趣爱好有助于个体陶冶情操，开阔眼界，拓展知识，实现个性化发展；也可以激发个体的积极情绪，培养积极品质，增强个人信心。可以通过听音乐、看电影、看书、做手工、运动等方式放松身心，缓解压力。

6. 正确认识自我，学会自我接纳

大学生应利用大学的时间探索自己的优点、性格特点、兴趣等，坦然接受自己的缺点并努力改变。一个人的能力是由先天遗传因素和后天发展共同决定的，每个人的能力都有一定的限度，具有优势和劣势两个方面。大学生应该对自己的能力做出客观

的评价，并付诸实践。大学生只有充分了解自己的能力和特点，才能制定符合自己的目标，并通过努力达到，在成功的过程中，满足自身的需求，体现个体的价值，锻炼自己的能力，培养自尊自信。

7. 正视心理问题，及时寻求帮助

每个人都可能有心理困扰，只是程度有所不同。大多数人在面对心理困扰时往往选择自我调适，这是一种可行的方法。但是人的自我调节，就像是面对生理疾病时提高自身免疫力，其调节作用是有限的，对一些比较轻微的情况，是能达到良好效果的，但如果调节无果，长期处于情绪低落、焦虑、失眠等状态，就像生病了需要看医生一样，严重的心理问题也需要寻求专业的帮助。大学生可以通过学校的心理咨询中心或者医院的心理门诊等途径获得心理咨询和治疗。但就像医学里有“治未病”的概念一样，心理咨询也并非只针对存在心理问题的人群，做咨询也可以帮助健康的人获得更好的发展。

【知识窗】

“吸猫撸狗”为什么解压

在繁忙的生活中，许多人选择将吸猫撸狗作为一种放松方式，这种简单的互动令人心情愉快，内心平静。为何吸猫撸狗具有如此神奇的魔力呢？让我们一同来探寻其中的奥秘。

已经有科学研究表明，仅仅十分钟与猫狗的亲密互动，就能显著减轻我们的压力。在与这些可爱的动物相处后，学生们的整体幸福感都有了显著提升，就连高压人群的皮质醇水平也显著下降。皮质醇正是人体感受到压力时产生的化学物质，其下降表明我们的压力得到了有效的缓解。

首先，与猫狗的亲密互动，能带给人们一种特殊的快乐感。这种快乐来源于触摸的舒适感，它刺激了人们皮肤下的触觉神经，将愉悦的感受传递给大脑。与宠物相处更能激发大脑产生催产素，这是一种令人感到愉快、兴奋、放松和情绪舒畅的化学物质。催产素本身就有助于建立信任，是维系感情的纽带。它也被称为“拥抱荷尔蒙”或“爱情荷尔蒙”。

其次，人们在与猫狗的互动过程中建立了一种特殊的情感联系，这种情感交流也会让我们在心理上获得平静与满足。当我们专注于与它们互动时我们往往会进入一种冥想状态，忘却了外界的烦恼和压力。这种放松状态也有助于恢复身心平衡，提升心理健康。

最后，社交媒体上也有着大量关于猫狗的讨论。人们乐于分享与宠物的亲密瞬间、可爱照片和视频，传递着吸猫撸狗带来的快乐与治愈。这种分享不仅增进了人们之间的沟通和交流，还让人们有机会找到志同道合的朋友，共同分享宠物的魅力。

总之，与宠物的亲密接触是一种释放身心负担、寻找快乐和平静的绝佳方式。让我们珍惜这些与宠物共度的美好时光，共同创造一个更加快乐的生活！

但需要注意的是，在与宠物的接触过程中也要注意安全。如果被猫或者狗咬伤、抓伤要警惕被传染狂犬病的风险，并及时注射狂犬病疫苗。

参考文献

[1] 彭聃龄. 普通心理学 [M]. 北京：北京师范大学出版社，2012：2.

[2] 全国 13 所高等院校《社会心理学》编写组. 社会心理学 [M]. 天津：南开大学出版社，2006：312.

[3] 彭聃龄. 普通心理学 [M]. 北京：北京师范大学出版社，2012：74.

[4] 彭聃龄. 普通心理学 [M]. 北京：北京师范大学出版社，2012：61.

[5] 倪亚红，杨雪花. 大学生心理健康教程 [M]. 南京：东南大学出版社，2006：4.

[6] 陈小梅. 大学生心理健康教育 [M]. 成都：电子科技大学出版社，2018：4.

[7] 樊富珉. 大学生心理健康与发展 [M]. 北京：清华大学出版社，1997：1-11.

[8] 林崇德. 积极而科学地开展心理健康教育 [J]. 北京师范大学学报（社会科学版），2003（1）：31-37.

[9] 闰颖，闰瑞. 新编大学生心理健康教育 [M]. 长春：吉林大学出版社，2016：10.

[10] 马宁. 大学生心理健康对和谐社会构建的意义 [J]. 当代青年研究，2006，(10)：5-8.

[11] 闫颖，闫瑞. 新编大学生心理健康教育 [M]. 长春：吉林大学出版社，2016：5.

[12] 吴凌燕，戴丽. 大学生心理健康教育 [M]. 成都：电子科技大学出版社，2020：19.

第二章 新变化，心启航
——大学生心理适应

第一节 大学生活的新变化

【案例链接】

这也是你的真实写照吗——一个迷茫的大一新生

张薇（化名）从北方来到西南地区上大学，入学之前她对自己的大学生活充满了向往和期待，期待着美丽的校园、明亮的教室、偌大的图书馆，也期待着博学的老师、热情的同学和诱人的美食，甚至期待着甜甜的恋爱。入学之后，张薇却发现大学生活与自己的想象相差甚远。

生活上，张薇首先就对如此潮湿的天气适应不了，入秋了总是下雨，见不着太阳，厚一点的衣服似乎总是没有晒干过，不对，应该是从来没有晾干过；自己也第一次听说“晒太阳”居然也是一项活动，关键还挺受欢迎，主要是太阳确实太稀罕了；刚入秋的时候自己还感冒了一个月都没有全好。来之前吧，总是期待着和新认识的同学、朋友去品尝火锅和麻辣烫，来之后发现，食堂几乎都是带辣椒的菜品，天天吃，自己的胃根本受不了。和室友们的相处虽然没有大矛盾，却总是有些小摩擦，一个开空调的事儿就协调不好，还有作息也不同，搞得自己睡眠都有些问题了；另外三个室友都是本地人，总一起说方言，自己既听不懂也插不上嘴；一到周末他们都回家，自己刚开始的时候还没有交到什么朋友，也特别孤单。

不仅仅生活上张薇碰了一鼻子灰，学习上也好不到哪儿去。刚开始，每节课都要换教室，张薇很不习惯；后来发现上了个把月的课了，自己几乎还是只认识宿舍室友，其他同班同学能叫上名儿的没几个。没有早晚自习，和老师交流的机会很少；有的课程要么没有任何作业，要么就是一个需要参考十几本书、几十篇文献的汇报，不仅需要自己整理文本还需要制作 PPT，张薇头都大了；大部分课程老师的进度都很快，自己似乎学了又似乎什么都没有学到，也没有任何平时检测，张薇确实不知道自己到底学会了没有。有的时候一整天从早到晚都是课程，有的时候又整半天都没有课，没课的时候，张薇有的时候也不知道干什么。总之，张薇觉得读了十几年书，现在对于学习自己突然就迷茫了。

还有学生组织和学生活动也让张薇很困惑。刚开始的时候她也决定要突破一下自己，去竞选干部，多多参加各种活动，提高一下综合素质。可是在参加学生会干事竞选的时候，自己太紧张了，准备的内容都忘得干干净净，结果当然落选了，再加上看到别的同学侃侃而谈，有丰富的学生干部经历，张薇就觉得自己特别差劲儿，后来就不敢去尝试别的职位竞选了。参加活动也是，同学们不是会唱歌就是会跳舞，或者会乐器，自己没有什么特长，胆子又小，也没有人指导，根本不敢去报名。

两个多月过去了，张薇愈发觉得大学生活怎么这么难呢？

其实与张薇有相似困惑的大一新生不在少数。麦可思数据公司一项基于 9 万名大学新生的数据调查报告显示，超过 70% 的学生会遇到适应性问题，其中最主要的是学习问题，最难解决的是恋爱问题[①]。

大学是学校与社会的桥梁，兼具学校与社会的双重要求。大学生则处于成年初期，面临着身心发展与成熟的重要任务。外部环境变化与内部发展任务的重叠，给大学生带来巨大的挑战。中学到大学，我们到底会遇到哪些变化，遭遇哪些挑战，出现哪些适应方面的困难，又如何来应对呢？搞清楚这一系列问题，不仅可以帮助我们更好地适应大学生活，也会为我们以后适应真正的社会打下良好的基础。

一、从中学到大学：环境的变化

（一）自然环境的变化

自然环境（natural environment），是相对社会环境而言的，指的是由水土、地域、气候等自然事物所形成的环境。一方水土养一方人，自然环境是人类生存最直接最基础的环境，对我们的生活习惯、生活方式有重要的影响。而我国地域幅员辽阔，地区差异较大，大学生来自五湖四海，首先就可能面临着自然环境适应方面的挑战。例如，我国北方干燥、南方潮湿，很多同学对于这样的环境差异很难适应，就如同前文的张薇。笔者甚至遇到好几个西北同学到重庆不适应，最终选择退学。很多北方地区虽然很冷但都有暖气，到了南方反而觉得南方的冬天更冷，尤其是相较于北方特别的湿冷，导致很多同学一到秋冬就容易生病。地理环境的差异也是个不小的挑战，北方多平地，许多北方同学到南方后发现，居然上学还要每天“爬坡上坎”，出行也可能没法使用自行车。

（二）语言环境的变化

语言是人类进行沟通交流最重要的表达方式，也是人际交往最重要的基础。我国不仅幅员辽阔，也是多民族、多语言国家，根据《中国的语言》[②]《中国语言地图集》[③]，我国有 130 余种语言，有约 30 种文字。当同学们进入大学，尤其是跨省求学时，其常常会面临语言环境的变化，面临两方面的困境。一类是自己原本一直说方言，

① 麦可思调查资料来源 http://cn.chinadaily.com.cn/2017-10/30/content 33893409.htm.

② 孙宏开. 中国的语言［M］. 北京：商务印书馆，2007：3.

③ 中国社会科学院，香港城市大学. 中国语言地图集［M］. 北京：商务印书馆，2012：45.

普通话不是很标准，可能导致在生活中羞于表达，在课堂上不敢主动发言，甚至害怕被嘲笑，产生自卑心理；另一类就是大学同学如果本地学生多，他们在日常生活中可能多用当地方言，常常会让外地学生产生不能融入、不被接纳感，严重的可能还会影响到人际交往。

（三）生活习惯的变化

生活习惯的变化主要包括三个方面：饮食、集体生活、独立能力。饮食方面，中国有句古话，叫“民以食为天”。尽管大学食堂菜品品类丰富，很多高校还专门为少数民族学生设立民族食堂，但这与地道的家乡菜相比仍旧存在差异。有些同学会因为饭菜不可口而感到心情低落。集体生活对许多同学尤其是从未住宿过的同学而言是个巨大的挑战。以往有独立的房间和私密的空间，现在却要突然和几个陌生人共同居住，公共卫生习惯、生活作息、个人习惯都可能不同，洗澡、上厕所都可能得排队；你想看书的时候，室友可能想追剧；你想休息了，室友却还在打游戏；你想早起跑步，却又怕吵醒晚睡的室友；你觉得天气微凉，室友却还要开冷气……这些看似小事，但却很日常，每天都必须面对，如果协调不好，就会产生矛盾。寝室矛盾已经成为大学生心理问题的重要应激源之一。独立能力的挑战则体现在：以往在父母身边万事不操心，只需要学习，现在突然需要自己洗衣、叠被、管理生活费、管理时间、处理人际关系，照顾自己的一切，这可能让很多独立能力较差的同学难以应对。

二、从被动到主动：学习的变化

（一）学习目标的变化

中国的基础教育各个阶段，学生的学习目标都是清晰而明确的：小学考好初中，初中考好高中，高中考好大学，为此同学们心无旁骛、专心致志，提高各科分数来实现目标。但是到了大学，这个清晰的目标突然消失了，即便有的同学可能也会有考研究生、找个好工作这样的目标，但是这些目标反馈给学生的行动路线却是模糊的，因为这个路线不再是简单地提高各个科目的期末考试成绩了。没有了清晰的目标，他们就失去了学习的动力，再加上“没人管”的宽松环境，许多同学大学入学后，都对学习提不起兴趣，对课程进行三六九等划分，上课注意力涣散甚至出现旷课、游戏成瘾等情况。

（二）学习内容的变化

中小学教育属于基础教育，教学内容基本上是围绕中考、高考而展开，同学们的学习科目从小学到高中变化都不大，学习科目也不多。大学的学习内容不再像中小学那样仅仅是学习各学科的基础知识，而是在此基础上大大增加各学科的知识广度和深度；同学们每学期都可能会接触到全新的课程，一学期每周一次课就要学完一门新课程；大学的学习性质也不再都是掌握现成的知识，而是更强调对知识的探索过程，以及如何运用这些知识解决实际问题。所以很多课程不仅要求学生掌握知识本身，会考试，还要求同学们运用这些知识提出一些社会问题的解决方案、甚至是做项目汇报等，所以学习内容不仅变得更深、更广、更难，也有从重知识到重能力的转变。这些变化对大学新生的创造力、独立性都提出了更高的要求，如果大学生无法很快适应，久而久之就会带来一定程度的心理压力，表现出厌学、紧张、自卑等。

（三）学习方法的变化

大学学习方法的变化主要体现在两个方面。一方面是从被动式学习到主动式学习的转变。初高中的学习以教师为主导、以课堂灌输为主要形式，学生在整个学习过程中，只要跟着老师的安排和节奏即可，而且除了老师还有家长的唠叨和监督，所以学生的学习自主意识是比较薄弱的。但是到了大学，如果没有特别的安排，学生只有在课堂上能见到老师，老师也不会对某个知识点反复讲解，往往一堂课的授课进度很快，需要学生自行花费大量时间进行自主学习，课后也没有那么多必须要完成的练习，一周只有五天行课，这五天当中还有许多时间是没有课程安排的……这一切都要求大学生必须学会自主学习、主动学习。另一方面是大学学习远不止课堂学习，而是更加丰富多样，听学术报告、听各类讲座、查阅资料、外出考察、参加实习、参与社会调查、进行社会服务等都是大学学习活动不可缺少的形式，大部分也需要学生自我规划、主动参与。一旦无法适应学习方法上的转变，大学生就很可能陷入一种大学学习可以混日子的误区，在看似轻松的大学学习氛围中随波逐流。

（四）考核方式的变化

在中学阶段特别是高中阶段，学生时常面对的是“三天一小考，五天一大考”的情况，这种考核方式不仅给学生一种紧迫感，也让学生对自己的学习情况有清晰的认知和了解，可以时常查漏补缺。在大学阶段，许多科目只有期末考试，而考试之前，学生对于自己到底学到了什么、学会了什么，心里是很没有底的，也会因为没有测验而放松日常学习要求和标准；老师也不会像中学一样带着学生复习备考，而且考试的内容也不会局限于教材上的知识，更多的是考查学生结合平时所学，对一些实际问题的解决能力。而且有很多课程在授课结束后会马上安排考试，不会留有太多时间供学生复习，大学新生尤其是大一上学期对此还没有充分的准备，往往会在考试前通宵熬夜复习，给身心都造成了很大负担。

三、从监督到自主：时间管理的变化

（一）时间“太少”了

有的学生进入大学之后，发现尽管有很多无课时间，但是时间仍旧太少了，不够用。他们往往雄心壮志，认为一定要在大学期间各方面表现优秀，于是加入了多个学生组织、参加许多学生活动，还要打工兼职、做志愿服务……最后的结果是，每天都特别忙，甚至还会遇到不同组织开会错不开，不知该去哪一边儿；又或者同时接到多个任务要在同一个时间段完成，最后不得不熬夜甚至通宵，最后的结果是筋疲力尽、身心疲惫。还有些同学会因为没有做好时间规划，耽误课程、考试挂科，结果无法参与任何评优评奖，生出“到底忙了些什么，这么辛苦到底值不值得”等一系列的自我怀疑。

（二）时间“太多”了

另一些同学却与前者刚好相反，他们总是觉得时间太多了，因不知道干什么而迷茫。他们往往因为失去学习目标，对于大把闲暇时间没有任何规划意识，也不会有效利用，而是将这些时间全部花在打游戏、睡大觉、追综艺上面。他们既不会安排时间对学习进行预习复习，也不参加任何学生活动或者学生组织，甚至不怎么和其他同学进行交往，让自己沉迷于网络世界；但实际上他们的内心是焦虑空虚的，会有很强烈的碌碌无为感和自我否定感。

【课堂之外】

时间都去哪儿了——时间管理能力测量①

指导语：请你根据自己在日常学习与生活中对待时间的态度与方式，选择最适合你的一种答案。

1. 星期天，你早晨醒来的时候发现外面正在下雨，而且天气阴沉，你会怎么办？

A. 接着再睡　B. 仍在床上逗留　C. 按一贯的生活规律，穿衣起床

2. 吃完早饭后，在上课之前，你还有一段自由时间，你怎样利用？

A. 无所事事，根本没考虑要学习点什么，不知不觉地过去了

B. 准备学点什么，但又不知学什么好

C. 按照预先制订好的学习计划进行，充分利用这一段自由时间

3. 除每天上课外，对所学的各门课程，在课余时间里怎么安排？

A. 没有任何学习计划，高兴学什么就学什么

B. 按照自己最大的能力来安排复习、作业、预习，并紧张地学习

C. 按照当天所学的课程和明天要学的内容制订计划，严格有序地学习

4. 你每天早晨怎么安排第二天的学习时间？

A. 不考虑　B. 心中和口头作些安排　C. 书面写出第二天的学习计划

5. 我为自己拟订了每日的学习计划表，并严格执行。

A. 很少如此　B. 有时如此　C. 经常如此

6. 当你发现近来浪费时间比较严重时，你有何感受？

A. 无所谓　B. 感到很痛心　C. 感到应该从现在起尽量抓紧时间

7. 我每天的休息时间表有一定的灵活性，以使自己有足够时间去应付预感不到的事情。

A. 很少如此　B. 有时如此　C. 经常如此

8. 当你学习忙得不可开交的时候后，感到有点力不从心时，你会怎么处理？

A. 开始有些泄气，认为自己脑子笨，自暴自弃

B. 有干劲，有用不完的精力，但又感到时间太少，仍然拼命学习

C. 开始检查自己的学习分配时间是否合理，找到合理安排时间的方法，在有限的时间里提高学习效率

9. 在学习时经常被人干扰打断，你怎么办？

A. 听之任之　B. 抱怨，但又毫无办法　C. 采取措施，防止外界干扰

10. 当你学习效率不高时，你怎么办？

A. 强打精神，坚持学习

B. 休息一下，活动活动，轻松轻松，以利再战

C. 把学习暂时停下来，转换一下兴奋中心，待精力最佳时再高效率地学习

---

① 郑玫，包华林. 心理学与大学生心理健康［M］. 北京：北京交通大学出版社，2009：55-56.

11. 阅读课外书籍，你怎么进行？

A. 无明确目的，见什么看什么，并常读出声来

B. 一面读一面选择

C. 有明确目的地进行阅读，运用快速阅读法，加强自己的阅读能力

12. 你喜欢什么样的生活？

A. 按部就班、平静如水的生活

B. 急急忙忙、精神紧张的生活

C. 轻松愉快、节奏明显的生活

13. 你的手表或书房的闹钟经常处于什么状态？

A. 常常慢　B. 比较准确　C. 经常比标准时间快一些

14. 你的书桌井然有序吗？

A. 很少如此　B. 偶尔如此　C. 常常如此

15. 你经常反省自己处理时间的方法吗？

A. 很少如此　B. 偶尔如此　C. 常常如此

计分规则：

选 A 得 1 分，选 B 得 2 分，选 C 得 3 分，将所有得分相加，得到总分。

结果参考：

35~45 分：有很强的时间管理能力。在时间管理上，你是一个成功者，不仅时间观念强，而且能有目的、有计划、合理有效地安排学习和生活时间，时间的利用率高，学习效果良好。

25~34 分：较善于对时间进行自我管理，时间管理能力较强，有较强的时间观念，但在时间的安排和使用上还有待进一步提高。

15~24 分：时间自我管理能力一般，在时间安排和使用上缺乏明确的目的性，计划性也较差，时间观念淡薄。

14 分以下：不善于管理时间，时间自我管理的能力很差，在时间的自我管理上是一个失败者。不仅时间观念淡薄，而且也不能合理地安排和支配自己的学习、生活时间。你需要好好地训练自己，逐步掌握时间管理的技巧。

自测后提醒：此问卷仅作为了解自己的参考，如有疑问，请咨询专业人员。

四、从旧友到新朋：人际关系的变化

（一）人际交往需求的变化

大学生往往第一次远离家乡、远离父母、远离朋友，来到新的环境，充满了期待与憧憬，同时也会因为远离熟悉环境产生孤独感和对新环境的陌生感，迫切地希望与他人建立良好的人际关系，这样的需求相对于中小学要强烈得多。此外大学生活除了学习之外，还有第二课堂活动、学生组织、讲座报告、专业实习、休闲娱乐等非常丰富的内容，而这些内容往往与多维的人际关系交往同时发生。此外，大学生活是大学生自我探索、自我成长最重要的阶段。他们也普遍意识到，以后要进入社会与形形色色的人打交道，也需要在大学阶段就开始培养自己的人际交往能力、获得友谊、建立人脉。总之，大学的人际交往需求更加强烈，更加复杂。

（二）人际交往范围的变化

中小学阶段，同学们的人际交往范围往往是以家庭和学校为半径的圆，交往的对象基本就是同学、老师和家人，而这些交往对象往往是比较固定和熟悉的。进入大学后，同学们来自五湖四海，人际交往接触面大大扩张，除了与同班同学接触，还会通过学生组织、社团、老乡会等和不同的同学接触；除了辅导员，他们还会和各个科目的任课教师、各个行政岗位的老师接触；除了学校人员，他们还会因为兼职、专业实践、志愿服务等社会实践活动开始和不同的社会人士接触。所以进入大学后，同学们的人际交往范围极大地扩大了，交往对象更复杂。

（三）人际交往方式的变化

大学生相对于中小学人际交往方式最大的变化是虚拟化，当代大学生几乎都是网络原住民，随着网络新媒体的发展，他们的网络使用率特别高；而进入大学以来，学习压力的降低、手机自由使用的实现，也让他们这一特点更加突出。笔者在大一新生中的相关调研显示，近 40%的学生通过网络结交朋友，其次才是老乡会、学生组织、同学介绍。网络人际交往尽管让交往很大程度上突破了地域的限制，极大提高了可及性和灵活性，但久而久之也让同学们失去了面对面人际交往的基本技巧。现在在宿舍人际交往中经常出现一种可笑又可悲的现象：几个室友都在宿舍，但是交流却要在宿舍微信群，尤其是对于一些矛盾的交流解决。这样的变化，让很多同学仍旧感受到深深的孤独，以及对于以后进入社会人际交往的担忧。

【课堂之外】

团体辅导——你是我的眼①

（一）活动目的

增进相互了解，体验人际支持的重要性，促进合作与融合。

（二）活动时间

40 分钟左右。

（三）活动步骤

1. 暖身与分组

通过暖身活动，让成员之间彼此熟悉，建立信任感；同时进行分组，3 人为一组。

2. 教师引入

一名组员扮演“盲人”，戴上眼罩；而另一名组员扮演“哑人”，不能说话。两人用自己的方式，共同走过一段“崎岖”的道路，到达终点后，双方交换角色，再体验一次。

事先确定好路线，参与成员沿指定路线前进。沿途会有小组指定的安全员提醒每个小组注意安全或监督其是否按要求行进。可通过设置障碍物的数量、延长行进路线等来增加任务难度。

3. 讨论与分享

（1）在合作的过程中，发生了哪些问题？你是如何解决这些问题的？

---

① 王淑艳，等. 大学生心理健康教育与团体实训［M］. 北京：科学出版社，2021：43-44.

（2）当你什么都看不见时，你有什么感受？

（3）当你负责指引其他成员时，你是如何带领搭档的？在带领的过程中，你觉得应该注意些什么？

（四）注意事项

（1）需要教授成员盲眼行走的自我保护尝试；左手放在自己的右肩上，伸出右手臂，作为黑暗中的探索工具。

（2）眼罩不够的时候可以征询学生意见，在保证自觉遵守游戏规则的情况下，允许部分成员不戴眼罩参加游戏，但需要闭眼参与。

（3）带领者需要一些帮手，保证脱离指定路线较远成员的安全。

（4）有特别不愿意参加的个体，可以担任安全员角色。

【课堂之外】

你适应了吗——心理适应测量①

1. 我最怕转学或转班，每到一个新环境，我总是要经过很长一段时间才能适应。

A. 是　　B. 无法肯定　　C. 不是

2. 每到一个新的地方，我很容易同别人接近。

A. 是　　B. 无法肯定　　C. 不是

3. 在陌生人面前，我常无话可说，以致感到尴尬。

A. 是　　B. 无法肯定　　C. 不是

4. 我最喜欢学习新知识或新学科，它给我一种新鲜感，能调动我的积极性。

A. 是　　B. 无法肯定　　C. 不是

5. 每到一个新地方，我第一天总是睡不好，就是在家里，只要换一张床，也会失眠。

A. 是　　B. 无法肯定　　C. 不是

6. 不管生活条件有多大变化，我也能很快习惯。

A. 是　　B. 无法肯定　　C. 不是

7. 越是人多的地方，我越感到紧张。

A. 是　　B. 无法肯定　　C. 不是

8. 我的成绩多半不会比平时练习差。

A. 是　　B. 无法肯定　　C. 不是

9. 全班同学都看着我，心都快跳出来了。

A. 是　　B. 无法肯定　　C. 不是

10. 对他（她）有看法，我仍能同他（她）交往。

A. 是　　B. 无法肯定　　C. 不是

11. 我做事总有些不自在。

A. 是　　B. 无法肯定　　C. 不是

① 李献华. 大学生心理健康教育与咨询工作指导手册［M］. 北京：当代中国音像出版社，2004：36-38.

12. 我很少固执己见，常常乐于采纳别人的观点。

A. 是　　B. 无法肯定　　C. 不是

13. 同别人争论时，我常常感到语塞，事后才想起怎样反驳对方，可惜已经太迟了。

A. 是　　B. 无法肯定　　C. 不是

14. 我对生活条件要求不高，即使生活条件很差，我也能过得很愉快。

A. 是　　B. 无法肯定　　C. 不是

15. 有时自己明明把课文背得滚瓜烂熟，可在课堂上背的时候，还是会出差错。

A. 是　　B. 无法肯定　　C. 不是

16. 在决定胜负成败的关键时刻，我虽然很紧张，但总能很快地使自己镇定下来。

A. 是　　B. 无法肯定　　C. 不是

17. 我不喜欢的东西，不管怎么学也学不会。

A. 是　　B. 无法肯定　　C. 不是

18. 在嘈杂混乱的环境里，我仍能集中精力学习，并且效率很高。

A. 是　　B. 无法肯定　　C. 不是

19. 我不喜欢陌生人来家里作客，每逢这种情况，我就有意回避。

A. 是　　B. 无法肯定　　C. 不是

20. 我很喜欢参加社交活动，我感到这是交朋友的好机会。

A. 是　　B. 无法肯定　　C. 不是

计分规则：

凡是单数号题（1，3，5，7，…），选 A 得−2 分，选 B 得 0 分，选 C 得 2 分；

凡是双数号题（2，4，6，8，…），选 A 得 2 分，选 B 得 0 分，选 C 得−2 分。

将各题分数相加，即为总分。

结果参考：

35~40 分：心理适应能力很强。能很快地适应新的学习、生活环境，与人交往轻松大方。给人的印象极好，无论进入什么样的环境，都能应付自如。

29~34 分：心理适应能力良好。

17~28 分：心理适应能力一般，当进入一个新的环境，经过一段时间的努力，基本上能适应。

6~16 分：心理适应能力较差，依赖于较好的学习、生活环境，一旦遇到困难，容易怨天尤人，甚至消沉。

5 分以下：心理适应能力很差，在各种新环境中，即使经过相当长一段时间的努力，也不一定能够适应；常常感到困惑，因与周围事物格格不入而十分苦恼；在与他人的交往中，总是显得拘谨、羞怯、手足无措。

如果你在这个测试中得分较高，说明你的心理适应能力较强。但如果得分较低，也不必忧心忡忡，因为一个人的心理适应能力是随着年龄的增长、知识的丰富而不断增强的。只要刻苦学习、虚心求教、加强锻炼，你的心理适应能力一定会增强的。

第二节　我们为何会出现适应问题

一、影响适应的因素

（一）客观因素

1. 家庭因素

家庭环境不仅影响青少年的生长发育，还影响其心理健康、自我意识及行为模式①。尤其，在个体的早期发展中，家庭对大学生的心理发展起着奠基作用。众所周知，父母是孩子的第一任教师，对孩子的影响也最早。父母的教养方式、文化程度、职业、性格特征以及家庭的氛围、经济状况等，都会对大学生的心理发展产生重要影响。民主型、放任型、溺爱型等不同的家庭教育方式，会让孩子形成不同的性格特征。家庭氛围也很重要，如果父母关系不和，经常吵架甚至相互敌对，尤其是父母离异，就容易使孩子形成冷漠、孤僻、自卑等不良性格特征，这些性格特征又会影响大学生的人际关系和学习的自信心。还有一些研究结果表明，在早期发展中，父母的爱、支持与鼓励可以使孩子建立信任感和安全感，这是孩子成人后与他人建立良好人际关系的基础。另外，家庭经济状况也会对大学生的心理产生一定的影响。家庭经济困难的大学生常常为筹集学费和生活费而煞费苦心，在面对同学之间在生活上的相互攀比时，会因为囊中羞涩而感到强烈的自卑、抑郁和烦恼，产生巨大的心理压力。家庭经济困难并不是一定会导致学生的心理问题，但确实会产生一定的影响。

2. 学校因素

大学校园是大学生学习、生活的主要场所，学生的大部分时间是在校园内度过的，学校的学习、生活、人际关系对大学生的身心健康影响极大。学校因素，诸如教育条件、学习条件、生活条件以及师生关系、同学关系等，如果处理不当，就会影响大学生的身心健康发展。例如，新生入校后，校园生活、学习适应的指导是否及时，对所学专业的认同是否到位，是否重视课外兴趣的激发与培养，是否能随着大学教学方法、形式的改变而改变学习方法，是否能及时建立新型健康的师生关系和和睦的同学、室友关系，是否能处理好考研与就业的关系，是否能处理好学业与爱情的关系等。任何一个问题处理不当，都可能会使大学生产生心理压力，如不及时调整，最终可能引发心理失调。

3. 社会因素

社会因素主要包括政治、经济、文化教育、社会关系等，这些因素对一个人的生存和发展起着外在的决定性作用。当前我国正处于社会转型时期，人们所信奉的价值体系和行为规范受到冲击，而新的价值观念体系和行为规范尚未确立和完善，人们普遍感到困惑和焦虑，无所适从，因而在现实生活中出现了价值失落、道德滑坡和人格扭曲等社会现象，享乐主义、拜金主义和极端个人主义等非理性思想和行为也时有发

① DU N, OUYANG Y, XIAO Y, et al. Psychosocial factors associated with increased adolescent non-suicidal self-injury during the COVLD-19 pandemic [J]. Front Psychiatry, 2021. 12: 743526.

生。对于大学生来说，其价值观念正在形成，个性还未稳定，还处于心理发展的成熟期。当他们面对传统观念与现代观念的差异时，其很难做出科学、全面、正确的判断，从而增加了适应困难，造成种种心理冲突。再加之高校人才培养和就业制度的改革，竞争增大，这使大学生在进入社会之前就或多或少地感受到了就业的压力和恐惧，常常处于一种惶惶不可终日的状态，这也直接影响了大学生的心理健康状况和生活质量。

（二）主观因素

1. 个性因素

影响大学生适应的个性因素有很多，了解这个因素对于帮助大学生更好地适应大学生活具有重要意义。其主要包括以下几个方面：一是情绪调控能力。这是指个体管理和调节自己的情绪反应的能力。良好的情绪调控能力有助于大学生在面对学习压力和生活变化时保持稳定的情绪状态。二是自我效能感。这是指个体对自己完成特定任务或应对挑战的信心。高自我效能感的大学生更有可能积极面对学习任务和生活挑战，从而更好地适应大学环境。三是人格特质。例如开放性、责任感、外向性等人格特质，这些特质会影响个体如何与他人互动以及如何处理新情境。四是应对策略。面对困难和压力时，个体采取的应对方式也会影响适应。积极的应对策略有助于个体更好地处理问题，而消极的应对可能导致个体适应不良。

2. 认知因素

认知因素在大学生适应过程中起着至关重要的作用，主要体现在以下几个方面：一是学业自我效能感，指学生对自己完成学业任务和达到学习目标的信心。研究显示，学业自我效能感与大学生的学习适应能力呈正相关关系。二是情绪调节自我效能感，指个体对自己调节情绪的能力的信念。情绪调节自我效能感对大学生的学习适应有显著影响，且与学业自我效能感相关联。三是认知评价，即学生对学习环境和任务的认知评价也会影响其适应性。例如，如果学生认为自己能够应对学习挑战，则他们更有可能积极适应。四是学习动力与行为。大学生的学习适应性还体现在学习动力和学习行为上，学生需要根据学习条件的变化主动调整自己的学习动力与行为，以取得良好的学习成就。

3. 能力因素

影响大学生适应的能力因素涉及多个方面，这些能力对于学生成功适应大学生活和学习环境至关重要。以下是一些主要的能力因素：一是自主学习能力。大学教育强调自主学习，学生需要能够独立寻找资源、规划学习时间、设定学习目标并自我监督学习进度，跟高中阶段的学习有很大的不同。二是时间管理能力。有效管理时间，合理分配学习、休闲和社交活动的时间，是大学生顺利适应校园生活的关键。三是情绪调节能力。情绪调节能力包括识别、理解和合理表达自己的情绪反应。在大学里，尤其在适应新环境时，大学生对自己和他人的情绪不能很好地应对时，就会产生很多不必要的误解和苦恼，这需要在一定时间内不断地学习和成长。四是社交能力与人际关系处理。良好的社交技巧可以帮助学生建立和维护积极的人际关系，从而更好地融入集体，获得必要的社会支持。五是解决问题的能力。面对学习和日常生活中的问题和挑战时，分析问题、思考可能的解决方案并采取行动的能力对适应非常关键。

当然，除了以上能力的培养以外，批判性思维能力、抗压能力、职业规划与决策的能力、团队协作的能力和资源获取的能力等都是非常重要的。这些能力的培养不仅能让大学生很好地适应大学期间的学习和生活，也能对其今后走上工作岗位适应工作环境打下坚实的基础。

总之，影响大学生心理适应的因素是多方面的，既有主观因素，又有客观因素，两种因素常常交织在一起，互相制约，互相作用。当然，在两种因素中，内在因素起着决定性作用。内在因素是一个人心理健康状况发生变化的内在原因，而诱发因素则是产生变化的外在原因。诱发因素通过内在因素发生作用，它决定着人的心理健康状况变化的现实性。例如，当学生宿舍的人际关系出现问题时，对于心理功能状况良好的学生来说，他们会积极调节自己，努力学习与他人相处的技能，适应集体生活；而对于心理功能较差的学生来说，他们有可能出现过度的紧张和焦虑，或者逃避，或者排斥，或者自我封闭等，造成人际关系失调。因此，保持和维护大学生的心理健康应该从多种渠道入手。

二、心理适应期的内心冲突

（一）独立与依赖的矛盾

青年早期的大学生心理上极度渴望自身的独立性，渴望成为一个真正的大人，实现独立的思考、独立的决策、独立的担责。外在环境也创造了这样的条件，他们远离了老师的监督和父母的唠叨，进入了新的生活。所以刚刚入学的大学生带着对新生活的热切期盼、对自身独立的踌躇满志，对周围一切都充满好奇；但过了这一个新鲜劲儿的阶段，他们发现自己开始思念父母、思念旧友、思念曾经熟悉的一切。独立能力差的同学，以前除了学习从未操心过其他事务，现在却要独立解决自己的衣、食、住、行、学、友各个方面的问题，这些突如其来的变化让他们不知所措。独立的渴望与依赖的现实，让他们对大学新生活难以适应，于是可能出现："独在异乡为异客"的孤独情绪，"每逢佳节倍思亲"的思念情绪，对陌生环境、新事物的紧张情绪，不能合理规划财务支出，一到月末就"经济危机"的窘迫情绪……在面对这些不适应和负面情绪时，许多新生都感到束手无策、郁郁寡欢，甚至出现抑郁、失眠等情况。还有一些极端情况的同学，因为这一点，最终选择退学。

（二）孤独与归属的交织

人际交往本就是青年最重要的人生议题，是个体发展与自我完善不可或缺的重要部分，更是成就事业的关键因素。对于刚刚进入全新环境的大学新生而言，人际交往需求相比一般青年更加强烈。他们特别希望能够尽快认识和结交新的朋友，获得友情、获得他人的理解与认可；他们也希望得到宿舍、班级、社团等组织的接纳，在其中获得归属感，确认自己的社会价值。但当下的大学新生，来自全国各地，有着不同的成长环境、风俗习惯、性格特点，想要快速地结交志同道合的朋友并不容易；同时他们偏爱网络社交、缺乏线下人际交往的技巧，往往不能正确看待和应对人际交往中遇到的问题，在人际交往中常常因达不到自己的预期而郁闷失落。现实中人际交往的困难与挫折，也会让他们进一步躲到网络虚拟世界，现实人际交往进一步缺失，最后形成恶性循环，更加孤独。所以在人际关系中出现的孤独感和归属需要产生剧烈冲突，可能导致其产生各种心理问题。

（三）自豪与自卑的对抗

能考上大学的学生，往往在中小学都是佼佼者，一贯享受着来自同学的羡慕、老师的表扬和父母的夸赞，他们的内心是骄傲的，具有很强的优越感和自豪感，充满了自信。进入大学后，他们发现同学们全部都是曾经的天之骄子，大家都很优秀，甚至比自己更优秀，"头顶的光环""羡慕的眼光"似乎一下子都暗淡了，原本的鹤立鸡群变成了现在的平庸之辈。这样的心理落差，一时间让这样的同学难以接受，甚至开始自我怀疑。

小灵就在咨询室中哭诉着：以前每次什么活动推荐、评优评奖，老师都会首先考虑我，我也不辜负他们的期待，参加活动就能获奖，我还担任了班长、学生会干部；可是前段时间的班委竞选，自己落选了班长，其他的职务也不想竞争了；竞选学生会的时候也因为太紧张而没有选上。而自己的室友却不仅担任了班委，也成功竞聘了学生会办公室干事一职；迎新晚会中也因为跳舞出色有精彩的演出、收获了一大批粉丝。自己突然发现自己实际上一无是处，觉得自己就是只可怜的丑小鸭。

除此之外，还有一些来自农村的大学新生，以往凭借优秀的成绩获得了青睐，但到大学之后突然完全失去了竞争力。他们发现同学们都多才多艺，在各个舞台上散发着魅力，但是自己似乎除了学习什么都不会，而以前最自豪的学习，现在可能也很吃力了，因为老师们总是要求查资料做报告，自己以前都没有接触过。他们还会因为自己的语言、服饰、言谈举止的乡土气息变得十分的敏感、多疑和自卑。这不仅影响了他们自身的发展也限制了他们的人际交往。

（四）理想与现实的落差

每个经历过高考洗礼的学生，都是对大学生活充满向往的。他们努力奋斗的动力很大程度上来自于老师们对大学美好生活的描述和自己的美好想象。在他们的期待中，大学往往是环境幽雅，学术气氛浓厚，人际关系和谐，校园文化丰富的。然而，他们真正进入大学校园，经过短暂的兴奋期之后，会发现现实的大学生活与自己想象的大学生活有很大的差距：校园环境和寝室条件甚至没有高中的好，教学楼和图书馆远没有招生简章上的气派恢宏；学习并不轻松，老师也没有那么幽默，甚至有些课程听起来枯燥乏味还经常点名；同学间的关系没有想象中的亲密，甚至相互之间存在激烈的竞争，和室友还会摩擦不断；还有的同学专业志愿填报不理想，所学专业和自己的兴趣爱好相去甚远，总是提不起学习兴趣；有的则是高考发挥失误，来到了一个和自己理想大学差距很大的学校。所有这些都可能导致大学新生感到失望和迷茫，继而影响其身心健康发展。

总之，理想与现实的落差，很容易让大学新生怅然若失、忧心忡忡、情绪低落，进而感觉前途渺茫。

（五）探索与迷茫的困惑

大学以前的每个阶段学习目标都是非常明确的，就是需要考上一个好的初中、高中、大学，但是很少有同学知道自己真正喜欢什么、擅长什么。突然一上大学，这些就成了必须完成的转变：学校那么多社团，自己到底要参加哪一个？闲暇的时间究竟应该进行社会兼职、还是学个什么技能？别的同学都在说以后想要考研究生，现在本科毕业不好就业，那自己是否也要去考研？可是考研又学什么专业呢，如果不考研找工作又该找个什么样的工作呢……这一切都是全新的领域，都是未知的，大学新生需要逐步进行探索。由于以往对于自我探索的缺乏，大学新生会感到极度的迷茫和困惑，就像大海中航行的船失去了方向，不知道会漂向哪儿。

（六）拖延与自律的纠缠

大学新生面对的最大转变是“自由度”的增加，但却忽视了这也意味着对自主意识、自我管理能力要求的提升。一方面，大学新生突然从高强度、高紧张的学习生活中进入到高自由、高宽松的环境，可能出现一种要好好享受自由的心态，且总认为才大一，时间也还早，要考研找工作也是大三大四的事儿，再加上学习上也缺乏平时测验、没有压力，所以失去了约束，做事情特别容易拖延。另一方面，大学的学习生活正是特别需要大学生自主、独立、自律的，同学们其实也普遍意识到了这一点。这两方面的心态，加上缺乏时间管理技巧、目标缺失、自制力不强、外在诱惑多等原因，导致大学新生普遍存在着拖延与自律的对抗与纠缠，最后不断自我内耗，产生焦虑、抑郁等心理问题。

三、心理适应的过程

（一）兴奋期

大学新生进入大学，在心理适应上首先会经历一个兴奋期。这个阶段，他们还沉浸在高考成功上岸的喜悦和激动中，十多年的寒窗苦读，终于有了一个好的结果；同时他们对大学生活的轻松、新奇、丰富充满向往和期待，整个状态都特别兴奋，对一切都跃跃欲试。但兴奋期往往只有一个月左右。

（二）消沉期

一个月左右的兴奋期结束后，随着同学们对大学生活的熟悉，他们意识到了理想与现实的差距，兴奋的感受逐渐被平静甚至是孤独、迷茫、失落所替代。他们开始意识到大学学习并不轻松，朋友不是那么容易交到，时间好像很多，自己每天又很忙，却不知道忙了什么……这时候他们开始思考，我奋斗十几年想要的大学生活是这样的吗？这样的大学生活真的会为我的未来提供保障吗？他们的心理和行为都会出现巨大的转变，有的同学开始精神不振、对课程活动提不起兴趣；也有的同学沉溺于游戏与网络来逃避这些烦恼。这个阶段总体而言，是很消沉的，被称作心理适应的消沉期。

（三）调整期

一段时间的消沉、迷茫之后，大部分同学可以意识到自己需要主动作为来适应大学生活，于是他们会开始交流、讨论，寻求学长、老师或者心理咨询的帮助。他们主动调整自己的心理状态，重新认识和评价自己的大学生活，也开始理性地认识自我，分析自己的优劣势，认真地规划、制定目标和行动计划，最后逐步适应大学生活。

（四）稳定期

随着同学们对环境越来越熟悉、学习找到合适的方法，各方面的掌控感都变得更强，他们开始聚焦自己新的奋斗目标，找准自己的位置，情绪恢复平静、心理达到平衡，各方面都走上正轨，进入有序的状态，从而进入了心理适应的稳定期。当然也有部分同学在调整期就可能遭遇困难，无法进入稳定期，甚至遭遇心理问题和心理危机，这一部分同学就需要获得心理帮扶。

第三节　大学生心理适应攻略

进入大学校园后，生活环境、人际关系、学习方式等都和中学不同了，这一系列的变化逐渐使他们原有的学习生活习惯、心理结构与心理定势被打破。他们渴望独立，自信心、自尊心增强，但心理上还存有依赖性、理想化、盲目自信等特征。他们往往依赖家庭、父母和同学等，盲目地向往未来，容易随心所欲地把生活理想化。他们一旦遇到困难，就会引起复杂的心理矛盾，会抱怨学校，抱怨同学，极度失落，甚至自我封闭。由于摆不正个人与社会、个人与集体的关系和位置，盲目自信，他们很可能变得自我膨胀或自暴自弃。当这种应激超过限度时，他们就会出现失眠、食欲不振、注意力不集中、环境适应困难以及烦躁、焦虑、头痛、神经衰弱等心理问题。

一、充分准备，从容应对

心理学家皮亚杰说过：智慧的本质是适应。达尔文也指出：世界上生存得最好的物种不一定是遗传因素最好的物种，而是最适应环境变化的物种。无论什么人，当他从一个熟悉的环境迈入陌生的环境时，其都要对新环境有一个熟悉、了解的过程，并根据新环境的要求调整其思想和行为，以便适应新环境。大学生也一样，从中学升入大学，又从大学迈向社会，表面上是一种生活环境的变化，实质上却是一个适应的过程。面对全新的大学环境和生活，大学新生要调适身心状态，调整自身与环境不适应的行为，学会积极地适应客观环境，达到自我与环境和谐统一。这不仅关系到大学生能否顺利度过整个大学生活，也关系到其在将来的社会生活中能否得到继续发展，人生目标能否最终实现。

（一）适应问题的必然性

人的一生是一个不断适应的过程。良好的适应能力不但包括个体通过心身调整使自己生存和发展的需求得以满足，而且包括个体满足需求的行为符合社会要求和规范。同时，心理适应与心理健康之间存在着密切的关联。一方面，心理适应是心理健康的结果和外在表现；另一方面，心理健康又是心理适应的重要基础和保证。换言之，只有心理健康的人，才能在适应能力上达到较高的水平；同样，具有较强适应能力的人，其心理健康水平也一定较高。进入大学的新生如果不能很好地适应学校的新环境，就容易由此引起心理上的焦虑感、疲倦感、无聊感等，同时伴有行为上的不良症状。适应能力的欠缺除了会对学生的心理健康产生消极影响，严重者还可能危及人的生命。因此，大学新生积极、主动地适应大学生活是必然的。

（二）适应问题的普遍性

大学生的适应问题是一个普遍现象。作为刚刚步入成年阶段的特殊群体，大学生面临着从中学到了大学的转变，这一转变不仅仅是学习环境的改变，更包括生活方式、学习方法、人际交往等多方面的转变。在这个阶段，大学生需要适应新的生活环境、学习方式和人际关系，这对他们的心理素质和适应能力提出了较高的要求。总的来说，大学生的适应问题是多方面的，涉及生活、学习、人际交往等多个层面，这是一个普遍现象，因为每个学生都要经历从中学到大学的转变，他们必须通过积极的态度和方法，来更好地适应大学生活，实现个人的全面发展。

（三）适应问题的发展性

联合国21世纪教育委员会提出，21世纪教育的四大支柱是学会认知、学会做事、学会学习、学会生存。在此基础之上，结合我国的实际情况，我国学者对大学生的适应与发展提出了“四个学会”，即学会做人、学会做事、学会相处、学会学习[①]。

1. 学会做人

学会做人是“四个学会”中的关键和核心，也是教育的目的和根本。一位哲人说过，不会做人、不会学习的人是个废品；会做人、不会学习的人是不合格产品；会学习、不会做人的人是危险品。学会做人，是每个人都要面对的问题。不管你拥有多少知识和财富，如果不懂得做人的道理，那你就不会获得真正的成功和幸福。一个人如果只是有知识、有财富、有地位，但不懂得做人的道理，那么最终可能不会成为受人敬仰的模范榜样，而成为历史的罪人。

2. 学会做事

做事和做人是内在统一的，没有先后之分，做人是主导，做事是基础。人的各种素质只有在做事中才能形成，因此做人先做事。人的本质，只有在做事中才能展开；人的潜能，只有在做事中才能开发；人的能力，只有在做事中才能发挥；人的成就，只有在做事中才能取得；人的梦想，只有在做事中才能实现。没有做事，做人就没有根基，做事是我们立身成人之本。大学生要提高做事的本领，就应具备分析问题、解决问题和独立办事的能力。培养大学生具备独立提出问题与创新解决问题的能力是培养科学精神、创新能力的必要途径，这也是改变学生高分低能的一个有效途径。

3. 学会相处

亚里士多德说过：“能独自生活的人，不是野兽，就是上帝。”人是社会动物，不能离开群体而单独生存。在社会生活中，人们几乎每天都要和他人打交道。有人估计，每个人每天除8小时睡眠以外，其余16小时中有70%的时间是在与他人相处。可以说，与人相处构成了人生的主要内容。个体是在复杂的人际交往中不断成长与发展的，事业顺利、生活幸福也是以良好的人际交往为前提的。良好的人际关系是大学生提高学习效率、完善自我意识的需要。大学生应学会与人交往，坚持真诚待人、宽容待人、平等待人等原则并掌握交往的技巧。

4. 学会学习

面对信息时代的挑战，学会学习是一个人生存和发展的基本要求。终身学习是世界发展不可抗拒的潮流。善于研究，勤于思考，掌握促进学习的方法，为终身发展和学习奠定基础，是大学学习的一个主要任务。大学生还应该明确，学习的过程不应是被动地接受书本上现成的结论，而是要亲自参与丰富的、生动的思维活动，经历一个实践和创新的过程。为此，大学生要转变学习方式，学会自主、合作、探究式地学习，并且在主动探究的过程中注意彼此的合作，在思想的碰撞、交流中撞击出成功的火花。

---

① 李西彩，马雅菊. 大学生心理健康教育与辅导［M］. 北京：北京师范大学出版社，2016：28-29.

二、确立目标，赶走迷茫

（一）目标制订要合理

目标制订的合理性主要体现在一个人的奋斗目标必须根据自身的特点进行设计，不能盲目地跟随、追逐潮流。

法国科学家约翰·法伯曾做过一个著名的毛毛虫实验①。他在一只花盆的边缘摆放了一些毛毛虫，让它们首尾相接，围成一个圈，与此同时，在离花盆周围 15.24 厘米的地方撒了一些它们最爱吃的松针。由于这种毛毛虫天生有跟随者的习性，因此它们一只跟着一只，盲目地跟随着前面的毛毛虫走，一圈圈地绕着花盆，一面吐丝一面爬行。令法伯感到惊讶的是这群毛毛虫在花盆边缘一直走到精疲力竭才停下来，其间曾稍作休息，但是没吃也没喝，它们连续走了十多个小时。

时间一天天地过去，一天，两天，守纪律的毛毛虫队列线毫不乱依然没头没脑地兜着圈子。连续 7 天 7 夜之后，它们饥饿难当，精疲力竭，一大堆食物就在离它们不到 15.24 厘米远的地方，结果它们却一个个饿死了。

科学家把这种总是喜欢盲目地跟着前面的毛毛虫走的习惯称之为“跟随者”的习惯。毛毛虫的问题在于失去了自我，盲目地跟随别人行动而进入了一个循环怪圈。其实，人在有些时候又何尝不是如此。许多人总是喜欢跟在别人的后面走，对别人走的路盲目跟从，随大流，如谈恋爱、逃课、游戏等，想顺一顺这股“潮流”，好像不这么做就显不出自己能耐似的。

因此，个人在制订奋斗目标时，要考虑自己到底对什么感兴趣，自己究竟适合做什么，目标实现的可能性有多大。也就是要分析自己的实际情况，若个人的奋斗目标与个人的兴趣、爱好相符，就会产生强大的内驱力；与自己所学专业相符或相关，与自己的能力、特长相符，奋斗目标就有了坚实的基础，具备了实现的可能性。

（二）目标制订要系统

个人的奋斗目标必须是一个由远期目标和近期目标组合而成的目标体系。以下是一个近期目标效应案例：

名不见经传的日本马拉松选手，矮个子的山本田一分别于 1984 年在日本东京和 1986 年在意大利米兰国际马拉松邀请赛上两次夺冠。10 年后，他在自传中解开了这个谜：每次比赛前，他都要乘车把比赛路线细细看一遍，并把沿途较醒目的标志画下来。比如，第一个标志是一栋高楼，第二个是一棵大树，第三个是……这样一直画到赛程的终点。开始比赛时，他就以百米跑的速度奋力向第一个目标冲击，等到达第一目标后，他又以同样的速度奋力向第二个目标冲去……40 多公里的路程被他分解成一个个小目标，他便轻松地跑完了全程。起初，他把 40 多公里外终点上的那面旗帜作为目标，结果他跑了十几公里时就疲惫不堪了。

以上案例告诉我们，目标的制订要系统化。近期目标效应之所以能够产生如此神奇的效果，就在于它把大目标分解成小目标，把远目标变成近目标，把模糊目标变成具体目标，使人产生看得见、追得着的感觉。人生好比马拉松比赛，学会分解目标的

---

① 阮崇晓. 青少年最该读的经典智慧故事［J］. 北京：金盾出版社，2009：174.

人，将目标具体化的人，将会更容易到达光辉的终点。

【课堂之外】

做一做：写出你大学几年想要完成的五件大事

思考一下，在大学的这段宝贵时光里，你们想要努力完成的五件大事是什么呢？请填写表 2-1。

表 2-1　你大学几年想要完成的五件大事

最重要的五个目标	实现目标的理由（或目标的重要性）	实现目标的把握

三、调整自我，提高能力

（一）提高时间管理能力

大学生在适应大学生活的过程中，提高时间管理能力是非常重要的。时间管理能力其实就是通过科学的计划组织，提高自己的学习效率，是向时间要成绩的重要步骤。一般情况下，大学生只重视学习成绩的好坏而相对忽略对时间的管理利用，因为前者更容易见到成果，也比较容易进行量化和衡量，但是我们绝不要忽略了这一切活动中的主导因素是人自身，方法的制订和执行都是由我们自己决定的，在策略得当的前提下，如果我们能够进行科学有效的时间管理，在有限的时间内依据任务的轻重缓急来逐一予以解决，则将会大大提高现有的学习水平，并最终产生最佳的学习成绩。如：制订计划、设定优先级、使用时间管理工具、避免拖延、学会说“不”等策略和方法可以有效提高大学生的时间管理能力，以更好地适应大学生活，实现学业和个人发展的目标。

（二）提高财务管理能力

大学生在适应大学生活的过程中，提高财务管理能力也是非常重要的。大学生的生活大部分时间都在学校，离家很远，尤其是省外的同学，一般半年回去一次，为了保证充足的学习、生活、社交需要，家长一般都会给与一定的生活费用，甚至有些同学通过自己的社会兼职去校外赚取生活费用，还有校内奖学金、补助、助学金等，那么，如何合理有效地支配这些财务呢？一是制定预算。每个月或每个学期制定一个预算，包括学费、生活费、娱乐费等各项开支。确保自己的支出在预算范围内，避免超支。二是记账。养成记账的习惯，记录每一笔收入和支出。这有助于你了解自己的消费习惯，找出可以节省的地方。三是储蓄。每个月尽量存一部分钱，以备不时之需。储蓄可以帮助你在面临突发情况时有更多的选择，减轻经济压力。四是理性消费。在购物时，区分“需要”和“想要”，避免冲动消费。购买物品前，先考虑是否真的需要，以及是否有更实惠的选择。五是定期评估。定期检查自己的财务状况，看看是否需要调整预算或消费习惯。通过评估，你可以找到自己在财务管理方面的不足，从而不断改进和提高。

（三）提高独立生活能力

大学生适应大学生活的过程中，提高独立生活能力是非常关键的一步。比如：良好的自我管理能力，学会管理个人时间，包括上课、自习、休闲等；必要的生活技能，日常清洁和整理技巧，保持居住环境整洁有序；健康维护，建立良好的饮食和睡眠习惯，定期锻炼身体，保持身体健康等；应对突发事件的能力，知道怎样联系紧急服务和保险。除了以上生活能力以外，大学生还要具备一定的与个人权利相关的法律常识。通过上述这些步骤，大学生可以逐渐培养和提高自己的独立生活能力，更好地适应大学环境，并为未来的社会生活打下坚实的基础。

（四）提高自主学习能力

大学生适应大学生活的过程中，提高自主学习能力是非常重要的。这是因为大学的学习模式与中学有很大的不同，更加注重自我探索和独立思考。我们在对影响大学生情绪波动的因素的调查中发现，学习困难排在第一位。随着高校就业制度的改革，竞争压力的增大，学习问题引起了当代大学生的重视。大学生在学业上更具进取心，同时，心理压力也增大了。一般说来，大学生学习压力过大、学习负担过量，会导致智力活动能力受限制，学习效率下降。这不仅会降低学生的学习兴趣，而且会使学生对学习失去信心，精神上感到压抑，焦虑不安，久而久之就会引起某些心理障碍。因此，科学地建立学习计划、有效地管理时间、积极主动地学习、合理利用校内外和线上线下资源、掌握有效的学习方法（制作思维导图、使用闪卡记忆法或参与学习小组等）、培养批判性思维等可以提升大学生自主学习的能力，使其更好地应对大学中的学术挑战，并为未来的职业生涯打下坚实的基础。

（五）提高情绪管理能力

大学生在适应大学生活的过程中，提高情绪管理能力是非常重要的。良好的情绪管理能力有助于应对压力、建立人际关系以及维持身心健康。如：学会识别和理解自己的情绪反应，明白何时何因引起情绪变化；找到健康的方式来表达自己的情感（与信任的朋友或家人谈话，或者写作、绘画）；积极的思维习惯，避免悲观消极情绪；掌握压力缓解技巧（深呼吸、冥想、瑜伽或其他放松练习）；通过社团和学生组织与他人建立积极的社交关系；主动寻求专业帮助等。通过这些方法，大学生可以更好地控制和管理自己的情绪，从而更顺利地适应大学生活，并促进个人的全面发展。

（六）提高人际交往能力

大学生活中最棘手的问题莫过于人际关系问题了。在大学阶段，个体开始独立地步入社会群体交际圈。大学生的交往触角不断延伸，他们积极主动地将交往触角伸向了老师、校外、社会，渴望从这些“无字之书”中获得真正意义上的交往体验和真知灼见，以便为将来进入成人社会做准备。然而一时难以交往，何谈走向社会呢？交往中由于语言艺术和技术技巧的缺乏、认知偏差等原因，带给他们的更多的是打击和困惑，有的表现为因自我否定而陷入苦闷和焦虑，有的表现为因企图对抗而陷入困境，从而产生心理问题。因此，人际交往的能力提高是非常必要的，其对个人的成长和发展影响巨大。

四、善于求助，善用资源

（一）朋辈资源

大学生适应新环境、学习和生活的一个重要策略是善于求助和善用朋辈资源。朋辈资源的特点主要体现在其具有互助性、多样性和示范性，具体表现在学业支持、情感与心理支持、榜样力量等方面。因此，大学生朋辈资源在大学生活动中扮演着不可或缺的角色，不仅能帮助学生解决最实际、最直接的问题，还促进了学生们之间的交流与合作，增强其参与活动和学习的积极性和归属感，对于培养大学生的综合能力和促进学风建设有着重要的意义。

（二）老师资源

大学生善于利用老师资源是提高学术水平和解决学习问题的重要途径。大学生在学习期间，首先，要了解老师的研究方向和专长，从而能够在相关领域寻求更专业的指导和建议；其次，在向老师求助前，应尽量自己先研究问题，准备好相关资料和背景信息，这样可以提高交流的效率；再次，在尊重老师时间的前提下，积极主动与老师沟通，表达自己的疑问和需求，在得到老师的帮助后，及时给予反馈，并在适当的时候表达感谢，这有助于建立良好的师生关系，同时，学会跟同学们分享收获，使其共同进步；最后，多参与课外活动，许多老师会组织或参与课外的学术活动、研究项目等，积极参与这些活动可以获得更多的学习机会。通过以上方式，大学生可以更好地适应大学生活，促进自己的学术成长和个人发展。

（三）网络资源

大学生善用网络资源是提高学习效率和拓宽知识面的重要手段。比如：利用 Coursera、edX、Udemy 等在线教育平台，学习不同大学提供的免费或付费课程，以此来深化专业知识或学习新的技能；访问 Google Scholar、JSTOR、知网等学术数据库，以及大学图书馆的电子资源，查找学术论文和书籍，用于研究和论文写作；加入 Stack Exchange、Research Gate、GitHub 等专业论坛和社区，与全球的学者和专业人士交流想法，解决问题；YouTube、TED Talks 等平台上有大量的教学视频和讲座，涵盖广泛的学科和话题，是获取新知识的好途径；定期浏览主流新闻网站和专业资讯平台，如 BBC、CNN、Nature、Science 等，了解最新的国内外新闻和科研动态；关注领域内的学术公众号和播客，它们通常提供前沿研究成果和行业趋势的解读。通过以上方式，大学生可以更好地适应数字化时代，充分利用网络资源来提升自己的学术水平和职业技能。

（四）专业资源

大学生善用专业资源是提高学术水平和职业竞争力的关键。大学生首先要深入了解自己的专业领域，包括最新的研究动态、行业趋势、核心理论和实践技能。其次，积极使用学术期刊和在线数据库来查找和阅读相关领域的研究论文，保持对最新研究成果的了解，积极参加学校或学院举办的专业讲座、研讨会和会议，与专家学者进行交流，拓宽视野。再次，加入学校的实验室或研究项目，亲身参与实验和研究活动，以获得实践经验。最后，与辅导员、专业教师建立良好的关系，寻求他们的指导和帮助。通过以上方式，大学生可以更好地适应专业学习的要求，充分利用专业资源，为未来的学术研究或职业生涯打下坚实的基础。

【课堂之外】

新生适应团体心理辅导[1]

根据以人为中心理论的基本观点，人性是积极的、向上的，具有解决个人问题的能力。个体能对自己负责，有正面的人生取向，具有成长的冲动，只要提供适当的心理环境和气氛，他们就能产生自我理解，改变对自己和他人的看法，形成积极的行为，并最终达成心理健康。因此，本团体辅导方案设计（见表2-2）充分借鉴这一观点，相信成员的积极性和主动性，创设条件，积极激发成员心理潜能，促进他们对新环境的有效适应[2]。

表2-2　团体心理辅导方案设计

团体名称	相逢是首歌
活动时间	
活动目标	帮助成员形成客观的自我意识，积极的自我体验，促进成员有效适应新环境
预定活动内容、步骤方法	一、热身活动 目标：促进成员熟悉，建立良好的成员互动关系。 内容：滚雪球方法 （一）成员报数，单数成员为一组，组成外圈，双数成员为一组，组成内圈。内外圈成员两两相对，伴随音乐，内圈同学顺时针移动，外圈成员逆时针移动，音乐停时，相对的成员要相互自我介绍。1分钟后游戏继续。 （二）一轮游戏结束后，可扩大交往范围，内外圈相邻两组4名成员为一组，相互介绍。 二、主要活动 目标：帮助成员增强团队意识，认识到自己应该迅速适应新环境，融入集体中。 内容： （一）突破重围 方法： 1. 成员手拉手组成一个包围圈，一名成员站在圈外要努力冲进包围圈。“包围圈”要力求坚固，避免被对方击破。圈外的成员可以采取各种方式力求突围成功。 2. 成员分享、交流活动中的感受。领导者要引导成员明确个人的力量是有限的，被排斥在集体之外是痛苦的，从而增强成员的团队意识和对新集体的认同感。 （二）纸杯任务 方法： 1. 成员分成三组，每组4人，站成一列。 2. 各组排头的成员杯中要装满水，用嘴咬住，从起点出发，绕过障碍走到指定地点后返回起点，将杯中的水倒入第二位成员的杯中。 3. 各组第二位成员手背后，拿着空纸杯，接住第一位成员传递过来的水。保持该姿势，从起点出发，绕过障碍，走到指定地点后返回起点，将纸杯传递给第三位成员。 4. 各组第三位成员接住第二位同学传递的纸杯，自己的纸杯中也要装满水，双手平举两杯水从起点出发，绕过障碍走到指定地点后返回起点，将水杯传递给第四位成员。 5. 各组第四位成员接住第三位成员传递的水杯，两手平端，嘴里还要衔着一个装满水的纸杯，完成上述路线。先完成任务者获胜。

① 樊富珉. 团体心理咨询［M］. 北京：高等教育出版社，2005：214-222.
② 江光荣. 心理咨询的理论与实务［M］. 北京：高等教育出版社，2005：233-234.

表2-2(续)

	要求：整个过程中，成员间只能提出意见和建议，不许动手帮忙。如果完成任务时犯规或水洒出，则要重新回到起点，重新开始操作。 6. 引导成员分享、讨论活动中的感受和体会。 （三）我的大学 方法： 1. 成员分组讨论，谈一谈自己理想的大学生活是怎样的？进入大学后自己的感受又是怎样的？哪些人、哪些事让自己印象深刻，感受美好？又有哪些人、哪些事使自己感到困惑？你认为应该怎样面对未来的大学生活？ 2. 各组派代表交流讨论结果，领导者给予指导和建议。 三、结束 目标：帮助成员总结收获，进一步强化团体目标。 内容： （一）领导者带领成员分享本次团队的收获。 （二）领导者进行总结。 （三）团体在歌曲《相逢是首歌》中结束

参考文献

[1] 麦可思调查资料来源 http://cn.chinadaily.com.cn/2017-10/30/content 33893409.htm.

[2] 孙宏开. 中国的语言 [M]. 北京：商务印书馆，2007：3.

[3] 中国社会科学院、香港城市大学. 中国语言地图集 [M]. 北京：商务印书馆，2012：45.

[4] 郑玫，包华林. 心理学与大学生心理健康 [M]. 北京：北京交通大学出版社，2009：55-56.

[5] 王淑艳等. 大学生心理健康教育与团体实训 [M]. 北京：科学出版社，2021：43-44.

[6] 李献华. 大学生心理健康教育与咨询工作指导手册 [M]. 北京：当代中国音像出版社，2004：36-38.

[7] DU N, OUYANG Y, XIAO Y, et al. Psychosocial factors associated with increased adolescent non-suicidal self-injury during the COVLD-19 pandemic [J]. Front Psychiatry, 2021.12：743526.

[8] 李西彩，马雅菊. 大学生心理健康教育与辅导 [M]. 北京：北京师范大学出版社，2016：28-29.

[9] 阮崇晓. 青少年最该读的经典智慧故事 [M]. 北京：金盾出版社，2009：174.

[10] 樊富珉. 团体心理咨询 [M]. 北京：高等教育出版社，2005：214-222

[11] 江光荣. 心理咨询的理论与实务 [M]. 北京：高等教育出版社，2005：233-234.

第三章 悦纳自我

——大学生自我意识与自我完善

【知识窗】

自尊宣言[①]

我就是我。

在这个世界上再也没有第二个我。

我和某些人可能会有些许相似之处，却没有一个人能和我完全相同。

我的一切都真真实实地属于我，因为都是我自己的选择。

我拥有自己的一切：

我的身体以及我的一切行为；

我的头脑以及我的一切想法和观点；

我的眼睛以及它们所看到的一切；

我的所有感觉——愤怒、喜悦、沮丧、友爱、失望和激动；

我的嘴巴以及由它说出的一字一句——或友善亲切或粗鲁无礼，或对或错；

我的声音——或粗犷或轻柔；

还有我的所有行动，不论是对自己还是对他人。

我拥有我自己的想象，自己的梦想，自己的希望，自己的恐惧。

我的胜利和成功乃因于我；我的失败与错误也出于我。

因为我拥有自己的全部，我和自己亲如手足。

我学习跟自己相处，爱惜自己，善待属于自己的一切。

现在我可以为自己做一切了。

我知道，我的一些方面让我困惑，另外一些则使自己不解。

但只要我仍然善待自己爱惜自己，我就有勇气、有希望解决困惑和进一步认识自我。

不管别人如何看我，不管那时我说了什么做了什么，想了什么感觉到了什么，一切都真真实实地属于那时的自我。

---

① 维吉尼亚·萨提亚. 新家庭如何塑造人［M］. 2版. 易春丽，叶冬梅，译. 北京：世界图书出版公司，2006：26-27.

当我回想起自己的表现、言行、思想和感受，发现其中一部分已经不再适宜，我会鼓起勇气去抛弃不适宜的部分，保存经证实是适宜的部分，创造新的以代替被抛弃的部分。

我要能够看、听、感觉、说、做。

我能够生存，能融入群体，能有所贡献，有所作为，让我所处的世界、我周围的人和事因我的存在而井井有条。

我拥有自我，那么我就能自我管理。

我就是我，自得其乐。

——摘自维吉尼亚·萨提亚《新家庭如何塑造人》

第一节　自我意识的界定

一、什么是自我意识——我是谁

从古至今认识自我都是一个永恒的话题，人们不断对自我进行探索。在心理学中，自我意识是一个很重要的概念，良好的自我意识对于心理健康和个人成长发挥着不可替代的重要作用。提到自我意识，你脑中会浮现出什么样的想法或者画面呢？

我是一个什么样的人？

我想成为一个什么样的人？

我如何成为我想成为的人？

我对自己是否满意？

我是否接纳自己？

我是否喜欢自己？

现实中的我和理想中的我有什么样的差距？

我认为别人眼中的我是什么样的？

……

你是否想过上面这些问题？

你是否问过自己这些问题？

当你回答这些问题的时候会感到困难吗？

你会如何回答这些问题？

其实上面这些问题都与自我意识息息相关，这些都涉及我们对自我的认识。而回答这些问题的困难与否，以及回答是否清晰明确则与我们自我意识的发展水平有关。

提及自我意识，许多人或许会觉得它深奥难懂。然而，自我意识并非一个遥不可及、高高在上的抽象概念，实际上它与我们的日常生活紧密相连，贯穿于我们生活的方方面面。那究竟什么是自我意识呢？自我意识，也称“自我概念”，是指个体对自己各方面的身心状态以及自我与外在客观世界间关系的认识和态度，包括生理特征（身高、体重、外貌等）、心理特征（性格、能力、）、自我与他人关系（自己在关系中的位置、作用等)[1][2]。

二、自我意识的结构

自我意识是一个复杂、多维的心理系统，有丰富多样的表现形式。从不同的维度，自我意识可以划分成不同的结构。

（一）形式维度

从形式维度上看，自我意识可以分为自我认识（知）、自我体验（情）和自我控制（意）三个部分。

1. 自我认识

自我认识是自我意识里的认知成分，是指个体对自己的认识和评价，包含自我感觉、自我觉察、自我分析和自我评价等，主要涉及"我是一个什么样的人"这类问题[3]。正确地认识和评价自己对个人的心理健康至关重要。当我们进行自我认识和评价的时候，由于个人视角局限，很难完全客观和全面，必然存在主观的部分，这是正常的。但当我们对自己的认知和评价过于片面或者过于歪曲时，就容易引发心理、行为、人际关系等一系列心理健康问题。

【案例链接】

小王从小就是一个聪明伶俐的孩子，他的父母对他寄予了很高的期望，希望他能够出人头地，成为一个杰出的人才。为了实现这个目标，小王从小就被安排参加各种补习班，他的生活几乎被学习和竞赛填满。但这种高强度的竞争和压力让小王逐渐产生了自卑感，他总觉得自己不够好，很笨，需要花费大量时间，付出更多的努力才能赶上别人。他害怕失败，害怕被别人嘲笑和看不起。因此，他不断地逼迫自己学习，追求更高的成绩和更好的表现。终于，小王高考以全班第一的成绩考上了一个很好的大学，老师、同学和家人都感到非常高兴，并为他骄傲。然而，小王并不这么觉得，他觉得自己这次的好成绩不过是因为这次高考的题目比较简单，自己运气好而已。进入大学之后，小王保持着一贯的学习优势，专业成绩一直保持在年级前5%的水平，各种竞赛活动也是拿奖拿到手软。然而小王却觉得自己很差劲，相比于那些有很多兴趣爱好和特长的同学，觉得自己一无是处，从小到大，除了学习什么都不会，花费了巨大的努力，学习成绩也一般，偶尔侥幸才出现考得还可以的情况。

小王真的一无是处吗？小王对自己的评价准确吗？他对自己的认知和评价有什么问题？有时候我们对自己的认识存在歪曲，正如小王虽然专业成绩排名年级前5%，在各种竞赛活动上也拿了很多奖，但小王却觉得自己学习一般，且一无是处，这与外在客观标准是不太一致的。此外，"尺有所短，寸有所长"，我们每个人都有各自的长处，也有各自的短处。当我们对自己进行认识和评价时，我们不能只聚焦于自己的短处，或是拿自己的短处与别人的长处比，不然容易有很强的挫败感，对自己失去信心，但

---

① 王红菊，尹红霞. 大学生心理健康教育［M］. 成都：电子科技大学出版社，2020：36.

② 柳友荣，李群，王雪飞. 大学生活健康心理学［M］. 合肥：安徽人民出版社，2011：127.

③ 向红. 大学生心理健康教育与发展研究［M］. 北京：北京工业大学出版社，2022：35.

也不能只聚焦于自己的长处，拿自己的长处与别人的短处比，不然容易骄傲自负，这都不利于形成正确的自我认知。正如小王只关注自己不擅长的部分，用自己不擅长的部分去和有特长的同学相比。你认为自己是一个什么样的人呢？你是如何评价自己的呢？你能否既看到自己的长处，又看到自己的不足呢？

2. 自我体验

自我体验是自我意识里的情感成分，是指个体对自己持有的一种内心体验和态度，主要涉及"我是否满意自己""我是否悦纳自己"这类问题①。当我们对自己感到满意，自我体验是积极的时候，我们就会产生像自我肯定、自我欣赏、自信等积极的体验，反之则会产生自卑、自我怀疑等消极体验。自尊是自我体验中最重要的方面②。

【案例链接】

小冯是一名出类拔萃的大学生，在各个方面都表现得异常优异。在学业上，她常年位居年级第一，且获得了国家奖学金，考研也以非常优异的笔试成绩进入了她的理想大学；在学生工作和社团活动中，也总能独当一面，老师们都很放心把任务交给她，她也从来没辜负过老师们的信任，每次都把事情处理得很圆满；在活动竞赛上，小冯带领团队参加了全国性的比赛，并在比赛中取得了金奖。小冯的优秀也得到了认可，她获得了校优秀毕业生、省级优秀大学生的荣誉称号。然而，与小冯客观上的优秀形成鲜明对比的，是她内心深处那份深重的自卑感。小冯的自卑并非空穴来风。在她成长的道路上，曾经历过一段低谷时期，那时她的成绩并不理想，甚至一度在班上垫底。那段日子，她承受了来自四面八方的压力和嘲笑，这些经历像阴影一样，深深地烙印在她的心中。尽管后来小冯通过自己的不懈努力，成功逆袭，成绩名列前茅，但她始终无法摆脱那份自卑感。她常常陷入自我怀疑和自我否定的情绪中，觉得自己之所以能够取得好成绩，不过是运气使然。她担心自己的成就只是短暂的，一旦运气不再眷顾，她就会再次回到那个被人嘲笑和轻视的境地。虽然取得了很多荣誉，也得到了很多人的夸赞，但她仍然很自卑，一直处在一种很紧绷的状态，轻松开心不起来。

客观上来讲，小冯在各方面来讲都是一个非常优秀的大学生。但为什么明明很优秀，取得了那么多亮眼的成绩，也获得了外界的肯定和夸赞，她为什么还会这么不开心呢？她的自我体验出现什么问题？

【课堂之外】

自信心测试③

1. 如果迷了路，问路时你是否犹犹豫豫？
2. 一般来说，你认为站着更洒脱吗？
3. 你常常希望事物能多样化吗？
4. 你是否觉得衣柜不太整洁？
5. 你是否感觉到自己讲话声音低沉、浑厚、适度？

---

① 向红. 大学生心理健康教育与发展研究［M］. 北京：北京工业大学出版社，2022：35.

② 柳友荣，李群，王雪飞. 大学生活健康心理学［M］. 合肥：安徽人民出版社，2011：37.

③ 刘永杰，张继玉. 大学生心理健康教育［M］. 延吉：延边大学出版社，2020：93-94.

6. 你在众人面前紧张胆怯吗？
7. 你常紧锁门窗、箱子吗？
8. 你喜欢照镜子吗？
9. 你愿意和随意挑中的人约会、结婚吗？
10. 你是否丢三落四？
11. 你能正确对待别人的取笑或批评吗？
12. 如果你三次被留级，你是否会对自己的能力产生怀疑？
13. 你是否对领导角色津津乐道？
14. 遇到问题时，你一般情况下能独立解决吗？
15. 你认为部分授权是必要的也是适宜的吗？
16. 你喜欢将个人问题讲出来同他人共同商讨吗？
17. 你认为父母很喜欢你吗？
18. 你常被不愉快的梦困扰吗？
19. 你觉得别人的眼睛总是盯着你、讥笑你或议论你吗？
20. 你想把自己的性别同别人换一换吗？

计分规划：

第 2、5、11、14、15、17 题答案“是”各计 1 分，答“否”计 0 分；第 1、3、4、6、7、8、9、10、12、13、16、18、19、20 题答“否”各计 1 分，答“是”计 0 分。

结果参考：

16~20 分：你是一位成熟、冷静、心理平衡而十分自信的人，能练达地处理各种问题。你可以并能在悲伤时节制自己。别人都求教于你，你也心甘情愿地去帮助别人。

6~15 分：你是一位正常的人，在多数情况下有信心，但在某种情况下却又胆怯。生活对你来说不成问题。你可以分析哪些题的答案与理想的答案不同，这也许对消除笼罩你自信心的阴影有益。

1~5 分：显然你是一位聪明而又好奇的人。比如，你能毫不费力地回答问题，但你缺乏自信。你不妨外出一次，看看别人都是如何待人处事的。

3. 自我调控

自我调控是自我意识里的意志成分，是指个体根据自己的目标和期望，对自己的行为、态度和活动进行调节，包含自我控制、自我检查和自我监督等，主要涉及“我如何改变自己”“我如何节制自己”以及“我如何成为理想的自己”这类问题①。自我调控是自我意识的关键环节，是我们能够完成理想自我，实现理想自我的关键成分。我们如果无法进行有效的自我调控，那么就会出现很多问题。

【案例链接】

小李的父母都是教师，从小就很重视对小李的教育，从小到大对小李的学习生活做出了周密的安排，生活和学习上小李都不需要操心，只需要听从父母安排专心学习

---

① 向红. 大学生心理健康教育与发展研究［M］. 北京：北京工业大学出版社，2022：36.

就行了。小李就读的中学也是当地数一数二的学校，学校的老师对学生的学习安排得也很精细，学生在学习上也不需要自我安排，只需要听从老师的安排就可以了。小李的老师也非常喜欢小李，因为小李是一个听话踏实、成绩也不错的学生，每次老师的安排小李总会认真完成。在这样的情况下，小李的学习生活一直井井有条，也没辜负父母和老师的期望，自小就是一个“别人家的孩子”，从小到大学习成绩都十分优秀，高考也考上了一个很好的大学。进入大学后，小李也理所当然地认为自己可以保持一贯的优秀。然而，进入大学后，小李很快发现大学的学习环境与自己以往所经历的截然不同。没有了家长安排和老师的管理监督，他需要自己去规划安排学习和生活的时间。小李给自己制订了严格的计划和时间安排，包括什么时候学什么，学多少，学习成绩要达到多少分，什么时间起床睡觉，然而很快小李发现自己无法完成制定的目标和时间安排，每次都会被打乱，比如规定了要在晚上10点半之前睡觉，保证睡眠，但是每次都因为各种原因无法按时入睡，以往在家时，都是父母督促他睡觉。随着期末考试的临近，小李变得越来越焦虑，学习的进度落下很多，老是睡不着觉，精神状态也一天不如一天，最后期末考试的成绩也十分不理想。小李不明白事情为什么会变成这个样子。

为什么中学的时候，小李的学习生活井井有条，但上了大学后却变得混乱呢？他的自我调控出了什么问题？为什么会变成这样？在中学时期，往往学习生活有父母和老师进行安排、管理和监督，我们不需要进行太多的自我调控，只需要听从父母和老师的安排就可以了，然而进了大学后，没有了父母的照顾，大学的管理也没有中学严格，相对宽松，学习和生活需要我们自己去安排和管理，这对于一直习惯于被动接受安排的我们来说，无疑是一个巨大的挑战，尤其是自我调控能力较弱的人更是容易出现各种问题。

（二）内容维度

从内容维度上看，自我意识可以分为生理自我、社会自我和心理自我三个部分。

1. 生理自我

生理自我是个体对自己生理属性上的意识，包含个体对自己在身高、体重、身材、外形、体态等生理属性的认识、体验和评价[①]。例如，“我是一个男性”“我是一个帅气的一米七的大高个”“我是一个很漂亮的女性”“我是一个身材纤细的人”，这些都是个体对自己生理属性上的认知和评价，都属于对生理自我的描述。你会如何描述你的生理自我？你对你的生理自我满意吗？

2. 社会自我

社会自我是个体对自己社会属性上的意识，包含个体对自己在各种社会关系及人际关系中的地位、作用、角色以及对个人在关系中享有的权利与承担的义务等社会属性的认识、体验和评价[②]。例如，“我是一名的大学生”“我是青年志愿者”“我是我妈妈的儿子”“我是一个很受欢迎的人”“我是一个很有责任感的人”。你会如何描述自己的社会自我呢？

① 王红菊，尹红霞. 大学生心理健康教育［M］. 成都：电子科技大学出版社，2020：37.

② 王红菊，尹红霞. 大学生心理健康教育［M］. 成都：电子科技大学出版社，2020：38.

3. 心理自我

心理自我是个体对自己心理属性上的意识，包含个体对自己在智力、性格、信念、价值观等心理状态和心理特征的认识、体验和评价①。例如“我是一个外向的人”“我是一个害羞的人”“我是一个情感细腻的人”“我是一个不喜欢竞争的人”。你了解自己的心理特征吗？你会如何形容自己？

【课堂之外】

自我训练：“我是谁?”——你眼中的自己是个怎样的人?②

请你尽可能多地写下这样格式的句子：“我是一个……的人。”

我是一个＿＿＿＿＿＿＿＿＿＿＿＿＿＿＿＿的人。

我是一个＿＿＿＿＿＿＿＿＿＿＿＿＿＿＿＿的人。

我是一个＿＿＿＿＿＿＿＿＿＿＿＿＿＿＿＿的人。

我是一个＿＿＿＿＿＿＿＿＿＿＿＿＿＿＿＿的人。

我是一个＿＿＿＿＿＿＿＿＿＿＿＿＿＿＿＿的人。

我是一个＿＿＿＿＿＿＿＿＿＿＿＿＿＿＿＿的人。

我是一个＿＿＿＿＿＿＿＿＿＿＿＿＿＿＿＿的人。

我是一个＿＿＿＿＿＿＿＿＿＿＿＿＿＿＿＿的人。

我是一个＿＿＿＿＿＿＿＿＿＿＿＿＿＿＿＿的人。

我是一个＿＿＿＿＿＿＿＿＿＿＿＿＿＿＿＿的人。

……

（1）请你把上述有关描述自己的句子按下面的类别进行归类。

①生理自我。

注：生理自我是对自己生理属性上的认识，如身高、体重、外貌、体态等。

＿＿＿＿＿＿＿＿＿＿＿＿＿＿＿＿＿＿＿＿＿＿＿＿＿＿＿＿＿＿

②社会自我。

注：社会自我是对自己社会属性上的认识，如社会身份、人际交往中的角色地位等。

＿＿＿＿＿＿＿＿＿＿＿＿＿＿＿＿＿＿＿＿＿＿＿＿＿＿＿＿＿＿

③心理自我。

注：心理自我是对自己心理属性上的认识，如智力、能力、性格、价值观等。

＿＿＿＿＿＿＿＿＿＿＿＿＿＿＿＿＿＿＿＿＿＿＿＿＿＿＿＿＿＿

（2）请对写下的描述进行分析反思，可以从以下几个方面着手。你发现了什么？

①你一共写了多少句对自己的描述？

②你对自己的描述在生理自我、社会自我和心理自我的数量分布如何？

③你在写的时候感到困难吗？

④看了自己写下的描述，你有什么感觉？

---

① 王红菊，尹红霞. 大学生心理健康教育［M］. 成都：电子科技大学出版社，2020：38.

② 郑日昌，田宝伟. 大学生心理健康教育：自主与自助手册［M］. 北京：高等教育出版社，2022：146.

（三）观念维度

从自我观念维度上看，自我意识可以分为现实自我、理想自我和镜中自我三部分。

1. 现实自我

现实自我是个体从自己的角度出发对当前现实我的认识和看法①，主要涉及“现实中的我是一个什么样的人”这类问题。例如，“我身材有点微胖”“我性格比较好，很有人缘”“我是一名还在读书的大学生”等。总之，对当下现实自我情况的描述都属于现实自我。

2. 理想自我

理想自我是个体未来想达到的理想自我状态，是对未来我的认识和追求②，主要涉及“理想中的我是什么样的”“我想成为什么样的人”这类的问题。例如，“理想中的我是一个非常乐观开朗的人”“理想中的我是一个执行能力很强的人”“现在的我是一个比较害羞，不敢表达的人，而理想中的我是落落大方，勇于表达自我的人”等。往往理想中的我和现实中的我存在一定的差距，当理想自我远远高于现实自我，难以实现时个体会感到十分沮丧失落。

【案例链接】

小秦在中学时成绩在年级上就名列前茅，经常考年级前十名，且在中学的时候就担任了班级团支部书记，高中也担任了班长，一直深受老师的信任和同学的羡慕。小秦高考成绩优异，进入了本省最好的大学，她怀揣梦想和抱负，想在大学延续中学时的荣光，在大学里大展身手，做一个成绩优异、才华横溢、社交广泛、学生干部工作丰富的大学生。然而，现实却与小秦的理想自我存在着巨大的差距。大学里汇集了各省的精英，大家都十分优秀，她发现自己并不是最聪明的，也不是最有天赋的，甚至在某些方面还不如其他同学。此外，她竞选班长失败，投了几个院级和校级的学生组织也没被选上，她对自己的能力产生了怀疑。为了改变这样的状态，小秦将更多的时间投入到学习中，然而，尽管她付出了很大的努力，但成绩仍然只是中等水平，始终无法达到自己的理想标准。这种挫败感让小秦倍感痛苦，她开始怀疑自己的能力和价值。

案例中的小秦之所以会这么痛苦，是因为中学时期的优异，让她对在大学时期的理想自我设立了一个较高的标准，但进入大学后，她发现比她聪明和有天赋的人有很多，她理想中的自我和现实中的自我差距太大，虽然付出了很大的努力，但仍旧没能达到理想自我，她感到十分挫败，甚至产生了自我怀疑。当理想自我和现实自我差距太大时，我们应该怎么办呢？

3. 镜中自我

镜中自我是个体想象或猜测他人对自己的评价和看法③，主要涉及“在别人眼中我是一个什么样的人”“他人如何看待和评价自己”这类问题。例如，“在老师眼中我是一个十分聪慧的学生”“在父母眼中我是一个体贴父母的孩子”“在朋友眼中我是一个

---

① 柳友荣，李群，王雪飞. 大学生活健康心理学［M］. 合肥：安徽人民出版社，2011：128.

② 柳友荣，李群，王雪飞. 大学生活健康心理学［M］. 合肥：安徽人民出版社，2011：128.

③ 柳友荣，李群，王雪飞. 大学生活健康心理学［M］. 合肥：安徽人民出版社，2011：128.

十分讲义气的人”。镜中自我，可以帮助我们形成对自己的认知，但有时候我们也会发现我们想象的别人会如何看待评价自己与别人真正的反馈并不一致。

【案例链接】

小丁在中学时期，是班级里的一颗璀璨明星，她热情大方和活泼开朗的性格，让她在老师和同学间都备受瞩目。无论是在课堂讨论中，还是在课后的活动中，她总是能迅速点燃气氛，用热情和活力感染着每一个人。然而，随着高考结束和大学生活的开启，小丁迎来了全新的生活。大学的环境与中学截然不同，小丁发现自己一时不是很能适应环境的变化，而且在社交上似乎也不像中学那样轻松了，她不再像中学那样能够轻易地融入群体，与同学们打成一片。在一次与辅导员的谈心谈话中，小丁得知了同学们对她的看法。辅导员提到，虽然小丁在课堂上表现得很认真，但在课后的社交活动中却显得有些害羞和拘谨。同学们觉得她不太能融入班级的氛围，总是与同学们保持着一定的距离。听到这些反馈，小丁的内心受到了巨大的冲击。她原以为，虽然上了大学后自己的社交不像中学那样，但她始终相信在他人眼中自己是一个热情大方的人，不至于留下一个有距离感、害羞的形象，她陷入了迷茫和痛苦。她开始反思自己，思考事情为什么会变成这样。是自己真的变了，还是别人不了解自己？究竟哪一个才是真正的自己？

案例中的小丁认为在别人眼中自己应该是一个热情大方的人（镜中自我），然而通过别人的反馈发现原来在别人的眼中她是一个有距离感、害羞的人，两者完全不一致，这对她造成了冲击。你认为在别人眼中自己是一个怎样的人呢？别人实际给你的反馈又是怎样的。当两者不一样的时候，你是如何反应的呢？

第二节　大学生的自我意识及其特点

一、大学生自我意识的发展

从青春期起，大学生的自我意识会经历“分化—冲突—统一”的过程，这一过程是其自我意识不断发展变化，趋于成熟的过程。自我意识的发展成熟对于个人心理健康和个人成长至关重要。

（一）自我意识的分化

在这个阶段，大学生的视线开始由外向内转移，更多地关注自己的内心世界和内心体验，更多地发现那些过往自己没发现的“我”的许多方面和细节。在这一时期，他们的自我观察、自我反省和自我分析都明显增多，但与此同时他们也会感到很多复杂的情绪，比如对自己有了新的认识而感到激动、喜悦，也会因为出现矛盾冲突感到焦虑、痛苦和迷茫。自我分化促进了大学生主体性的形成，为其客观对自己和他人进行评价及合理地进行自我调节奠定了基础，分化是自我意识走向成熟的标志①。

---

① 柳友荣，李群，王雪飞. 大学生活健康心理学［M］. 合肥：安徽人民出版社，2011：132.

（二）自我意识的冲突

随着自我意识的分化，大学生开始注意到许多自己未曾注意到的“我”的方面，开始感受到各种内心冲突和思想斗争，这种冲突最突出地表现为理想自我与现实自我的矛盾。在这一阶段，由于大学生的自我意识正处于发展阶段，还没有形成明确稳定的自我概念，因而自我冲突会加剧，从而引起强烈的痛苦和不安全感。大学生自我意识的矛盾冲突主要表现在理想我与现实我的冲突、独立与依附的冲突及渴望交往与自我闭锁的冲突这几个方面。

1.“理想我”与“现实我”的冲突

“理想我”与“现实我”，可以说是大学生自我意识冲突最突出的一个方面。理想我是我们对理想未来我的认识和追求，而往往大学生对未来都怀揣着美好的憧憬，对未来的期望也比较高，容易将理想我过于拔高，形成不切实际的理想我。然而，当他们真正地面对现实生活中的挑战、竞争和压力时，他们可能会发现那个理想我距离现实我太过遥远，是即使付出巨大努力也无法实现的。当他们发现理想我与现实我之间存在巨大的鸿沟，理想我太过于遥不可及时，他们会充满焦虑和自我怀疑，陷入迷茫。例如，一个大学生在刚进入大学还不了解自己所在专业的就业前景和市场行情的时，预期了未来进入某大公司年薪百万，从此走上人生巅峰，但随着对就业前景和市场行情的了解，他渐渐发现这是一个不切实际的目标。

2. 独立与依附的冲突

随着自我意识的分化和发展，大学生的独立意识大大增强，他们渴望摆脱依赖，成为一个独立自主解决自己在学习、生活等方面问题的成人。然而，大学生在追求独立性，希望能够摆脱对家庭、朋友、社会等外部环境的依赖时，同时又会发现他们仍然需要依赖外部的支持，无法实现完全的独立，这种冲突会导致他们在决策时感到痛苦和矛盾。例如，一个大学生可能希望在各方面都实现独立，不再依赖父母，然而在实际生活中，他可能需要父母的资金支持、情感关怀和人生建议，这种依赖关系会让他感到矛盾和挣扎。

3. 渴望交往与自我闭锁的冲突

大学生渴望被理解、被看到，寻求归属和爱，他们有迫切的交往需求，渴望与他人建立深厚的友谊和亲密关系，与他人产生深度的联结，也希望获得他人的认同和支持。然而，由于自我认知的不确定性和社交焦虑等原因，他们可能会表现出自我闭锁的倾向，不愿意敞开心扉，也不愿意主动与他人交流，这种矛盾会导致他们在社交上感到孤独和失落。例如，一个大学生非常渴望与同学们建立良好的关系，交到几个知心好友，但由于缺乏自信或担心被拒绝，他选择了独处，同时尽可能地避免参加集体活动。这种自我闭锁的行为会让他错失与他人建立友谊的机会，从而加剧了渴望交往与自我闭锁的冲突。

（三）自我意识的统一

在经历了自我分化和自我意识的冲突之后，为了摆脱这种矛盾冲突，大学生开始寻求自我意识的统一。他们努力协调理想我与现实我之间的矛盾，整合自己的内心世界和外部行为，通过反思、调整和实践，逐渐建立起一个相对稳定的自我形象和价值观念体系，实现了自我意识的统一。但是这种统一既有可能是积极的，也有可能是消极的。

大学生自我意识的统一类型可以表现为多种不同的类型，如自我肯定型、自我矛盾型、自我否定型、自我扩张型和自我萎缩型[①]。

1. 自我肯定型

自我肯定型是一种积极的统一类型，表现为大学生的主观我和客观我通过积极矛盾斗争达到统一[②]，能够认可自己，肯定自己的价值，对自己的才能和局限进行客观评价，并坦然接受。例如，某大学生在高考选择专业时并不清楚自己是否真的对这个专业感兴趣，也不知道未来可以从事怎样的职业，进入大学了解了情况之后发现自己不喜欢这个专业和未来的职业发展方向，感到痛苦失落，后来根据自己的兴趣和优势，抓住了转专业的机会，选择了自己喜欢且擅长的专业，并努力学习，不断提升自己，往自己理想的自我前进。

2. 自我矛盾型

自我矛盾型是一种比较困难的统一类型，表现为大学生内心矛盾冲突大，新的统一自我久久不能确立，积极自我难以产生，且自我调节缺乏稳定性[③]。这种类型的大学生的理想我和现实我难以统一，对自我缺乏“我是我”的统合感觉，产生“我非我”“我不知我”的分离感觉。例如，某大学生在选择未来的发展方向时，父母希望她能找一个离家近且稳定的工作，最好去考本地的公务员，老师觉得她是一个聪明且在学术上有潜力的学生应该继续深造，去考一个研究生，而她的朋友认为她是一个有冲劲的人，适合去大厂工作，成为一个职场精英，而她自己觉得好像有一份稳定的工作也不错，但又不想过一个一眼望到头的生活，继续走学术道路也不错，但又担心坚持不下去，去大厂接触更广阔的平台也不错，但又怕自己吃不了苦，好像选什么都可以，选什么都不行，内心陷入强烈的冲突，非常痛苦迷茫，不知道未来该走向何方。

3. 自我否定型

自我否定型是一种消极的自我统一类型，表现为大学生对现实我评价过低，理想我与现实我差距很大，且心理上常处于一种消极防御的状态[④]，缺乏自信，拒绝自己，甚至伤害自己。例如，某大学生是一个学业优异、综合素质强的优秀学生，老师和同学对她的评价都很高，但是她一直都很自卑，对自己评价很低，认为自己很差劲，长期陷入自我否定的思维模式，有时候别人夸她时，她甚至认为别人在讽刺她，认为那些夸奖都不是真心的。

4. 自我扩张型

自我扩张型是一种带有危害性的消极自我意识统一类型，表现为大学生过高地估计现实我，虚假的主观我占优势，认为理想我的实现轻而易举，常表现为经常做白日梦，整日自吹自擂在虚幻中度日，严重时甚至会导致反社会行为[⑤]。例如，某大学生过高地估计自己的知识水平和学术能力，认为自己是一个天才，远远超过上课的教授们，因而总是在课堂上打断老师们的讲课，发表一些自以为是的见解，且自我感觉良好，

---

① 郑日昌，田宝伟. 大学生心理健康教育：自主与自助手册［M］. 北京：高等教育出版社，2022：142-143.

② 郑日昌，田宝伟. 大学生心理健康教育：自主与自助手册［M］. 北京：高等教育出版社，2022：142.

③ 郑日昌，田宝伟. 大学生心理健康教育：自主与自助手册［M］. 北京：高等教育出版社，2022：142.

④ 郑日昌，田宝伟. 大学生心理健康教育：自主与自助手册［M］. 北京：高等教育出版社，2022：142-143.

⑤ 郑日昌，田宝伟. 大学生心理健康教育：自主与自助手册［M］. 北京：高等教育出版社，2022：143.

但实际上这些见解往往缺乏深度和准确性，只是自说自话，而且扰乱了课堂秩序，老师和同学们都不堪其扰。

5. 自我萎缩型

自我萎缩型也是一种带有危害性的消极自我意识统一类型，表现为大学生极度缺乏或丧失理想我，而对现实我又深感不满，但却又觉得无法改变，自卑心理严重，甚至产生自我拒绝和自我厌弃①，严重时可能会走向自我毁灭。例如，某大学生的父母从小对其抱有很高的期望，从小就严格要求，他一旦达不到父母的要求，父母就会批评贬低他，虽然他的成绩从小到大都很优秀，但进入大学后身边聪明有天赋的同学很多，在学业上他发现自己不再是那个最优秀的学生，他开始感到自卑，对自己的能力和价值产生了怀疑；在情感上，他暗恋一个同专业的女生，但对方却对他没有感觉，试图表白，但遭到了拒绝，这让他的心灵受到了重创，他开始怀疑自己的魅力和吸引力；渐渐地他对自己产生了很多的自我怀疑和自我否定，觉得自己不配活在这个世上，活在世上也只是浪费粮食，开始采取一些自残行为。

【课堂之外】

自我和谐测评②

下面是一些个人对自己的看法的陈述。请你阅读下面的每句话，并根据自己情况，选择一个数字（1 代表该句话完全不符合你的情况，2 代表比较不符合你的情况，3 代表不确定，4 代表比较符合你的情况，5 代表完全符合你的情况），以代表该句话与你现在对自己的看法相符合的程度（见表 3-1）。每个人对自己的看法都有其独特性，因此，答案没有对错之分，你只需根据实际情况和内心的真实感受进行选择。

表 3-1　自我和谐测评

	完全不符合	比较不符合	不确定	比较符合	完全符合
1. 我周围的人往往觉得我对自己的看法有些矛盾	1	2	3	4	5
2. 有时我会对自己在某些方面的表现不满意	1	2	3	4	5
3. 每当遇到困难，我总是先分析造成困难的原因	1	2	3	4	5
4. 我很难恰当地表达我对别人的情感反应	1	2	3	4	5
5. 我对很多事情都有自己的观点，但我并不要求别人也和我一样	1	2	3	4	5
6. 我一旦形成对事物的看法就不会再改变	1	2	3	4	5
7. 我经常对自己的行为不满意	1	2	3	4	5
8. 尽管有些时候得做一些不愿意的事，但我基本上是按自己的愿望办事的	1	2	3	4	5
9. 一件事好就是好，不好就不好，没什么可以含糊的	1	2	3	4	5
10. 如果我在某件事上不顺利，我就往往会怀疑自己的能力	1	2	3	4	5

① 郑日昌，田宝伟. 大学生心理健康教育：自主与自助手册［M］. 北京：高等教育出版社，2022：143.
② 柳友荣，李群，王雪飞. 大学生活健康心理学［M］. 合肥：安徽人民出版社，2011：143-147.

表3-1(续)

	完全不符合	比较不符合	不确定	比较符合	完全符合
11. 我至少有几个知心的朋友	1	2	3	4	5
12. 我觉得我所作的很多事情都是并不应该的	1	2	3	4	5
13. 不论别人怎么说，我的观点绝不改变	1	2	3	4	5
14. 别人常常误解我对他们的好恶	1	2	3	4	5
15. 很多情况下我不得不对自己的能力表示怀疑	1	2	3	4	5
16. 我的朋友中有与我截然不同的人，但这并不影响我们的友谊	1	2	3	4	5
17. 与别人交往过多，容易暴露自己的隐私	1	2	3	4	5
18. 我很了解自己对周围人的情感	1	2	3	4	5
19. 我觉得自己目前的处境与我的要求相距甚远	1	2	3	4	5
20. 我很少去想自己所做的事是否应该	1	2	3	4	5
21. 我所遇到的很多问题都无法自己解决	1	2	3	4	5
22. 我很清楚自己是什么样的人	1	2	3	4	5
23. 我能够很自如地表达我要表达的意思	1	2	3	4	5
24. 有了足够的证据，我也可以改变自己的观点	1	2	3	4	5
25. 我很少考虑自己是什么样的人	1	2	3	4	5
26. 把心里话告诉别人不仅得不到帮助，还可能招致麻烦	1	2	3	4	5
27. 遇到问题时，我觉得别人总离我很远	1	2	3	4	5
28. 我觉得自己很难发挥出自己应有的水平	1	2	3	4	5
29. 我很担心自己的所作所为会引起周围人的误解	1	2	3	4	5
30. 如果我发现自己在某些方面表现不佳，总希望尽快弥补	1	2	3	4	5
31. 每个人都在忙自己的事情，我很难与他们沟通	1	2	3	4	5
32. 我认为能力再强的人也会遇到难题	1	2	3	4	5
33. 我经常感觉到自己是孤立无援的	1	2	3	4	5
34. 一旦遇到麻烦，无论怎样做都无济于事	1	2	3	4	5
35. 我总能清楚了解自己的感受	1	2	3	4	5

计分规则：

各分量表的得分为其所包含的项目分直接相加。三个分量表所包含的项目分别为：

(1) 自我与经验的不和谐：1、4、7、10、12、14、17、19、21、23、27、28、29、31、33共16项。

(2) 自我的灵活性：2、3、5、8、11、16、18、22、24、30、32、35共12项。

(3) 自我的刻板性：6、9、13、20、25、26、34共7项。

结果参考：

累积分数对照表，如表3-2所示。

表 3-2　分数对照

因子名称	高得分	正常得分	低得分
自我与经验的不和谐	56 分以上	46 分左右	35 分以下
自我的灵活性	55 分以上	45 分左右	37 分以下
自我的刻板性	24 分以上	18 分左右	13 分以下
总分	103 分以上	75~102 分	74 分以下

注：总分的计算方法是将“自我的灵活性”反向计分，再与其他两个分量表得分相加。

“自我与经验的不和谐”反映的是自我与经验之间的关系，包含对能力和情感的自我评价、自我一致性、无助感等，它所产生的症状更多地反映了对经验的不合理期望。分数越高，表明自我与现实经验越不和谐，主观幸福感差，有神经质倾向。不和谐与刻板性是心理障碍和不良个性的内心冲突的表现。

“自我的灵活性”反映的是自我有较深的反省，有较高的自尊水平和较强的自信心，愿意求助他人，这有助于提高自己情绪和行为的协调性。它与身心症状自评量表测量结果的敌对和恐怖因子相关显著。分数越高，自我灵活性越强。高分者强烈要求自己个性的发展，激烈的竞争和强烈的自尊使他们不甘人后，并尽快调整心情，适应特殊环境，以期在日后取得好成绩。相反，自我灵活性低者，自尊水平低，多有自卑感，对现实的适应缺乏主动性，显现出刻板、不和谐。

“自我的刻板性”反映的是个体适应能力、心理调整能力的高低和不良个性的内心冲突。它与身心症状自评量表测量结果的躯体化、强迫、人际关系敏感、抑郁、焦虑、敌对、恐怖、偏执等症状具有显著相关性。分数越高，自我和谐程度越低，其可能因对环境不满或逃避，导致自我的僵化，不能改变以及产生无助感。

自我和谐测量总分是将“自我的灵活性”反向计分，再与其他两个分量表分数相加而得，其分数越高自我和谐程度越低。

二、大学生自我意识的特点

相对于高强度、高紧张的中学学习生活，大学的学习生活相对宽松，有很大的自由度。在这种相对宽松、自由的环境中，外加有很多丰富多彩的活动及社会实践，大学生的自我意识进一步发展，在自我认识、自我体验及自我控制方面都呈现出一些突出特点。

（一）自我认识的特点

大学生自我认识的自觉性和主动性增强，同时自我认识的深度和广度也得到提高[①]。大学是我们在进入社会前的一个缓冲期。我们进入大学后难免要开始思考“今后该何去何从”“我的未来会怎样”“我是一个怎样的人”“我想过怎样的人生”，这些问题会引导我们进行主动的自我思考和自我探索。从如今各类心理测试在大学生群体中的火爆就能看出大学生对于认识自我的渴望和积极性。例如，之前火爆的 MBTI 测试，

① 田中良，朱耀秀，杨孝. 大学生心理健康教育［M］. 北京：首都师范大学出版社，2020：52.

大学生就极其热衷，“你是I人，还是E人”甚至变成了一种社交语言。此外，相对于学习生活相对单调的中学，大学的生活除了常规学习外，还有丰富的活动和社会实践机会，还有闲暇时间可以发展业余生活，这为大学生进行自我认知广度和深度的拓展提供了条件。

（二）自我体验的特点

大学生的自我体验日渐丰富，但比较敏感，容易波动①。随着大学丰富多彩生活的开展，大学生的自我体验也逐渐丰富起来，然而由于大学生的个性不够成熟稳定，情感的驾驭能力还不够，且比较敏感，容易受外界影响，因此其自我体验不太稳定，容易波动。这种敏感性有时候伴随着强烈的直觉，在一些条件和情境下大学生会产生类似于想象和直觉的想法，在外界的刺激下迅速陷入某种情感状态而难以自拔。例如，某个大学生在某个瞬间突然对某个人一见钟情，迅速坠入爱河，整日整夜都在思念对方，仿佛自己的世界里只剩下她（他）一个人，然而当爱情的甜蜜突然化为泡影，痛苦如潮水般涌来，其情绪瞬间将跌到谷底，深陷情感泥沼，无法调节，甚至饮食和睡眠都变得十分艰难，对曾经热爱的事物也提不起半点兴趣，什么都不想干，沉溺在痛苦中。此外，在自我体验上有性别差异，男生和女生会体现出不同的特点。研究发现，在自我体验上，男生相对于女生更加积极，自信心更强，但也容易急躁；而女生更加热情，但容易焦虑和多愁善感②③。

（三）自我控制的特点

大学生的自我控制的发展水平逐渐稳定成熟，在自觉性、自制性的水平上相比中学有明显的提高。中学时期学习生活各方面有父母和老师安排，个人并不需要进行太多的自我管理、自我控制，只需要按部就班，听从父母和学校的安排，这种情况下其自我管理和自我控制的能力很难发展起来。然而，进入大学之后，离开了父母的安排监督，同时大学的管理又比较宽松，自由度很高，如果大学生不进行自我管理和自我控制，则将很难适应大学的学习生活节奏。部分低年级的大学生自我控制能力没有发展好，无法对自己的学习生活进行很好的安排和管理，在失去父母和学校的相对严格的管理监督后，学习生活很容易陷入混乱。例如，父母给了生活费后，一些大学生月初吃大餐，月末啃馒头；晚上通宵熬夜打游戏，白天无法起床只能逃课，长此以往学业受到严重影响，甚至可能由于挂科太多受到学校警告，有退学风险。但后期，他们逐渐意识到自我管理和自我控制的重要性，随着知识经验的积累和生活阅历的增加，渐渐培养起了自我管理、自我控制和自我监督的能力，能够较好地安排自己的学习和生活。

① 田中良，朱耀秀，杨孝. 大学生心理健康教育［M］. 北京：首都师范大学出版社，2020：53.
② 王淑艳. 大学生心理健康教育与团体实训［M］. 北京：科学出版社，2021：239.
③ 田中良，朱耀秀，杨孝. 大学生心理健康教育［M］. 北京：首都师范大学出版社，2020：53.

第三节　大学生自我意识的完善

一、大学生自我意识的发展偏差

1. 自我认识的发展偏差

大学生在自我认识上的发展偏差主要体现在过度以自我为中心和从众心理过强这两个方面[①]。一方面，部分大学生过度以自我为中心，过分关注自我，凡事以自己的需求为第一位，无视他人的感受，在与他人交往时容易将自己的意志强加于人，引起他人不满，造成人际关系问题。另一方面，部分学生会出现从众心理过强的情况。从众是指个体在群体的压力下，改变自己的信念和行为，放弃个人的想法和意见。从众并非都是消极影响，例如宿舍里的其他室友作息都非常健康规律，学习也十分自律，一个自控力弱的学生在这样的宿舍环境里也开始早起早睡，经常去图书馆学习。然而，若是自己本身就是一个作息健康，学习自律的学生，在一个宿舍所有人都熬夜打游戏，白天睡到日上三竿逃课的宿舍也从众，又会变成什么样呢？很显然这不利于个人学习和自我成长。因而，过度从众是有风险的，个人需要有一定的分辨力和自主性，明白什么情况下应该坚持自我。从众其实也反映了大学自我意识弱化、缺乏独立人格的问题[②]。

2. 自我体验的发展偏差

大学生自我体验的发展偏差主要体现在过度自卑和过度自恋这两方面。一方面，部分大学生可能存在过分自恋的情况，这样的人往往过分高估自己，对自己评价极高，看不到自己的短处，却又拿显微镜看别人的短处，听不进别人的意见和建议，在人际关系上也容易出现问题。另一方面，部分大学生可能存在过度自卑的情况，习惯于拿着放大镜看自己短处，看不到自己的优点，经常陷入自我怀疑、自我否定的状态，常常贬低自己，就算取得了成功也会归咎于外界的原因，哪怕外界的肯定再多仍会不自信。例如，一个过度自卑的学生考试取得了比较好的成绩时会归因于运气好而非自己的能力。

3. 自我控制的发展偏差

大学生自我控制的发展偏差主要表现在自我放任和过度控制这两个方面。一方面，在中学阶段，很多大学生的学习和生活主要由父母和学校安排和监督，大学生只需要按父母和学校的安排去做就好，不需要太多的自我管理，自我控制，然而上大学之后自由宽松了很多，却又失去了外部的监督控制，在自控能力建立起来前，其很容易陷入自我放任的漩涡中。例如，有些大学生在中学时学习按部就班，上了大学之后迷恋游戏，经常逃课，导致挂科太多，甚至有被退学的风险。另外，部分大学生由于对自己要求很高，设立了很高的目标，对自己过度控制，为了完成自己设立的各个目标，恨不得把自己所有的时间精力都榨干，又把自己弄得疲惫不堪。

① 刘永杰，张继玉. 大学生心理健康教育［M］. 延吉：延边大学出版社，2020：87.

② 郑日昌，田宝伟. 大学生心理健康教育：自主与自助手册［M］. 北京：高等教育出版社，2022：144.

二、自我意识的完善途径

自我意识与心理健康息息相关，良好的自我意识能激发我们的潜能，促进个人成长和自我实现，同时良好的自我意识也是一个人心理健康的重要标志。那么什么是良好的自我意识？大学生如何判断自己是否具有良好的自我意识呢？

对于大学生来说，良好的自我意识主要有以下十个判断指标[①]：

①接受自己的生理状况，不自怨自艾。

②对自己的心理素质有较清晰的认识，知道自己的长处和短处。

③对自己所处的环境有较清晰的认识，包括家庭和学校环境。

④对自己的经历有正确的评价。

⑤对未来的发展有较明确的目标。

⑥对自己的需求有清楚的认识。

⑦知道生活中哪些应该被珍惜，哪些应该被抛弃。

⑧对妨碍自己达到目标的因素有较清楚的认识。

⑨对自己能够做到的事情有较清楚的认识。

⑩对自己的目标和能力之间的差距比较清楚。

看了以上十个指标，你有什么感觉？你是否清晰地知道自己的长处、短处、需求，是否知晓自己未来发展的目标和方向？你感觉自己是否拥有良好的自我意识？

如果我们的自我意识还不够完善，那我们应该如何提升我们的自我意识？

（一）正确地认识自我

正确地认识自己有助于我们提高自我意识，但想要对自己形成一个正确的认知往往并不容易。古人云："不识庐山真面目，只缘身在此山中。"在认识自己时候，我们如果仅从自己的角度出发，就有可能因为自我盲区，难以形成相对准确、客观、全面的自我认识，从而出现偏差。从多视角、多方面进行自我探索，有助于我们加深对自我的认识，形成一个立体、多面、丰富饱满的自我形象。那有哪些方法可以帮助我们正确地认识自己呢？

1. 自我反省法

自古以来人们就用自我反省的方法来认识自己，《论语》中曾提到，"吾日三省吾身：为人谋而不忠乎？与朋友交而不信乎？传不习乎？"至今，自我反省仍是一个有效的自我认识方法。自我反省是指通过自我观察、自我反思和分析来进行自我认识。我们进行自我反省的时候，不是胡思乱想，而是有一定的章法或借助一些工具帮助自己进行自我反省。例如，我们可以采取追问法和自我比较法进行自我探索：①追问法。我们可以通过追问自己问题，像"我是一个什么样的人""我未来想要成为怎样的人""我想要如何度过四年的大学时光""未来我想要从事怎样的职业"等进行自我探索。②自我比较法。我们可以通过把理想我和现实我进行比较来帮助我们明确目前的差距和今后努力的方向；还可以把现在的我和过去的我做进行比较，以帮助我们发现自己的变化和进步，提高自尊和自信[②]。

---

① 郑日昌，田宝伟. 大学生心理健康教育：自主与自助手册［M］. 北京：高等教育出版社，2022：145.

② 刘永杰，张继玉. 大学生心理健康教育［M］. 延吉：延边大学出版社，2020：89.

【课堂之外】

7 个假如[①]

1. 请填写下列句子

（1）假如我是一种花，我希望是____________，因为______________；

（2）假如我是一种动物，我希望是____________，因为______________；

（3）假如我是一种乐器，我希望是____________，因为______________；

（4）假如我是一种水果，我希望是____________，因为______________；

（5）假如我是一种颜色，我希望是____________，因为______________；

（6）假如我是一种交通工具，我希望是________，因为______________；

（7）假如我是一种树，我希望是______________，因为______________。

2. 独特的我：了解自己的独特

（1）纵向了解：分别请同学起来念出七个假如，了解与他相同的人有几个（七个、六个、五个、四个一样的几乎没有，但是三个、两个和有一个相同的就会有）。

（2）横向了解：分别请同学起来逐条地念出“假如”，了解与他相同的人有几个（几乎每一个“假如”都有一样的）。

3. 分享感受

分享填写句子和与同学对比答案后的感受。

2. 他人比较法

一个人对自己价值的认识是通过与他人的能力和条件进行比较获得的[②]，通过与他人进行比较也可以增加我们对自己的认识。我们通过与周围的人比较，可以看出自己的水平和在群体中的位置，如专业学习成绩、校园各类活动竞赛等。我们在与他人进行比较时，要注意选取恰当参照系和比较点，不要盲目比较，否则可能会陷入痛苦迷茫或是自我膨胀，不利于自我成长发展。例如，如果我们选择与我们差距很大的人相比，如果对方远比我们优秀，我们可能会感到受挫和自卑，如果对方远比我们差，我们可能会产生骄傲自满的情绪；如果我们选择与他人比较像家庭背景、经济条件和消费水平等这些不由自身决定，且短期内靠自己也无法改变的方面进行比较，则可能会感到自卑、失落迷茫，同时也不利于自己成长发展。总之，我们在与他人进行比较时要明确进行比较的出发点及选择恰当的参照系。

3. 他人评价法

我们对自己的认识存在盲区，有一些无法觉察的地方，同时对自己已有的认识由于自身的局限可能存在偏差，不一定准确。通过他人对自己的评价来认识自己是一种常见且有效的方法，可以帮助我们更全面地了解和发现自己。那具体应该怎么做呢？我们可以采取以下几种方法：①主动寻求反馈。我们可以主动向他人寻求反馈，比如与亲近的朋友、老师和亲人交流，询问他们对自己的看法。②多方反馈。有的时候一个人的评价可能存在偏差，不一定准确客观，我们可以综合多人的看法和评价，从而

① 刘嵋，刘岳. 大学生心理健康教育［M］. 成都：电子科技大学出版社，2020：59.

② 刘永杰，张继玉. 大学生心理健康教育［M］. 延吉：延边大学出版社，2020：89.

更容易形成准确的认识。③建立自我认知体系。他人评价只是外部视角的一部分，不一定客观准确，我们不能全盘接受，要结合自己内心感受和自我评估进行判断。

【课堂之外】

自我训练：镜中之我——他人是如何看待我的①

请邀请你生命中的重要他人（如父母、亲戚、密友、同学、老师、舍友等）分别在下面的表格中写下他们对你的看法和评价（如果暂时不能当面写，那么可以通过微信或电话询问）。要求每一个人至少写三项“我的优点”和三项“我的缺点”（见表3-3）。

表3-3　他人评价

重要人物	认为我有的优点	认为我有的缺点
父亲	1. 2. 3.	1. 2: 3.
母亲	1. 2. 3.	1. 2. 3.
亲戚	1. 2. 3.	1. 2. 3.
密友	1. 2. 3.	1. 2. 3.
同学	1. 2. 3.	1. 2. 3.

① 郑日昌，田宝伟. 大学生心理健康教育：自主与自助手册［M］. 北京：高等教育出版社，2022：148-149.

表3-3（续）

重要人物	认为我有的优点	认为我有的缺点
老师	1. 2. 3.	1. 2. 3.
舍友	1. 2. 3.	1. 2. 3.

完成之后，请仔细分析你写下的内容：

哪些看法和评价是你原先就知道的？哪些是你原先不知道的？

____

这些重要人物的看法和评价有没有共同点？有没有截然相反的评价？

____

完成之后，请在下方写下你的发现和感受。

____

4. 心理测量法

除了通过自我反省和他人反馈比较外，我们也可以借助一些心理测量工具来更多地了解自己。例如，我们可以通过瑞文推理测验了解自己的智力水平，通过明尼苏达多项人格测验了解自己的人格，通过霍兰德职业兴趣测验了解自己的职业兴趣倾向。我们在使用心理测试了解自己时，要注意选取一些信度、效度比较高的心理测量工具，其测验结果会更加稳定、可靠。同时，我们也要理性地看待和使用心理测量工具。心理测试只是一种了解自己的工具和手段，并非完全准确，所以我们不能盲目迷信心理测验的结果，轻易给自己贴标签。

【课堂之外】

多元智能理论①

多元智能理论是由美国哈佛大学教育研究院的心理发展学家霍华德·加德纳（Howard Gardner）在1983年提出的。加德纳通过研究脑部受创伤的病人发现他们在学习能力上的差异，从而提出本理论。传统上，学校一直只强调学生在逻辑——数学和语文（主要是读和写）两方面的发展。但这并不是人类智能的全部，不同的人会有不同的智能组合。例如，建筑师及雕塑家的空间感（空间智能）比较强，运动员和芭蕾舞演员的体力（肢体运作智能）较强，公关的人际智能较强，作家的内省智能较强等。

① 刘嵋，刘岳. 大学生心理健康教育［M］. 成都：电子科技大学出版社，2020：64-67.

我的多元智能检测表

1. 我喜欢弹奏乐器。
2. 我能从生活的成功或失败中学习。
3. 我很容易认识新朋友并且维持稳定的友谊。
4. 我喜欢在书本纸张或其他东西上涂鸦。
5. 我喜欢思考，对于如何做事会问很多的问题。
6. 我善于记忆人名、地址或琐事。
7. 我擅长一种或多种运动，在体育竞赛中表现优异。
8. 我喜欢参加关心野生动物、保护生态及有关的义工活动。
9. 通常听过一首曲子一两遍，就能够把它唱出来。
10. 我喜欢独立完成工作。
11. 我在团体中的人缘不错。
12. 我擅长画逼真的素描。
13. 我对于因果关系很有概念，善于逻辑推理。
14. 我善于编写故事或讲故事、笑话。
15. 我如果长时间坐在一地会扭动、敲打或烦躁不安。
16. 我对自然界的事物有浓厚的兴趣。
17. 我很容易察觉音乐走调或出错。
18. 我会参加研讨会或成长团体活动以便更了解自己。
19. 我喜欢跟同伴相处、交流。
20. 我觉得阅读地图、图表比文字容易。
21. 我对使用计算机感兴趣。
22. 我有空时喜欢看书、看报纸杂志或收听广播。
23. 与人谈话时，我常使用手势或其他形式的肢体语言。
24. 我喜欢看与自然界事物有关的书籍或电视节目。
25. 我对外界的声音很敏感。
26. 我有记录个人生活事件的习惯，如写日记。
27. 在工作或住家附近的人会来征求我的意见。
28. 我喜欢做一些有趣的立体模型。
29. 我喜欢做有高度思考过程的实验。
30. 我喜欢顺口溜、双关语、绕口令等。
31. 我喜欢动手做东西，如缝纫、编织、雕刻、木工或做模型。
32. 到户外活动，我能细心观察自然景物。
33. 我喜欢听音乐或哼唱一些流行歌曲。
34. 我清楚了解自己的优点和缺点。
35. 有纠纷时，我通常会扮演调解的角色。
36. 我对房间的摆设或安排有独到的眼光。
37. 我善于使用抽象符号或概念来思考。
38. 我的作文能力常受老师及同学赞赏。

39. 我喜欢跑、跳、摔跤或类似的活动。
40. 我喜欢以大自然为题的音乐、摄影、美术或文学作品。
41. 我读书或做事时喜欢轻敲节拍或哼些小曲。
42. 我喜欢独处以追求自己的兴趣。
43. 我喜欢参加一些社区或学校举办的活动。
44. 我喜欢看电影、电视、幻灯片或其他视觉上的表演。
45. 我有快速心算的能力。
46. 写作业时，我能写得正确。
47. 我喜欢拆解、组装物品。
48. 我会尊重自然界的生命，欣赏自然景物。
49. 我讲话或走路时很有节奏感。
50. 我觉得我的意志力很坚强。
51. 我会主动关心他人。
52. 我通常能在陌生的环境中找到路。
53. 我喜欢数学。
54. 我擅长使用贴切的形容词，语汇比同龄的人丰富。
55. 我走路、跑步或做一些肢体动作时，往往会冒出新的想法。
56. 我会分享饲养小动物或种植花草树木的心得。
57. 我曾参加合唱团。
58. 我能够准确地表达自己的感觉。
59. 我在人群中感到舒服。
60. 我喜欢看很多图解的阅读材料。
61. 我喜欢象棋、围棋或其他用脑的游戏。
62. 我喜欢玩文字游戏，例如“字谜游戏”。
63. 我善于模仿他人的动作、手势及言谈举止
64. 我会参与垃圾分类与废弃物处理。
65. 有时我在走路时，脑中会出现某首歌曲的旋律。
66. 我的生活与学习方式与众不同。
67. 当遇到问题或困扰的时候，我愿意找人帮忙。
68. 我喜欢玩拼图或走迷宫之类的游戏。
69. 我喜欢设计或挑战逻辑难题或智力难题。
70. 我善于用言语与人交流。
71. 我喜欢惊险的娱乐活动或类似的身体刺激经验。
72. 我喜欢搜集旧东西，有怀旧的乡土情怀。
73. 我有一副好嗓音。
74. 我经常思考重要的人生目标
75. 我会给朋友一些建议。
76. 当我闭上眼睛时，我脑海中可以清楚地看到影像。
77. 我喜欢把事物加以整理分类。

78. 在学校，语文、历史对我来说比数学、物理、化学容易。

79. 我喜欢在户外活动。

80. 我常选择登山、远足、攀岩、露营、浮潜、赏鸟等休闲活动。

计分规则：

一共 80 题，若题目描述符合自身情况计 1 分，不符合计 0 分。多元智能检核表共包含 8 项智能，每项智能有 10 个题，每项智能的得分为该项智能所包含的 10 个题目分数之和。多元智能检核表的计分规则如表 3-4 所示。

表 3-4 计分

智能名称	序列号	分数	排行榜
语文智能	6，14，22，30，38，46，54，62，70，78		
逻辑数学	5，13，21，29，37，45，53，61，69，77		
视觉空间	4，12，20，28，36，44，52，60，68，76		
肢体运动	7，15，23，31，39，47，55，63，71，79		
音乐韵律	1，9，17，25，33，41，49，57，65，73		
人际智能	3，11，19，27，35，43，51，59，67，75		
独处内省	2，10，18，26，34，42，50，58，66，74		
自然与环境	8，16，24，32，40，48，56，64，72，80		

注：哪一项的分数高，说明这一项的智能高。

5. 实践成果法

社会主要通过实践成果和活动效果来对人的价值进行衡量。实践成果的价值有时候直接标志自我的价值，因而实践成果也是我们了解自己的一个客观尺度①。例如我们可以通过专业考试成绩来了解自己的专业水平，通过全国大学生英语四六级考试成绩来判断自己的英语水平，通过校园里各种活动和竞赛的结果来了解自己的能力。通过参加不同的实践活动，我们可以不断地发现自己在不同领域的潜能和可能性，探索和发展更广阔的自己。

（二）培养积极的自我体验

积极的自我体验对于个人的心理健康有重要的意义。一个人如果不喜欢自己、不接纳自己，则在生活中往往很容易陷入自我厌弃、自我否定和自我怀疑，难以面对生活中的挫折和苦难。积极的自我体验能增强我们的自信，给予我们力量和勇气去面对生活中的挑战和困难。那有哪些方法可以帮助我们培养积极的自我体验呢？

1. 积极的自我肯定

进行积极的自我肯定，有助于建立积极的自我形象，培养积极的自我体验。如何进行积极的自我肯定呢？也许我们可以尝试以下方法：①夸赞自己，发现自己的优点和长处，真诚地赞扬和肯定自己，如“今天做了一个很好的报告，我真棒”；②积极的自我暗示，用正面的话语对自己进行暗示，比如“我有能力解决我遇到的任何困难”；

① 高校教材编委会. 大学生心理健康实用教程［M］. 天津：南开大学出版社，2017：30.

③记录正反馈，记录别人曾经对自己积极的态度和评价；④记录自己的成功，每天记录3件自己做得比较好的事情或者3个让自己感觉比较棒的时刻，强化积极认知；⑤使用积极的身体语言，比如微笑、抬头挺胸、眼神坚定等。

2. 接纳不完美的自己

金无赤金，人无完人。世界上没有完美的人，每个人都有缺点；当然世上也没有一无是处的人，每个人都有自己优点。个体如果过分追求完美，过分地苛求自己，就会让自己一直处在一种紧绷的状态，失去弹性，容易崩溃。例如，一个成绩很优秀的同学只想考年级第一，对他而言，哪怕考了年级第二也会认为是一种失败，这样他会一直处在一种害怕成绩下滑的恐惧里，一旦没有考到第一名，就会感到失望沮丧。那么，我们该如何接纳不完美的自己呢？①无条件接纳自己，相信天生我材必有用，每个人都有其独特的价值，我们要发现自己的价值，认可自己的价值；②接纳不完美是常态，没有人是完美的，哪怕是圣人伟人；③放下过高的自我期待，有时候我们不接纳自己往往是因为设立了过高的自我期待，一旦没达到这个期待我们就会陷入自我否定和自我厌弃；④关注自己的成长和优势，如果我们把注意力集中在缺点和失败，老是想着自己这也不行、那也不行，就会陷入自我否定的黑洞，但如果我们关注自己的每一次的成长和进步，常常想今天我又进步了一点，又做了一件好事，就更容易加深对自己的认同，培养积极的体验。

（三）有效的自我控制

有效的自我控制，能够提升效率，帮助我们朝着自己设立的目标前进，更好地适应社会生活，提高生活的幸福感和满意度。但我们发现有效的自我控制不是一件容易的事。有学生感叹立了许多的“flag”，然而却是无数次立起，无数次倒下。你会给自己立“flag”吗？你是否也无数次立起，无数次倒下呢？如何进行有效的自我控制，立住我们的“flag”，你也许可以试试下面这些方法。

1. 设立清晰可行的目标

设立清晰可行的目标是进行有效自我控制的第一步，我们可以使用SMART原则帮助我们设立一个清晰可行的目标。在设立目标时要注意以下几点：①目标要具体（specific）。目标不能模糊笼统，例如，设立一个要做更好的自己的目标，那什么是更好的自己呢？要进行具体的描述。②目标要可衡量（measurable）。目标要有可以衡量的标准，这样我们才可以判定是否达到或偏离了设立的目标，例如立下了不熬夜的目标，那判断是否熬夜需要一个可以衡量的标准，比如晚上十点前睡。③目标要可实现（attainable）。目标要有实现的可能，而不是遥不可及，例如某个学生数学不好，且一个学期都没听过高等数学这门课，但设立一个希望通过考试前一晚的突击复习考到满分的目标，这在现实中是不太可能实现的事。④目标要相关（relevant）。目标之间最好相互关联，要让自己的长期规划和目标一致。⑤目标要有时限（deadline）。目标要有一个明确的时间限制，比如准备英语四级考试，具体什么时间之前复习完词汇，什么时间之前完成试卷练习都要有一个具体的截止时间，否则就可能无限往后拖延，无法完成目标。

2. 善于自我检查与自我监督

很多时候我们设立了目标，也采取了行动，但有时候会不了了之。缺乏自我检查和自我监督可能是我们半途而废的原因之一。设立清晰可行的目标只是第一步，如果我们后期不进行自我检查和自我督促，就很有可能就停留在目标完成的前期，使目标因为种种原因夭折掉。那我们应该如何有效地推进，促进目标的达成呢？我们可以尝试以下一些方法进行自我检查和督促：①定期回顾。定期回顾进展，根据目标和截止时间检查自己是否完成自己的预定任务，例如，每天花几分钟回顾当天的进展，检查是否完成了预定任务。②明确检查标准。明确自我检查的目标、时间节点和标准等，例如，一周内写完一篇小论文，字数 3 000 字以上，引用 10 篇文献，其中至少有 5 篇外文文献。③建立激励机制。为自己量身定做一套奖励机制，当完成某个目标时，给予自己适当的奖励，这能提高我们的积极性，增强动力。

3. 培养良好的自制力

个体要想有效地进行自我控制，还需要培养良好的自制力。良好的自制力可以帮助我们抵挡诱惑，抑制那些与我们的目标不一致的行为、情绪等，让我们更好地向所设立的目标靠近。如何培养良好的自制力呢？我们可以尝试以下方法：①培养延迟满足的能力。即时满足追求需求的立刻满足，在实现目标时，一旦遇到诱惑我们便无法抵挡，偏离目标，而延迟满足能够提高对诱惑的抵抗力，追求迟一些的需求满足。②加强体育锻炼。定期进行体育锻炼不仅可以提高我们的身体素质，同时也可以增强意志力，这能够让我们在面临困难和挑战时更有毅力。但要注意不要滥用意志力，我们要了解自己的极限，合理规划安排，因为意志力如果被过度消耗，我们可能会感到疲惫、耗竭和缺乏动力，甚至造成自控力崩塌。

参考文献

[1] 维吉尼亚·萨提亚. 新家庭如何塑造人［M］. 2 版. 易春丽，叶冬梅，译. 北京：世界图书出版公司，2006：26-27.

[2] 王红菊，尹红霞. 大学生心理健康教育［M］. 成都：电子科技大学出版社，2020.

[3] 柳友荣，李群，王雪飞. 大学生活健康心理学［M］. 合肥：安徽人民出版社，2011.

[4] 王淑艳. 大学生心理健康教育与团体实训［M］. 北京：科学出版社，2021.

[5] 高校教材编委会. 大学生心理健康实用教程［M］. 天津：南开大学出版社，2017.

[6] 田中良，朱耀秀，杨孝. 大学生心理健康教育［M］. 北京：首都师范大学出版社，2020.

[7] 刘永杰，张继玉. 大学生心理健康教育［M］. 延吉：延边大学出版社，2020.

[8] 刘嵋，刘岳. 大学生心理健康教育［M］. 成都：电子科技大学出版社，2020.

[9] 郑日昌，田宝伟. 大学生心理健康教育：自主与自助手册［M］. 北京：高等教育出版社，2022.

[10] 向红. 大学生心理健康教育与发展研究［M］. 北京：北京工业大学出版社，2022.

第四章 美丽的面具
——大学生人格发展与心理健康

隐藏在 MBTI 人格背后的心理学知识

2022 年，#谷爱凌的 MBTI 是 INTJ#登上热搜。冬季奥运会冠军谷爱凌在采访中透露自己的 MBTI 类型是 INTJ，她说："我一直说我是一个内向的人，然后大家都不相信。"她将内向类型的特点描述为："我们最大的优势是我们很认识自己，我们特别了解自己的头脑是怎么样地去工作，有什么样的学习方式。我是内向的人，但是我还能学习怎么去更好地和其他人交流。"一时间 MBTI 成为热议话题。由此引导出的 MBTI 人格测试持续风靡各大社交网络，不少青年通过它来锚定自身人格、解答心理困惑。由 MBTI 测试归类而生的"i 人"和"e 人"分别成了内向人群与外向人群的代名词。"我是 i 人，你看起来也蛮 i 的。""我是 ENFP，'快乐小狗'，你呢？"MBTI 在某种意义上成为了部分大学生社交的"破冰"神器，也有人甚至称 MBTI 为年轻人的"社交货币""社交名片"。

MBTI，全称为 Myers-Briggs type indicator，即迈尔斯-布里格斯类型指标，是美国作家迈尔斯及其母亲布里格斯基于心理学大师荣格的理论提出的性格测量表，可以说是当前世界上使用最为广泛的人格类型测试工具之一。据了解，在世界 500 强企业中约有 80%以上的高层管理者使用过这个工具。而国内一些高校也将 MBTI 人格测试纳入就业指导，智联人才发展中心通过对 73 万余条的 MBTI 人格类型数据信息进行统计分析，为职场人士在岗位选择、人际交往等方面提供参考①。

那么，我们在做完 MBTI 后，如何更好地看待自己的人格类型呢？如何根据测试结果引导我们更好地发展呢？

① 柳华霞，杨立君. MBTI 人格测试在就业指导工作中的应用［J］. 神州，2014（15）：1.

第一节 人格概述

一、什么是人格

人格一词的英文"personality"是从拉丁文"persona"演变而来的。拉丁文的原意是"面具"。面具是用来在戏剧中表明人物身份和性格的，后被瑞士心理学家卡尔·荣格引申为"人格"，即"在不同的社交场合人们会表现出不同的形象"。

国外心理学家艾森克把人格定义为"个人的性格、气质、智力和体格的相对稳定而持久的组织，它决定着个人适应环境的独特性"；我国心理学家黄希庭把人格定义为"人格是独特而持久的个人内、外特征，它影响个体在不同情景中的行为"①；北京师范大学心理学教授许燕把人格界定为"人格是在遗传与环境的交互作用下，个体所具有的典型而独特的心理品质的组合系统"②。

心理学上研究人格，通常把人格界定为人所特有的心理特征和心理个性的综合，关注遗传和环境（内部环境和外部环境）对个体的综合影响，强调个体内外的统一与和谐。人格是决定个性心理特征和行为倾向的内部机制，是精神健康的基础，也是影响智力活动效能的关键因素③。

二、人格的特征

在现实生活中，我们发现，全面了解一个人很难，认识自己也很不容易，甚至不知从何入手，这就是人格的复杂性。总体而言，人格大致有整体性、稳定性与可塑性、独特性、统合性、功能性等特征。

（一）人格的整体性

人格是一个统一的整体结构，是人的整体心理面貌，构成人格的各个要素是相互联系、相互制约的。美国心理学家奥尔波特认为人格是一种有组织的整合体。在整个整合体中各个成分相互作用、相互影响、相互依存，如果其中一部分发生变化，其他部分也将发生变化。人格的各个方面彼此和谐。人格结构的内在一致性，受自我意识的调控④。人格不是单一的，也不是由某些人格特质简单拼凑而成的，而是各种因素作用于个体所形成的有机统一体。因此，我们在辨识一个人的人格时，应从整体的视角出发，而不能单独依据某一人格特质评价一个人，避免陷入"晕轮效应""刻板印象"等陷阱。

---

① 黄希庭. 再谈人格研究的中国化［J］. 人格心理学专辑，2004，12.

② 许燕. 人格心理学导论［M］. 北京：中国人民大学出版社，2019：14.

③ 黄希庭. 人格心理学［M］. 杭州：浙江教育出版社，2002：37.

④ 陈少华，郑雪. 西方关于人格一致性研究的进展与启示［J］. 社会心理研究，2000，4：52-56.

【知识窗】

晕轮效应

晕轮效应又称成见效应、光圈效应等，指人们在交往认知中，对方的某个特别突出的特点、品质会掩盖人们对对方的其他品质和特点的正确了解。这种错觉现象，心理学中称之为“晕轮效应”。美国心理学家H. 凯利、S. E. 阿希等人在印象形成的实验中证实了这一效应的存在。晕轮效应除了与人们掌握对方的信息太少有关外，主要还是个人主观推断的泛化、扩张和定势的结果。它往往容易让人形成对人的成见或偏见，产生不良的后果。故人们在情感交往、人才选拔、任用和考评过程中应谨防这种倾向发生①。

（二）人格的稳定性与可塑性

人格一旦形成就相对比较稳定，就会呈现跨情景一致性，具体表现在时间前后的一贯性和空间上的普遍性。正如我们常说的“江山易改，禀性难移”，这里的“禀性”就是指人格。在实际生活当中，我们会发现周边的朋友，有些人处事谨慎，尽力回避风险，他会为避免落榜而选择非常有把握的学校，未来就业想找一份安稳的工作，我们也可以推测他们不太喜欢进行冒险性的活动。再举个例子，一个人做事比较急躁，今日如此，明日亦如此。也正是人格的稳定性，我们才能有效地把一个人与另一个人从精神面貌上区分开来，并有效地预测一个人在某种情境下将会做什么或是预测一个人今后发展的可能状态。

当然，强调人格的稳定性并不意味着他在一生中一成不变，随着生理的成熟和环境的变化，人格有可能产生或多或少的变化，这是人格可塑性的一面。例如，心理学研究发现，个体在人格形成的儿童早期阶段，更易受到外在环境的影响；成年后，人的人格相对稳定，自我调控在人格改变中将起到更大的作用。正因为人格具有可塑性，我们才能培养和发展人格。人格是稳定性和可塑性的统一。

（三）人格的独特性

人格是人所处的内外环境在个体身上的综合反应，而人格的形成是生物基础、成长环境以及教育经历等因素相互作用的结果。正如“世界上没有两片完全相同的叶子”，同样的，世界上也没有完全一样的两个人，也就是我们平常所说的“人心不同，各如其面”。由于每个人的遗传基因和生存环境不同，每个人的性格也就有所差异。即使是同卵双生子，虽然遗传基因相同，但成长环境不同，其性格也会表现出较大的差异。因而在面对同样的场景，不同的人会采取不同的应对方式。生物基础、成长环境以及教育经历这些因素不存在完全一致的可能性，因而天然地决定了人格的独特性。因此，我不能成为你，你也不可能成为我，当然世界上不可能有两个我。

（四）人格的统合性

人格不是心理特质的简单堆砌，而是一个整体、一个系统，即人格具有统合性。人格是由多种成分构成的一个有机整体，具有内在统一的一致性，受自我意识的调控。人格的统合性是心理健康的重要指标，当一个人的人格结构在各方面彼此和谐统一时，

① 刘永中，金才兵. 英汉人力资源管理核心词汇手册［M］. 广州：广东经济出版社，2005.

他的人格就是健康的。当一个人失去了人格的内在统一性，他的行为就会由几种相互抵触的动机支配，或者思想和行动相互抵触，从而导致心理冲突，以致出现适应困难，甚至导致人格分裂，出现“双重人格”或“多重人格”。

（五）人格的功能性

人格的功能性是指个体的人格特征会影响其行为和生活方式。一方面，人格作为个人行为的内在动力，会影响一个人的生活方向和结果。具体来说，人格决定了一个人的生活方式，甚至会影响一个人的命运，是个体人生成败的重要因素之一。另一方面，人格决定了一个人的行为模式和处事风格，具体体现在个体面对不同情境时的反应和选择上。例如，当一个人面对挫折与失败时，坚强者的人格特征能够推动他们发奋拼搏，而懦弱者则可能一蹶不振。良好的人格状态，能够使人在有序、良好、安静的心理世界中幸福地生活，有效地增进个体的幸福体验。

三、人格理论

小时候，我们听过“盲人摸象”的故事。摸到象的牙的盲人说象的体形像萝卜的根；摸到象的耳朵的盲人说象像畚垃圾的器具（簸箕）；摸到象的脚的盲人说象像舂米的石臼；摸到象的背脊的盲人说象像麻布；摸到象的肚子的盲人说象像陶器；摸到象的尾巴的盲人说象像麻绳。一个盲人只能摸到大象的一部分，并据此描述大象的形象，推理它的形态。不管结论是什么，我们都可以断定，他们描述得都对，推理也都合理，只是不完整。

人格就像一个庞然大物，我们无法看到它的全貌，因而无法进行定性描述，只能就局部而谈。正如杰瑞·伯格（Jerry M. Burger）所说，“人格的理论流派和那几个盲人很相似，它们从不同角度对人格结构和功能进行假设说明，尽管彼此有差别甚至相互矛盾，但每个流派都探究了人格的一部分，并在一定的范围内加以解释。从某种意义上说，人格的六个流派和这几个盲人差不多。也就是说，每个流派都识别并验证了人格的一个重要方面。例如，精神分析流派的心理学家声称，人的无意识心理对他们行为方式的差异性起着很大作用。特质流派的心理学家确信，人是处在各种各样的人格特征的连续体的某个位置上的。生物学流派的心理学家用遗传素质和生理过程来解释人格的个别差异。人本主义心理学家认为，人的责任感和自我认同感是造成人格差异的主要原因。行为主义和社会学习流派的心理学家把稳定的行为方式说成是条件反射和心理预期的结果。认知流派则用人们加工信息的方式来解释行为的差异。”①

不同的人格理论是从不同的角度和深度揭示人格的某一方面或某一层面。了解这些人格理论，对于我们多角度、多层次地理解个体的人格，并采取相应的措施来影响和促进人格发展具有重要的指导和参考价值。

（一）弗洛伊德的精神分析理论

奥地利著名的精神病学专家、精神分析理论的创始人弗洛伊德（Sigmund Freud，1856—1939）把自我融入人格研究，认为人格由本我（id）、自我（ego）和超我（superego）三个部分构成。

---

① JERRY M BURGER. 人格心理学［M］. 8版. 陈会昌，等译. 北京：中国轻工业出版社，2014：3-4.

1. 本我

本我是人格结构的基础。本我包括许多原始的、与生俱来的本能或欲望（如饥渴、性等），其中以性和攻击冲动为主。本我受“享乐原则”的支配。本我是人格结构中能量的供应源，以寻求原始动机的满足为原则，它追求最大限度的快乐，满足欲望，而不管欲望在现实中的实现有无可能，也不受社会道德规范的约束。刚出生的婴儿处在本我状态，长大后，本我大部分处在潜意识状态下，较难察觉。本我的作用在于寻求兴奋、紧张与能量的释放，追求快乐，逃避痛苦。它具有冲动性、盲目性和非理性的特点。

2. 自我

自我是在人出生以后从本我中分化出来的。自我受“现实原则”支配。一方面它要满足本我的原始冲动，追求快乐；另一方面它还要符合良心、道德等超我的评价，以社会能够接受的方式满足个体需要。自我的基本任务是协调本我的非理性需要与现实之间关系。为了使本我的需要在适当的时候得到更大的满足，它往往推迟满足某些需要，表现为对本我需要的控制和压抑。

3. 超我

超我是社会教化的结果。个体在一定的社会文化背景下，获得了一定的知识经验和行为规范，这些知识经验和行为规范就内化为个体的超我。超我代表了人格结构中的良知、理性的一面。它随时监视着本我，当发现不符合理性或不符合行为规范的需要时，就警告自我，迅速加以抑制。超我是个体经过社会化，将道德伦理、社会规范及价值标准等内化而成的人格部分，受“完美原则”的支配，代表道德、良心和理性。它管制不容于社会的原始冲动，让个体因错误的本我冲动而产生自卑感和罪恶感。

自我和超我是由本我逐渐分化而来的。自我是本我、超我、现实世界三者的“仆人”，经常处在三者的包围中，极力地协调三者的关系。当三者相互矛盾时，个体就会产生焦虑。本我、自我和超我的交互作用，使个体人格处于平衡和谐的状态。本我的冲动应有机会在符合现实而无害于社会规范的条件下获得适当的满足，否则个体会产生不良的适应行为①。

【知识窗】

常见的自我防御机制

常见的自我防御机制有以下 10 种。

（1）对现实的否认：为保护自我拒绝承认不愉快的现实。

（2）置换：将敌意等强烈的情感从最初唤起情绪的目标转移到较少危险的另一目标。

（3）幻想：用想象的方式满足受挫的欲望（白日梦是一种最常见的形式）。

（4）认同：通过把自我与他人或制度等同以增加自我价值感，常常是虚幻的表达。

（5）分离：将情感与伤害性的环境分开，或把相互矛盾的态度分离为有逻辑关系的不同成分（同时持有相互冲突的态度，但它们从未被同时想起，或从未认为它们之

① 王克千. 弗洛伊德精神分析学述评［J］. 理论月刊，1987（2）：52-55.

间有什么关系），也称为分隔。

（6）投射：把对困难的抱怨归于他人，或把自己不被允许的欲望归于他人。

（7）合理化：试图证明一个人的行为是合理的、公正的，以证明自我和他人的价值感。

（8）反向形成：认同相反的态度和行为类型，把它们作为屏障，以防止危险欲望的表达。

（9）退行：退回到以前的发展水平，包括更幼稚的反应以及较低水平的愿望。

（10）压抑：将痛苦或危险的想法排除在意识之外以使不被觉知，这是最基本的防御机制。

防御机制可以帮助个体缓解焦虑，避免个体受到伤害。其最好的结果是个体通过防御机制的保护赢得成长的时间和空间。防御机制虽然有用，但终究是自我欺骗，如果过多依赖防御机制，人们的精力都用在歪曲、伪装上，就没有精力去经营现实生活以及与他人建立满意的人际关系。从心理动力学理论的视角来看，某些心理疾病就是起因于过度依赖防御机制应对焦虑的结果，那么揭示防御机制背后的意义就是咨询师治疗工作的重要内容之一①。

（二）卡特尔的特质理论

卡特尔认为，人格的基本结构元素是特质（trait）。所谓特质，是指人在不同时间和情境中都保持的某种行为方式和一致性。这种人格结构可由个体表现在外的行为而推知。1936 年，阿尔波特和奥波特发现英语词典中有超过 18 000 个形容词被用来描述个体的差异。卡特尔的研究是建立在这些形容词的基础之上的，他试图揭示出数量适当的基本特质维度。卡特尔及其同事在几十年的时间里对不同年龄、职业和文化背景的人们进行了测量，并通过因素分析的方法对人格特质进行了分析，提出了人类人格的 16 种因素，称其为根源特质，因为他相信这 16 种因素是表面行为的潜在根源，而这一根源就是人格本身，其包含了重要的行为范畴，如有保守的和开放的、信赖的和怀疑的，以及放松的和紧张的。例如，乐群性是一种根源特质，个体身上的乐群性的量影响着他的各个方面，如朋友的多寡，与什么人做朋友，交往的技能等。16 种最基本的根源特质分别是：乐群性、聪慧性、稳定性、恃强性兴奋性、有恒性、敢为性、敏感性、怀疑性、幻想性、世故性、忧虑性、实验性、独立性、自律性、焦虑性。卡特尔据此编制了著名的“卡特尔 16 种人格因素问卷”（16PF），以测量这 16 种根源特质。16PF 测验在国际上颇有影响，具有较高的效度和信度，广泛应用于人格测评、人才选拔、心理咨询和职业咨询等工作领域。该测验已于 1979 年引入国内并由专业机构修订为中文版②。

（三）人本主义理论

人本主义理论是美国当代心理学主要流派之一，被称为心理学中的第三思潮。人本主义心理学家是从个人、意识经验与成长潜能整合的角度理解人格，其核心是强调自我实现的驱动力。人本主义理论关注驱动人们追求快乐与自我实现的健康人格，认

---

① 李武石. 踏上探寻自我之旅：精神分析理论与个案［M］. 科学出版社，2010：145.

② 刘运芳. 卡特尔人格特质理论述评［J］. 孝感学院学报，2002，22（2）：4.

为个体追求自我实现的动机会驱动个体一直向积极的方向发展和变化。人本主义心理学家马斯洛认为，只有极少数人可以达到自我实现的状态，在这种状态下，他们的潜能得以完全发挥。他以自我实现的人为研究对象，概括出他们的人格特征①。

（1）能够接受自己，承认自己的弱点，并努力改进它们。不因自己做过的错事而过分担心或者自责，而是接受那部分需要改进的自我。尽管不完美，但仍旧对自己感到满意、尊重自己。

（2）较少刻板地遵从文化规范和习俗，能够自由表达自己的愿望。

（3）保留儿童时期那种纯朴的、充满新奇地看待世界的眼光。

（4）具有深刻、深厚的人际关系。

第二节　人格发展的影响因素与人格评估

一、人格形成与发展的影响因素

人格是如何形成和发展的？哪些因素发挥着决定性作用？关于人格形成与发展的影响因素，人们一般认为主要有两方面：遗传和环境。有些人认为人格是与生俱来的，也就是“遗传决定论”。例如心理学家霍尔宣称“一两的遗传胜过一吨的教育”，强调的是遗传的重要性，认为人的人格等心理特质完全是由遗传因素决定的。而有些人认为人格是由我们所处的环境决定的，也就是“环境决定论”，认为人格完全是由后天环境塑造而成的。例如，行为主义心理学家华生说，“给我一打健康的婴儿，在可以完全控制的环境里去培育，我可以把他们培养成医生、律师、艺术家、大商人，甚至是乞丐或小偷”。

从目前的研究成果来看，人格的形成是遗传因素和环境交互作用的结果，即遗传与环境都很重要，二者不可替代，也不可或缺。对于先天遗传因素和后天环境中不可改变的因素，大学生不应该把它看作阻碍个人发展的因素，而应该有效利用个人资源，发挥个人长处，不断改善和完善自我。并且大学生虽然处在人格形成的晚期，但还是可以通过自己的意志努力，针对自己人格中的不适应特质进行改善。

【知识窗】

遗传还是环境——双生子实验

明尼苏达大学的心理学家对成长在不同家庭里的同卵双生子进行了研究。在大学里，那些重逢的同卵双生子接受了大量的医学检查和心理测验。这些测验的结果表明，即使同卵双生子被分开抚养，他们之间的相似程度也比异卵双生子更高。这表明，遗传对人具有相当重要的影响。同卵双生子间人格特性的相关程度虽然很高，但也不是完全相关，也就是说还有一定的差异，那么这些差异就是遗传之外的因素（环境）导致的。

① 车文博. 人本主义心理学［M］. 杭州：浙江教育出版社，2003：104.

（一）生物遗传因素

从现有的研究结果来看，遗传是人格形成不可或缺的因素。遗传基因对人格特质有一定的影响，它决定了人格发展的可能性。例如，性格、智力水平、情绪反应等特质在很大程度上受遗传影响。艾森克曾用"同卵双生子"实验来探讨遗传因素在人格当中的影响，他的研究表明，同卵双生子在外向性和情绪稳定性方面具有显著相似性，并且高于具有相同环境条件和不同遗传特征的异卵双生子。不仅是能力、气质等与生物因素相关的特征具有遗传性，而且在一些与社会相关较大的人格成分上，如支配性、社交性、责任心等，仍旧是同卵双生子比异卵双生子具有更高的相似性，这进一步说明遗传的影响力。

回到我们日常生活当中，我们经常会看到周边的小孩，特别是1岁以内的婴儿，他们都不太一样。有些小孩子特别好动，有些特别安静，还有一些爱哭爱笑也不同。由此可见，这种人类的一般行为模式由生物遗传因素决定并在出生时就显示出来了，而且在人的一生中相对稳定，并影响其人格特征的发展。

（二）后天环境的影响

人是社会性动物，因此社会环境会对人格的形成与发展产生较大的影响。社会经济文化环境、家庭环境、早期童年经验、学校教育等外部环境在外部从不同层面对人格的形成与发展起着重要作用。而人也在后天环境的氛围中，不断完善自我、修正自我。因此自我调控因素也是人格完善的重要途径，属于内部因素。外部环境因素是人格形成与发展的外因，自我调控因素是人格完善的内因，外因通过内因不断发挥作用，从而促进人格的完整统一与和谐。

1. 社会经济文化

社会经济的发展为人格发展提供了物质基础，并促进了人们自我意识的觉醒，促进人们的人格发展。具体来看，进入21世纪后，经济发展全球化、网络信息化使社会经济飞速发展，直接影响到人们的思想观念、价值取向、思维方式、行为习惯和人际交往等诸多方面，同时也冲击着当代人的人格发展取向。一方面，生产力的提升，极大地丰富了人们的物质需求，使人们有更多的时间和精力来探索人生、开发潜能，实现人生价值，从而为人的多元化发展奠定了基础，促进人们的人格发展。另一方面，社会经济的飞速发展也是把双刃剑，带来严重负面影响。特别是在网络化的今天，网络的虚拟性、隐蔽性和随意性促使当代人格具有了"虚拟性、封闭性、迷失性"的网络特征。

社会文化影响着人们的自我认识、人际互动以及观念和行为，因而决定了人格的共同特征，使得同样社会文化条件下的人们显示出一定程度的相似性。例如，生活在个体主义文化中的人，注重人格独立，较为关注个人的需要和成就；生活在集体文化中的人，注重社会责任，关注从集体中获得的成就感。

2. 家庭环境

家庭环境是一个人成长过程中最重要的因素之一，家庭对人格的影响是显而易见的，它对人格发展有着深远的影响。一个温馨和睦的家庭环境能够促进个体的健康成长，而一个不良的家庭环境则会对个体造成不可逆转的影响。家庭是我们最早接受系统教育的场所，家庭教育承担着对青少年健康人格形成的启蒙责任，父母或其他照料者都是按照他们自己的意愿和方式教育孩子，而孩子会逐渐将外在的教育内化，进而形成某些人格特征。因此父母的言行举止以及家庭氛围均会对孩子的人格的形成与发展产生影响。良好的家庭环境（父母养育方式、家庭结构）可以为人们提供良好的社会支持感，也能有效降低和缓解个体问题行为的产生①。

研究表明，溺爱型、否定型、过分保护型和干涉型的家庭教育方式对子女人格发展有不同程度的消极影响。具体来看，在教养方式较为严格的家庭环境中长大的孩子，性格相对保守、顺从和自卑；在教养方式较为放纵的家庭环境中长大的孩子，性格相对不够稳定，自控能力较差；在教养方式较为民主的家庭环境中长大的孩子，性格相对独立且富有责任感。

现代型父母在养育子女方面拥有现代意识，其子女具有积极、健康和向上的人格特征；父母关系不和的家庭、单亲家庭对子女人格发展的消极影响较大。长远来看，受到家庭虐待（暴力、精神伤害）的孩子或者离异家庭的孩子比生活在家庭相对美满的孩子，未来会表现出更多的学业、情绪等问题。良好的家庭环境可以为我们提供良好的社会支持感，也能有效降低和缓解个体问题行为的产生。

3. 学校教育因素

遗传的先天素质只是为人格形成提供一般可能性，而后期的教育与社会实践对人格的形成和发展才起着最重要的、主导的作用。学校是有目的、有计划地向学生施加影响的教育场所。学校对人格形成与发展的影响是不可忽视的，学校是人格社会化的主要场所，对人格的形成、定型影响深远。特别是对于处于人格定型关键期的大学生，人格教育的教化作用对其是非常重要的。校园文化、集体生活、课堂教学质量、教师的人格魅力等，都是学校教育的元素，它们无一不在影响着学生人格的形成与发展。

学校对人格的影响首先体现在教师方面。教师的人格特征、行为模式与思维方式会对学生产生巨大影响。师者所以传道授业解惑也，教师在学生人格教育中的影响不容忽视。何为教师？正如古语所说，“学高为师，身正为范”，教师不仅要教知识，还要教做人。古今中外都有将教育学生做人列为教师的首要职责的传统，教师是学生的榜样。教师的人格魅力及其自身的人文素质将以自己的方式潜移默化地影响学生，对学生个性发展产生了深刻的影响。或许我们也可以问自己，有多少人向老师学习，最后“长大后我就成了你”②。另外，互动良好的师生关系是影响学生人格健全形成的重要因素，尤其对特殊家庭（单亲、孤儿、早期经历家庭虐待等）的学生来讲，良好的师生关系对他们更具有重要的情感支持作用。此外，教师是否公平公正对待每一位学生，也对班级学生的个性发展有着至关重要的影响。“皮格马利翁效应”就说明了每个学生都需要老师的关爱，在教师的关注下，他们会朝着老师期望的方向发展。

【知识窗】

皮格马利翁效应

皮格马利翁效应，也称为罗森塔尔效应，是一种心理现象，它指出当一个人对另一个人形成积极的期望时，这种期望会成为一种自我实现的预言。这一效应最初由美国心理学家罗伯特·罗森塔尔（Robert Rosenthal）和伊迪丝·雅各布森（Edith

---

① 谢言梅. 家庭教养方式及其与子女心理健康关系研究述评［J］. 大理学院学报（社会科学），2006.

② 李卫红. 老师的性格对学生的影响［J］. 中国基础教育研究，2009，005（001）：24-25.

Jacobson）提出，他们通过实验发现，教师对学生的期望会影响学生的学习成绩和行为表现，使学生的学习成绩和行为表现向符合该期望的方向发展。这一效应不仅在教育领域有着广泛的应用，也在企业管理、人际关系等多个领域中发挥着重要作用。

学校对人格的其他影响体现在校风、学风、同伴关系等方面。良好的校风和学风对于学生的价值观、学习和生活态度都具有较大的改善作用，可以说优良的校风和学风对健全人格形成具有显著的促进作用。从某种意义上来讲，良好的校园文化，可促使学生进行自我反思，从而促进他们的自我成长。另外，学校是同龄群体会聚的场所，同伴群体对学生人格具有巨大的影响。学生离开父母来到校园，可能会出现因同辈群体拒绝而产生的焦虑不安，他们更加关注同龄人对自己的评价，希望得到同伴的认可和赞许，从而形成更容易被群体所接纳的性格。而不良的同伴关系则会对其人格形成产生显著的消极影响。

（三）自我调节能力

遗传和后天环境因素体现的是人格培养的外因，而外因是通过内因起作用的。人格的自我调控系统就是人格发展的内部因素。人格调控系统是以自我意识为核心的。自我意识通过自我认知、自我体验和自我控制三个方面来对个体进行调控，以使个体心理的各个方面和谐统一，使人格达到统合与完善。自我意识的内容，以及如何认识自我、悦纳自我在第三章已经详细介绍过了，在此就不赘述了。

从上述分析可以看出，遗传、环境、自我是影响人格形成的三大因素，三者相互作用，共同对人格的形成和发展产生影响。遗传决定了人格发展的可能性，环境决定了人格发展的现实性，而自我则是人格形成的内因，在人格形成过程中主要起调节作用。

二、人格评估

人格评估旨在量化人格维度指标，它可以促进自我了解，被广泛应用于心理咨询和职业指导领域。

（一）人格评估方法

心理学家根据人格的特点，发展出两种主要的人格评估方法：自陈式人格测验和投射测验。

1. 自陈式人格测验

自陈式人格测验是最为流行的人格测量技术。自陈式人格测验的基本假设是：最了解自己心理特点和行为表现的人是被试本人；如果被试认真作答，积极配合，则主试根据被试的答题情况，可准确地测量出被试的人格特质。由于自陈量表所测量的是人格特质，所以在人格理论上遵从特质论。自陈量表通常由一个系列问题组成，一个问题陈述一种行为，要求被试者按照自己的真实情形来回答。绝大多数自陈式量表都是纸笔测验，一般是一系列数目众多的陈述句，要求被试判断陈述句的内容是否符合自己的情况，回答方式包括是非式、二择一式、折中式、等级式等。然后，根据被试在各维度（人格特质，如外向、乐趣等）上的得分来描述其人格维度。目前，比较成熟的人格量表有很多，如明尼苏达多相人格测验（Minnesota multiphasic personality inventory，MMPI）、爱德华个人倾向量表（Edwards personal preference schedule，EPPS）、艾森克人格问卷（Eysenck personality question-naire，EPQ）、卡特尔16种人格因素问卷（16 personality factor questionnaire，16PF）、迈尔斯类型指标（Myers- Briggs type indicator，MBTI）等。

这种测验方法操作简单，可以量化，也可以大规模测试。当前，自陈式量表测验被制作成了很多的人格测量软件，在网上即可自行测试。

2. 投射测验

投射测验是以弗洛伊德的人格理论为依据的。投射是精神分析术语，是指个人把自己的思想态度、愿望、情绪等特征不自觉地反映于外界事物的心理过程。心理分析理论强调人的行为由无意识的内驱力所推动，这些内驱力受到压抑，不为人所察觉，但却影响着人们的行为。根据这种理解，人们难以通过问题直接了解这个人的情感和欲望。投射测验就是通过给出模棱两可的刺激，让被试对之自由反应。主试对被试的反应进行分析，并推论出被试的人格特点。

3. 自陈式人格测验与投射测验的对比

两者在测量个体性格方面有着不同的侧重点和方法。自陈式量表侧重于测量被试者对自身行为、情感和思维的主观评价，而投射量表则侧重于测量被试者对他人或外部情境的感知和反应。在结果解释方面，自陈式量表的结果较为直观和客观，被试者可以直接了解自己的性格特征；而投射量表的结果需要经过专业人员的解释和分析，因为它们涉及被试者对外部情境的反应和心理动态的推断。在可信度和效度方面，自陈式量表的可信度和效度较高，因为其结果基于被试者的主观评价和自我认知；而投射量表的结果可能受到被试者的意识和潜意识因素的影响，因此其可信度和效度有时会受到质疑。

换言之，自陈量表法，其优点是实施简便，评分也客观，缺点是被试者在回答问题时会猜测、迎合出题者的意图，有刻意隐瞒自己的特点的可能，从而影响结果的准确性。投射测验因为被试者不知道答案的意义，所以无法伪装，能有效避免自陈量表法可能出现的虚假现象。但投射测验的实施程序、计分标准以及结果解释都必须经过特殊的培训，即便接受同样的培训，不同受训者面对同样的测验情景也可能会给出不同的结果，因而缺乏客观性。

【知识窗】

心理测验注意事项

为使人格测验能够最大限度地发挥其功效，我们在接受人格测验时，应注意以下问题：

（1）理解心理测验的局限性。“人心难测”，人是复杂的，研究人的工作就不可能有太高的精准率，接受人格测验的局限性，只将其视为辅助工具，不可以作为唯一的诊断工具。

（2）避免过度自我标签化。性格测试结果可以作为自己状态的表现，但不应过分依赖，也不要过分解读。人的大多数能力和心理特征都具有阶段性和发展性，即便当前感觉测评结果非常符合本人，也不建议把结果看成是“个人标签”，应该视为当前一段时间的状态，并用发展的眼光看待自己。

（二）常用的人格测验

1. 16种人格因素测试（16PF）

16PF是基于卡特尔的特质理论分析结果，通过乐群性、智慧性、稳定性、影响性、活泼性、有恒性、交际性、情感性、怀疑性、想象性、世故性、忧虑性、变革性、独立性、自律性、紧张性16个相对独立的人格维度对人进行评价。该测验共由187道题组成，能比较全面地反映人的性格特点，在职业指导及人员选拔领域被广泛运用。

2. “大五”人格测试

“大五”人格测试是基于塔佩斯等人的五因素模型理论，通过情绪稳定性、外向、开明性、随和以及责任心五个相对显著、独立且稳定的个性因素对人进行评价。有研究表明，“五大”个性因素与工作绩效有较为密切的关系，因而在企业人员选拔中常运用该测试。

3. 明尼苏达多重人格测试

明尼苏达多重人格测试（Minnesota multiphasic personality inventory，MMPI）是由美国明尼苏达大学的心理学家哈撒韦（ Hath-away）和精神科医生麦金利（Mckinley）于1940年编制的。多年以来，MMPI一直是应用最为广泛的临床测量工具之一，可用于测试正常人的人格类型，也可以用于区分正常人和精神疾病患者。其设计原理是将被试者的反应与已知患有某种心理疾病的人的反应相比较来计分。它可测量10种病理倾向：疑病症、抑郁症、癔症、精神病态人格、男性化女性化、妄想症、精神衰弱、精神分裂、轻躁狂和社会内向，测试共有567道题。

4. 艾森克人格问卷

艾森克人格问卷（Eysenck personality questionnaire，EPQ），是英国伦敦大学心理系和精神病研究所的艾森克教授编制的。他搜集了大量有关的非认知方面的特征，通过因素分析归纳出三个互相成正交的维度，从而提出决定人格的三个基本因素：内外向性（E）、神经质（又称情绪性）（N）和精神质（又称倔强、讲求实际）（P）。人们在这三方面的不同倾向和不同表现程度，便构成了不同的人格特征。艾森克人格问卷是目前医学、司法、教育和心理咨询等领域应用最为广泛的问卷之一。

5. 迈尔斯-布里格斯类型指标

迈尔斯-布里格斯类型指标（Myers-Briggs type indicator，MBTI）是由美国作家伊莎贝尔·布里格斯·迈尔斯和她的母亲凯瑟琳·库克·布里格斯共同制定的一种人格类型理论模型。该指标以瑞士心理学家卡尔·荣格划分的8种心理类型为基础，为了将荣格的心理类型理论付诸实践，他们经过二十多年的研究后，编制成了迈尔斯-布里格斯类型指标。迈尔斯在人格的优势功能和劣势功能、主导功能和从属功能等概念的基础上，进一步提出功能等级等概念，并有效地为每一种类型确定了其功能等级的次序，又提出了类型的终身发展理论，形成四个维度。约翰·毕比博士在《类型与原型》中，将心理类型理论和原型理论系统地结合在一起。这四个维度就是四把标尺，每个人的性格都会落在标尺的某个点上，这个点靠近哪个端点，就意味着这个人就有哪方面的偏好。

6. 罗夏克墨迹测验

罗夏克墨迹测验（Rorschach Ink-blot test，RIBT）由瑞士精神医学家罗夏克于1921

年设计，共10张墨迹图片，五张彩色，五张黑白。每次按顺序给被试呈现一张，同时问被试："你看到了什么?""这可能是什么东西?"或"你想到了什么?"等问题。被试可以从不同角度看图片，并自由回答。主试记录被试的语言反应，并注意其情绪表现和伴随的动作。

7. 主题统觉测验

主题统觉测验（thematic apperception test，TAT）由美国心理学家莫瑞编制。其由30张模棱两可的图片和一张空白图片构成，图片内容多为人物，也有部分风景，但每张图片都至少有一个人物。测试时，每次给被试呈现一张图片，让被试编故事，故事内容不受限制，但必须回答以下四个问题：图中发生了什么事？为什么会出现这种情境？图中的人物正在想什么？故事的结局会怎样？

第三节 大学生人格培养

随着社会竞争的日趋激烈，大学生中自残、自杀和犯罪等恶性事件时有发生，休学、退学、成瘾事件也不在少数。这不仅给大学生本人的健康发展带来了灾难，也对家庭和社会产生了不可忽视的影响。健康人格的培养，既是高等教育和健康促进的手段，也是其最终目标，是学校心理卫生和全面推进素质教育的聚焦点。大学生的人格品质，小而言之，影响其个人的自我实现，大而言之，将影响一个民族、一个国家的未来。因此，培养大学生形成符合时代特征的、健康的人格，具有重要意义。

一、人格障碍的表现及形成

（一）人格障碍的表现

人格障碍（personality disorders）是指人格特征显著偏离正常，使患者形成了特有的行为模式，导致对环境适应不良，明显影响其社会和职业功能，或者患者自己感到精神痛苦，这种障碍通常开始于童年或青少年期，并一直持续到成年或终身①。

人格障碍具有以下特征：

（1）其主要表现为情感和意志障碍，但思维和智力并无异常，一般始于青春期。

（2）有紊乱不定的心理特点和难以相处的人际关系，这是各类人格障碍者最主要的行为特征。

（3）遇到困难时，不是积极解决，而是想方设法推卸责任，归咎为命运的捉弄或他人的过错，从而使自己摆脱尴尬处境或自己假象中的两难处境。

（4）他们没有责任心和责任感，即使对别人造成了伤害，也能做出自以为是的辩护。

（5）他们的认知行为等具有绝对的稳定性和一致性。

（6）缺乏自知，且不能从生活经验中吸取教训。

① 中华医学会精神科学会，南京医科大学脑科医院. 中国精神疾病分类方案与诊断标准（CCMD-2-R）[M]. 南京：东南大学出版社，1995：101.

（7）他们不会先自我感知到人格存在障碍，这与神经症不同。只有通过别人的强烈不满使他们的不良行为得以暴露，他们才会情绪不安。

（二）人格障碍的形成

到底是什么原因引发了人格障碍呢？人格障碍的病因迄今尚未完全阐明，人格障碍的出现原因是极为复杂的。从生理—心理—社会医学模式角度，一般认为人格障碍是在大脑先天性缺陷的基础上遭受环境有害因素的影响而形成的。人格障碍往往由以下因素综合形成。

1. 生物学因素

从遗传学角度来看，遗传因素与人格的发展和形成密切相关，根据对人格障碍者的家谱调查，遗传与人格障碍有关系，如果个体的家族内存在人格障碍病史，则其患病几率会高于正常人群；从神经生化角度来看，人的边缘系统的γ-氨基丁酸能、谷氨酸能、胆碱能环路的过度反应可能介导情绪的不稳定，这种反应过度导致个体对环境情绪刺激的反应和敏感性增加，情绪不稳定型人格障碍可能与之相关。

2. 心理发育的影响

幼儿在心理发展过程中若受到精神创伤，将会对其人格的发育产生重大影响，它也是未来形成人格障碍的主要因素。常见情况如下：①婴幼儿母爱或父爱被剥夺；②被放弃承受继父母的歧视；③父母等亲人过分偏爱，使其自我中心的思想恶性增长，以致藐视父母的教育、学校的校规与社会纪律，这为发展成反社会性人格障碍提供了温床；④幼儿或青少年期受虐待导致产生仇恨或敌视社会或人类的心理；⑤父母或其他抚养者，幼儿园或小学教师教育方法失当或期望过高，过分强迫、训斥易造成精神压力或逆反心理，从而形成不良人格；⑥父母本人品行或行为不良，对儿童的人格发育影响极大。

3. 不良社会环境影响

社会上的不良风气、不合理现象、拜金主义等都会影响青少年的道德价值观，并使之产生对抗、压抑、自暴自弃等不良心理而发展至人格障碍。

二、大学生健全人格的标准

健全的人格，作为人充分发展时所能达到的一种境界，作为人类应该追求的价值目标，是一个人取得成功的重要基础。有学者认为健康人格主要包括以下几个方面：正确的自我意识；和谐的人际关系；良好的社会适应能力；积极乐观的人生态度；良好的情绪调控能力；人格品质相对稳定等。其他的教育者认为现代社会理想人格的特征主要指的是人格的独立性、人格尊严以及人格方面积极进取、勇于竞争、敢于创新的境界①。下面我们将从以下几个方面进行阐述：

（一）积极的自我意识

自我意识是个体对自己、对他人、对周围世界关系的认识。具有健全人格的大学生对自己有恰如其分、全面客观的评价，他们充满自信，扬长避短，能愉悦地接纳自己，并在日常生活中有效地调节自己的行为，使之与环境保持平衡。缺乏正确自我意

① 吴玉伟. 大学生健全人格的标准探索［J］. 社会心理科学，2012，27（6）：4.

识的人常常表现出自我冲突、自我矛盾，或者自恃清高、盲目自信，做力所不能及之事，或者自我否定、妄自菲薄，轻易放弃一切可能的机遇。

（二）良好的情绪调控能力

情绪标志着人格的成熟程度。人格健全的大学生情绪反应适度，且具有调节和控制情绪的能力。他们经常保持愉快、满意、开朗的心情，对生活充满热情，善于自得其乐，并富有幽默感。当消极情绪出现时，他们能合情合理地宣泄、排解、转移和升华。

（三）和谐的人际关系

人际关系最能体现一个人人格健全的程度。人格健全的大学生乐于与他人交往，并与他人建立良好的关系；与人相处时，尊重、信任、接纳等积极态度多于嫉妒、怀疑、冷漠等消极态度。人格健全的大学生常常以真诚、平等、谦虚、理解、宽容、关爱的态度对待他人，同时也受到他人的尊重与接纳。

（四）良好的社会适应能力

社会适应能力反映了人与社会的协调程度。人格健全的大学生能够与社会保持良好密切的接触，以一种开放的态度，主动关心社会、了解社会；在认识社会的同时，能使自己的思想和行为跟上时代发展的步伐，与社会的要求相符合，且能够很快适应新的环境，包括学习环境、生活环境和人际环境等。

（五）乐观的人生态度

乐观的大学生常常能看到生活中的阳光，对前途充满信心和希望，对自己所做的事情抱有浓厚的兴趣，并努力发挥自己的智慧和能力。即使在遇到困难和挫折时，他们也能不畏艰险，勇于拼搏。在学习上，人格健全的大学生对学习怀有浓厚的兴趣，表现为观察敏锐、注意力集中、想象力丰富、充满信心、勇于克服困难，通过刻苦、严谨的学习过程，获得学习的满足感和成就感。

三、大学生如何塑造健全人格

（一）认识自我，优化人格整合

认识自我是改变自我的开始。为了有效地进行人格塑造，大学生首先应该充分了解自己人格状况，明确人格塑造的目标、内容、途径与方法。人格塑造也就是优化人格整合，达到人格的健全。整合是要使人格的各个方面逐渐由最初的互不相关，发展到和谐一致的状态。优化即选择某些优良的人格特征作为自己努力的目标，同时针对自己人格上的缺点、弱点予以纠正。

（二）努力学习科学文化知识

不少人格发展缺陷源于无知，无知容易使人自卑、粗鲁，丰富的知识则使人自信、坚强、理智。各学科的全面发展是人格健全发展的智力基础，因为各学科的知识同处于一个庞大的系统中，彼此之间既相互联系，又能在各自的发展中相互迁移、相互促进。可以说，有了科学文化知识作为智力基础，人格发展的速度与质量才有保证。

（三）积极参加实践活动，从小事做起

实践是人格发展的必由之路。无论是知识的获取、能力的形成，还是意志的磨炼都离不开实践。诸如一个人的勤奋、坚韧、乐观、细致等人格特征都是长期实践锻炼

的结果。因此，优化人格整合要从眼前的小事做起，无数良好的小事可最终构建成优良的人格大厦。

（四）发展良好的人际关系，融入集体

人格发展、塑造的过程也是个体实现社会化的过程，是个体与他人、集体、社会相互作用的过程。人格是在行为中表现的，健全的人格也只有在与人的交往中才能体现出来。塑造健全人格，必须发展良好的人际关系：尊重他人的社会习俗，关心他人的需要，真诚地赞美他人，多与他人沟通，保持自尊和独立等。集体是人格塑造的土壤，通过与集体中不同的人交往，自己的某些人格品质或受到赞扬、鼓励，或受到压制、排斥，从而有助于做出针对性的调整。

（五）锻炼身体，强健体魄

人格发展的过程是体质、心理因素与智力因素协同作用、相互促进的过程，健康的体质是人格健全发展的生理基础。一个体弱多病的人是难以发展出健全人格的，拖拉、懒惰、急躁、怯懦等人格发展缺陷与不坚持体育锻炼也可能有关。

（六）防止“过犹不及”

凡事都有度，人格发展和表现的度是十分重要的。个体在人格塑造过程中应根据辩证法，掌握好度，否则就会过犹不及，适得其反。具体说来，应该是：自信而不自负，自谦而不自卑，勇敢而不鲁莽，果断而不冒失，稳重而不犹豫，谨慎而不怯懦，豪放而不粗俗，好强而不逞强，活泼而不轻浮，机敏而不多疑，忠厚而不愚昧，圆滑而不世故，等等。度的把握还表现在不同的人格特质要协调发展，做到“刚柔兼济”，对于“刚”者应多发展些“柔”，对于“柔”者应多发展些“刚”，这样才能形成合理、和谐的人格结构。

参考文献

［1］柳华霞，杨立君. MBTI人格测试在就业指导工作中的应用［J］. 神州，2014（15）：1.

［2］黄希庭. 再谈人格研究的中国化［J］. 人格心理学专辑，2004，12.

［3］许燕. 人格心理学导论［M］. 北京：中国人民大学出版社，2019：14.

［4］黄希庭. 人格心理学［M］. 杭州：浙江教育出版社，2002：37.

［5］陈少华，郑雪. 西方关于人格一致性研究的进展与启示［J］. 社会心理研究，2000（4）：52-56.

［6］刘永中，金才兵. 英汉人力资源管理核心词汇手册［M］. 广州：广东经济出版社，2005.

［7］维吉尼亚·萨提亚，萨提亚，易春丽，等. 新家庭如何塑造人［M］. 北京：世界图书出版公司北京公司，2006：124.

［8］JERRY M BURGER. 人格心理学［M］. 8版. 陈会昌，等译. 北京：中国轻工业出版社，2014：3-4.

［9］王克千. 弗洛伊德精神分析学述评［J］. 理论月刊，1987（2）：52-55.

［10］李武石. 踏上探寻自我之旅：精神分析理论与个案［M］. 北京：科学出版社，2010：145.

［11］刘运芳. 卡特尔人格特质理论述评［J］. 孝感学院学报，2002，22（2）：4.

［12］车文博. 人本主义心理学［M］. 浙江教育出版社，2003：104.

［13］李卫红. 老师的性格对学生的影响［J］. 中国基础教育研究，2009，5（1）：24-25.

［14］中华医学会精神科学会，南京医科大学脑科医院. 中国精神疾病分类方案与诊断标准（CCMD-2-R）［M］. 南京：东南大学出版社，1995：101.

［15］吴玉伟. 大学生健全人格的标准探索［J］. 社会心理科学，2012，27（6）：4.

第五章 掌控内心的风帆
——大学生情绪调节

中国俗语说，“人逢喜事精神爽”“笑一笑、十年少”，就是说愉快、积极、乐观的情绪和情感，可以延缓衰老、增进健康。良好的情绪和情感不仅可以促进生理健康，而且与人的心理发展密切相关，有利于人们提高学习、工作效率，激发潜能，实现全面发展，尤其是对于在校大学生。所以，大学生的情绪调节能力是其必学的基本能力之一。先让我们分享两个小故事：一个故事讲的是一位老奶奶有两个女儿，大女儿已去世，小女儿在美国。她坐船去美国看小女儿，途中遇险，生死难料。其他人都很紧张，只有她还泰然自若。别人问她为什么，她很淡定地说：“如果没沉船，我就可以见到小女儿了！如果沉了，我就可以见到大女儿了！”另一个故事是在推销员中广泛流传着的故事：两个欧洲人到非洲去推销皮鞋，由于天气炎热非洲人向来都是打赤脚。第一个推销员看到非洲人都打赤脚，立刻失望起来：“这些人都打赤脚，怎么会要我的鞋呢。”于是放弃努力，失败沮丧而回；另一个推销员看到非洲人都打赤脚，惊喜万分：“这些人都没有皮鞋穿，这皮鞋市场大得很呢。”于是想方设法，引导洲人购买皮鞋，最后发大财而回。

老太太为何乐而不哀？第二个推销员为何惊喜万分？他们有特异功能？不。是因为他们看问题的心情和角度不一样，所以有时候，换个心情、换个角度看问题，即使悲伤也可能化作快乐，即使看似不可能的事情也会大获成功。一个人情绪好时，山含情，花含笑；一个人情绪不好时，感时花溅泪，恨别鸟惊心。我们任何人都离不开情绪和情感，情绪是我们“生命的指挥棒”“健康的寒暑表”。

第一节　情绪知多少

一、情绪的概念

（一）什么是情绪

生物学定义：情绪亦称情动。生物学上一般把情感中像愤怒、悲哀、恐惧等这种短暂地、急剧地发生的强烈的情感称为情绪；也包含那种即使程度不强，但相同征候反复呈现的状态或一般情感状态。

普通心理学定义：情绪是指伴随着认知和意识过程产生的对外界事物的态度，是对客观事物和主体需求之间关系的反应，是以个体的愿望和需要为中介的一种心理活动。情绪包含情绪体验、情绪行为、情绪唤醒和对刺激物的认知等复杂成分。理解情绪的定义要注意以下几点：客观事物是情绪的源泉；情绪以需要是否满足为中介；情绪是一种内心感受；情绪有其生理反应；情绪会表现在行为中①。

（二）情绪与情感的区别

（1）情绪通常与人的生理性需要相联系，而情感与人的社会性需要相联系。

（2）情绪具有较大的情境性和暂时性，情感则具有较大的稳定性和持久性。

（3）情绪有较多外显性和冲动性，而情感则较为内隐和深沉。

（三）情绪的类型

从生物进化的角度看，人的情绪可分为基本情绪和复合情绪。基本情绪是人与动物所共有的，在发生上有着共同的原型或模式，它们是先天的，不学而能的，每一种基本情绪都具有独立的神经生理机制，不同的内部体验和外部表现，并有不同的适应功能。复合情绪则是由基本情绪的不同组合派生出来的。

20 世纪 70 年代初，伊扎德用因素分析的方法，提出人类的基本情绪有 11 种，即兴趣、惊奇、痛苦、厌恶、愉快、愤怒、恐惧、悲伤、害羞、轻蔑和自罪感。由此产生的复合情绪有三类：第一类是基本情绪的混合，如兴趣—愉快，恐惧—害羞，恐惧—内疚—痛苦—愤怒等；第二类是基本情绪与内驱力的结合，如性驱力—兴趣—享乐，疼痛—恐惧—愤怒等；第三类是基本情绪与认知的结合，如活力—兴趣—多疑—恐惧—内疚等。复合情绪有上百种，而大多数复合情绪是很难命名的。只有一部分复合情绪可以命名，如愤怒—厌恶—轻蔑的复合情绪可以命名为敌意；恐惧—内疚—痛苦—愤怒的复合情绪可以命名为焦虑等②。

【知识窗】

施洛伯格（Schloberg，1954）通过对面部表情的研究，提出了自己的观点：情绪的维度有愉快—不愉快、注意—拒绝和激活水平三个维度。他建立了一个三维模型（见图 5-1）。其中，椭圆切面的长轴为快乐维度，短轴为注意维度，而垂直于椭圆面的轴则是激活水平的强度维度。整合三个不同水平维度就可以得到各种情绪。

① 米歇尔·N. 希奥塔，詹姆斯·W. 卡拉特. 情绪心理学（原著第三版）［M］. 周仁来，译. 北京：中国轻工业出版社，2021：85.

② JERRY M BURGER. 人格心理学［M］. 7 版. 陈会昌，译. 北京：中国轻工业出版社，2012：131.

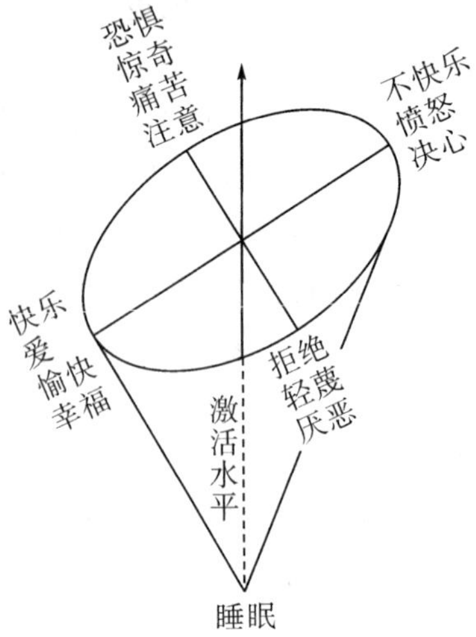

图 5-1　施洛伯格的情绪三维模型

普拉切克（Plutchic，1970）提出的情绪三维模型则主张情绪具有强度、相似性和两极性三个维度。他采用了一个倒锥体来形象地描述情绪三个维度之间的关系（见图 5-2）。其中，锥体的截面被划分为八种原始情绪，其中相邻的情绪是相似的，对角位置的情绪是对立的，锥体自下而上表明情绪由弱到强的变化。这个模型的特点是描述了不同情绪之间的相似性及对立性特征，这在情绪的实验研究中对于情绪的界定是很有用的[①]。

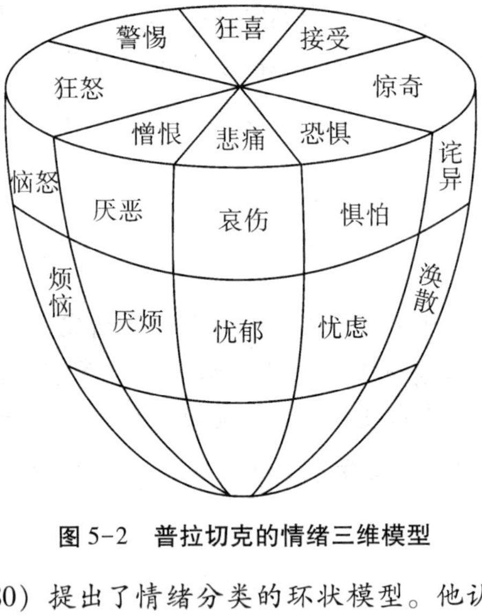

图 5-2　普拉切克的情绪三维模型

罗素（RuseLL，1980）提出了情绪分类的环状模型。他认为情绪可划分为两个维度：愉快度和强度。愉快度又可分为愉快与不愉快；强度又可分为中等强度和高等强度。由此可以组合成四个类型：愉快—高等强度是高兴，愉快—中等强度是轻松，不愉快—中等强度是厌烦，不愉快—高等强度是惊恐，如图 5-3 所示。

---

① 乔建中，高四新. 普拉契克的情绪进化理论［J］. 心理学报，1991（4）：433-440.

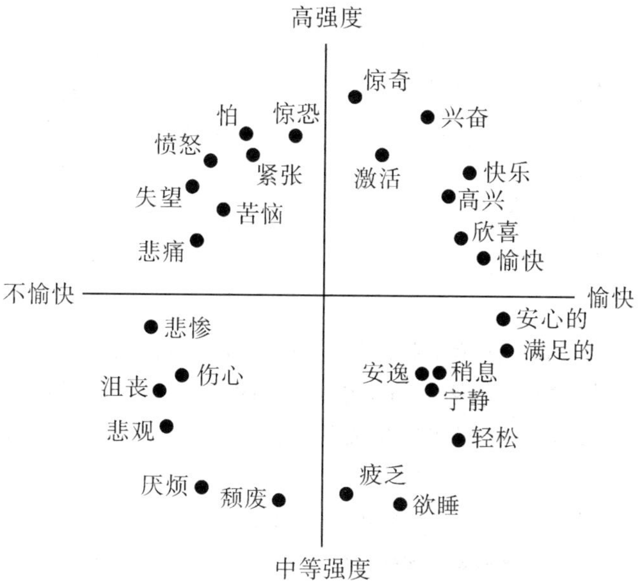

图 5-3 罗素的情绪环状模型

二、情绪表达

（一）情绪的表现

（1）内在表现：生理反应。生理反应通过人体内自主神经系统中的交感神经和副交感神经的对抗作用导致的，包括呼吸系统、血液循环系统、消化系统、内外分泌系统以及脑电、皮肤电反应等在内的一系列变化。

（2）外显特征：表情。表情是通过眼部、颜面和口部肌肉的变化来表现各种情绪状态。例如，快乐时眼睛会眯起，嘴角上扬；悲伤时眼角下垂，嘴角下拉；愤怒时眉头紧锁，眼神尖锐。

（二）情绪的表达方式

1. 语言的表达

使用直接的言语来表达情绪，如说“我很高兴”或“我很难过”来分别表达喜悦和悲伤。语言表达是人类沟通中非常重要的一部分，它不仅能帮助个人理解和处理自己的情绪，还能促进人际之间的理解和共鸣。在不同的文化背景下，情绪的语言表达方式也可能有所不同，这是因为文化规范和信仰会影响和塑造其成员的情感表达。

2. 非语言的表达

（1）面部表情：人的面部表情最为丰富，它通过眼部肌肉、颜面肌肉和口部肌肉来表现人的各种情绪状态。如：眼睛，高兴时“眉开眼笑”，悲伤时“两眼无光”，气愤时“怒目而视”，恐惧时“目瞪口呆”；眉毛，展眉欢颜、蹙眉愁苦、扬眉得意、低眉慈悲、横眉冷对、竖眉愤怒；口部，嘴角上提为笑，下挂为气，憎恨时咬牙切齿，恐惧时张口结舌。

（2）姿势语言：是指通过四肢与躯体的变化来表现人的各种情绪状态，可分为身体表情和手势表情。如身体表情，人在不同的情绪状态下，身体姿态会发生不同的变化，高兴时手舞足蹈，悔恨时捶胸顿足。手势表情是表达情绪的一种重要形式。研究发现手势表情是通过学习得来的，存在个体差异以及民族和团体差异。

（3）语音、语调：个体可通过音调、音速、音响的变化来表现各种情绪状态。如高兴时语调激昂，节奏轻快；悲哀时语调低沉，节奏缓慢，声音断续且高低差别很少；愤怒时语言生硬，态度凶狠。“怎么了?”表示疑问、生气或者惊讶等。据说美国一位女演员用悲调念 26 个英语字母，竟使听众落泪，而一个波兰喜剧演员用另一种语调念同样的 26 个字母，却把听众引得哄堂大笑。

（三）情绪的作用

（1）自我保护的功能：情绪是我们生活中必须的，每一种情绪都有其功能。

（2）人际沟通的功能：情绪在人际沟通中，起着非常重要的调节作用。

（3）信息传递的功能：情绪可以传递信息，也可以相互影响和传播。

（四）微表情

科学家早就发现人类脸部会透露出“微表情”（micro-expression），它通常只有 1/20 秒的时间，一般人用肉眼根本察觉不到，当事人自己也没有感觉。科学家们发现在各种“微表情”之中，“说谎”的表情特别容易被辨识出来。电视剧《千谎百计》中莱特曼博士无须确凿证据，无须测谎仪，甚至无须声音，只凭借表情的变化就可以判断一个人是否在说谎①。

三、情绪理论

对情绪的产生、表现，它和生理变化以及其他心理活动之间的关系，它对人的活动和人际关系的影响，乃至它的生理机制，心理学家给予了特别的关注。在心理学发展的过程中，产生过不少解释情绪的理论。从情绪理论发展的过程来看，比较重要的，对情绪的研究具有推动作用的情绪理论有以下几种：

（一）詹姆斯-兰格的情绪外周理论

美国心理学家詹姆斯（James W.）和丹麦生理学家兰格（Lange C. G.）分别于 1884 年和 1885 年提出了相同的情绪理论，后人称这种情绪理论为詹姆斯-兰格的情绪外周理论。

詹姆斯认为，情绪是对身体变化的知觉，即当外界刺激引起身体上的变化时，我们对这些变化的知觉便是情绪。按照他的说法，人并不是因为愁了才哭、生气了才打、怕了才发抖，而是相反，人是因为苦了才愁、因为动手打了才生气、因为发抖了才害怕。

兰格强调血液系统的变化和情绪发生的关系。他说植物神经系统的支配作用加强，血管扩张，结果便产生愉快的情绪；植物性神经系统活动减弱，血管收缩，器官痉挛，结果便产生恐怖的情绪。

詹姆斯和兰格都强调情绪与机体变化的关系，强调植物性神经系统在情绪发生中的作用，所以被称作情绪外周理论。这种理论虽然荒谬，也遭到了很多人的反对，但

---

① 米歇尔·N. 希奥塔，詹姆斯·W. 卡拉特. 情绪心理学（原著第三版）[M]. 周仁来，译. 北京：中国轻工业出版社，2021：75.

它强调了情绪和植物性神经系统活动的关系，引起了人们对情绪机制研究的广泛兴趣，对推动情绪机制的研究起到了重要的作用，所以在情绪心理学的发展中有一定的地位①。

（二）坎农-巴德的情绪丘脑理论

美国心理学家坎农（Cannon W. B.）反对詹姆斯-兰格的情绪外周理论，提出了很多质疑。坎农认为，情绪变化快而生理变化慢；同样的内脏器官活动的变化可以引起极不相同的情绪体验；切断动物内脏器官和中枢神经系统的联系，情绪反应并不会完全消失；用药物可以引起和某种情绪相同的身体变化，却并不产生相应的情绪变化。于是坎农在20世纪30年代提出了情绪的丘脑理论。坎农认为，情绪的生理机制不在外周，而在中枢神经系统的丘脑。外界刺激作用于感觉器官，引起神经冲动，经感觉神经传至丘脑，激发情绪的刺激由丘脑进行加工，丘脑所产生的神经冲动向上传至大脑皮层，引起情绪的主观体验；向下传至交感神经系统，引起机体的生理变化，所以，身体变化和情绪体验是同时发生的。

坎农的理论得到巴德（Bard P.）的支持和发展，故后人将这一理论称为坎农-巴德的情绪丘脑理论。坎农、巴德发现了丘脑在情绪发生中的作用，驳斥了詹姆斯-兰格的情绪外周理论，提出了情绪的中枢理论，是对情绪理论的发展。但是这一理论忽视了外因变化的意义，也忽视了大脑皮层对情绪发生的作用，也是有缺陷的。

（三）沙赫特的情绪认知理论

美国心理学家沙赫特（Schachter S.）提出，任何一种情绪的产生，都是外界环境刺激、机体的生理变化和对外界环境刺激的认识过程三者相互作用的结果，而认知过程又起着决定性作用。

1962年，他和辛格（Singer J.）共同设计了一个实验：把被试者分为几组，除一组是控制组外，另外三组都是实验组。他们给所有被试注射药物，告诉被试者注射的是维生素，目的是考察它对视觉的影响。但控制组注射的是生理盐水，实验组注射的是肾上腺素。三个实验组被试的生理变化是相同的，但告知三组被试的内容不同，分为正确告知组、未告知组和误告知组。三组被试对生理变化的认知是不同的。主试观察他们在愉快和愤怒两种不同的情景下的表现会有什么不同。结果发现，由于实验组被试对生理变化的认知不同，他们所产生的情绪体验也有很大的区别。正确告知组的被试和控制组的被试反应相同，他们不受生理变化的影响。另外两个实验组的被试情绪却受到很大的影响。这说明，生理变化在情绪的发生中肯定会出现，但对情绪体验来说却不是决定性的，决定性的因素是个体对外界刺激和对身体变化的认知。沙赫特将认知因素纳入到对情绪发生的解释，这对情绪的认识又是一个进步。

（四）汤姆金斯和伊扎德的情绪动机-分化理论

汤姆金斯（Tomkins S.）和伊扎德（Izard C. E.）在20世纪60年代提出，情绪并不是伴随着其他心理活动产生的一种副现象，而是一种独立的心理过程。情绪有其独特的机制，并在人的心理活动中起着适应环境的独特作用。这种观点构成了情绪理论的

---

① 聂振伟. 大学心理［M］. 北京：中国人民大学出版社，2009：134.

另一大的派别，即情绪动机-分化理论①。

汤姆金斯直接把情绪看作是动机。他认为，内驱力的信号需要通过一种放大的媒介，才能激发身体去行动，而情绪正是起着这种放大作用的心理过程。不仅如此，情绪本身可以离开内驱力的信号而起到动机的作用。

伊扎德进一步指出，情绪的主观成分，即体验就是动机作用的心理机构，各种情绪体验是驱动身体采取行动的动机力量。伊扎德还认为，情绪是新皮质发展的产物，随着新皮质体积的增长和功能的分化，情绪的种类不断增加，面部肌肉的分化也越来越精细。情绪的分化是生命进化过程的产物，只有情绪分化了，才使得情绪具有了多种多样的适应功能，也只有这样，情绪在生存和适应中才起到了核心的作用。

四、认识几种情绪状态

情绪状态（emotional state）是个体在情绪过程中显现出的身体变化及自觉或不自觉的意识状态，具有持续性、外显性、情境性和个体性等特点。其中较典型的情绪状态有情调、心境、激情和应激等。

（一）情调

情调（feeling tone）是一种伴随着感觉而产生的情绪状态。例如，我们在感知到红橙黄绿、酸甜苦辣、冷热痛痒、气味香臭、光线明暗、乐音噪音等的同时，往往也体验到某种情绪。这种情调是伴随着感觉的，似乎感受物本身就带有特殊的情感负荷。当我们说“甜蜜的嗓音”“凄怆的夜晚”“愤怒的波涛”“厌恶的气味”等的时候，这里人所感知到的“嗓音”“夜晚”“波涛”“气味”都带有一种特殊的情感色调。颜色不仅给我们提供了各种感觉信息，而且涉及我们的情感体验。不同文化传统的人们的颜色情调既相同，又有不同。例如，德国人认为纯红色表现崇高性、尊严性和严肃性，黄色是一种愉快的、软绵绵的和迷人的颜色，绿色给人以“真正的满足”，红色中加入蓝色会显得“令人难以忍受”。青少年觉得红色表示非常兴奋、活跃，橙色表示快乐、温和，黄色表示明亮、愉快，绿色表示安静、沉着，蓝色表示忧郁、悲伤，紫色表示焦虑、不满意，黑色则与深深的苦闷、颓废联系在一起。张耀翔（1948）的研究表明，中国人的颜色情调特点是：红为喜色，使人兴奋；黄色能使人兴高采烈；绿为凉色，绿在我国为一种羞辱颜色；黑使人烦闷、丧气等。黄希庭等（1991）针对 5 089 名大学生的研究表明：颜色情调既受文化传统的影响，也受个人心理结构的影响；我国多数人的颜色情调是，红色表示兴奋、喜悦，橙色表示愉快、兴奋，黄色表示愉快、舒适，绿色表示舒适、愉快，蓝色表示沉静、舒适，紫色表示厌恶、忧郁，黑色表示悲哀、厌恶、恐惧。此外，情调不仅因刺激的性质和强度而异，而且受个人所受教育特点、年龄和性别等的影响。

（二）心境

心境（mood）是一种比较微弱、持久、具有渲染性的情绪状态。俗语说，“人逢喜事精神爽”，这时被喜事所引起的愉快心情按其强度来说并不强烈，但这种情绪状态

---

① 黄敏儿，郭德俊. 伊扎德情绪理论的生物社会取向［J］. 首都师范大学学报（社会科学版），2000（1）：109-113.

并不在事过之后立即消失，往往会持续一段时间。一般的情绪反应持续时间短则几秒钟，长则几小时，但一种心境可以持续多个小时，甚至很多天。在这段时间里，这种愉快、喜悦的心情仍影响着人的各方面的行为。在他看来，仿佛周围的一切事物都染上了快乐的色彩。相反，心境忧伤的人，在这段时间里所看到的周围的一切都带有忧伤的色彩。心境不同于其他情绪状态的显著特点是：它不具有特定的对象性，即不针对任何特定事物。它是一种带渲染性的情绪状态。

人的心境跟生物节律有着密切关系。当体温处于一天中的低点时，人也倾向于感到情绪低落；当体温处于高峰时，即使一夜没睡觉，你也可能有一个积极的心境。另外，心境还表现出周期性。对于那些正常上班或上学的人来说，星期一是他们心境的最低点。与周末相比，人们在工作日的心境的确要差一些。人的心境表现出七天一个周期的起伏变化。对于大多数学生来说，最低点在星期一或星期二，而最高点在星期五或星期六。换言之，心境的变化与一周的作息表有关。心境对人的生活、工作、学习、健康有很大的影响。积极向上、乐观的心境，可以提高人的活动效率，增强信心，使人对未来充满希望，有益于健康；消极悲观的心境，会降低认知活动效率，使人丧失信心和希望，经常处于焦虑状态，有损于健康。人的世界观、理想和信念决定着心境的基本倾向，对心境有着重要的调节作用①。

（三）激情

激情（intense emotion）是一种短暂的、爆发式的情绪状态。如果说情绪是心理的波浪，那么激情就是暴风骤雨。激情状态下，人往往出现“意识狭窄”现象，即认识活动的范围缩小，理智分析能力受到抑制，自我控制能力减弱，进而使人的行为失去控制，甚至做出一些鲁莽的行为或动作。例如，盛怒时，拍案大叫，暴跳如雷；狂喜时，捧腹大笑，手舞足蹈；绝望时，心灰意冷，麻木不仁。激情通常是由强烈的欲望和明显的刺激引起的②。生活中的重大事件，如对立意向的冲突、失恋、受人侮辱、突然的危险情景等都会引起激情。其生理机制是皮质下神经中枢的兴奋失去了大脑皮质的控制和调节，皮下神经节和间脑的活动占了优势。这时人很难克制强烈的愤怒感、绝望感、喜悦感以及极度的悲痛感。所以，激情总伴有机体状态的剧烈变化和明显的表情动作，有时甚至发生痉挛。

我们要善于控制自己的激情，做自己情绪的主人。培养坚强的意志品质，提高自我控制的能力可以达到这个目的。然而激情并不总是消极的。我国发射卫星成功时的兴高采烈，我国运动员在国际比赛中取得金牌时的欣喜若狂，在这些激情中包含着强烈的爱国主义情感，是激励人上进的强大动力。

（四）应激

应激（stress）是指人对某种意外的环境刺激所做出的适应性反应。例如，人们遇到某种意外危险或面临某种突然事件时，必须集中自己的智慧和经验，动员自己的全部力量，迅速做出选择，采取有效行动，此时人的身心处于高度紧张状态，即为应激状态。例如，飞机在飞行中，发动机突然发生故障，驾驶员紧急与地面联系着陆；正

① 黄希庭. 普通心理学［M］. 北京：人民教育出版社，2005：45.
② 林崇德. 发展心理学［M］. 北京：人民教育出版社，2018：47.

常行驶的汽车意外遇到故障时，司机紧急刹车；战士排除定时炸弹时的紧张而又小心的行为；等等。在这些情况下，人们所产生的一种特殊紧张的情绪体验，就是应激状态。应激的概念是由加拿大内分泌学家塞里（H. Selye）在1936年发表的《各种伤害作用引起的综合征》中提出的[①]。他认为，适应外部环境是有机体维持生命所必需的反应，在危急状态下的应激反应会导致适应性疾病。现代科学已经证明，人在各种紧张刺激的影响下会导致一系列激素分泌的增加，引起人体全身性反应。这种反应持续一定时间就会产生全身性适应综合征。实验证明，由生物学因素造成的疾病（如癌症）对应激环境中的动物有更大的威胁。这是因为应激状态降低了有机体内自动免疫系统的工作效率，削弱了该系统识别和排除成长着的癌细胞的能力（Ader，1981；Keehn 1986）。

在应激状态下，人会产生一系列的生理反应变化、情绪体验和心理反应。其生理反应大致如下：当紧张刺激作用于人脑时，下丘脑发生兴奋，肾上腺髓质释放肾上腺素和去甲肾上腺素，从而增加通向脑、心脏、骨骼肌等的血流量，提高机体对紧张刺激的警戒能力和感受能力，增强能量，作出适应性反应。个体在产生这些生理变化的同时往往还伴有焦虑、烦躁、恐惧、情绪波动、好激动、发脾气，也有自卑、自罪、害羞等情绪体验。由于精神紧张，一些人常表现为注意力不集中、思维中断、记忆不佳，对外界事物过于敏感和难以作出决策等。应激影响健康的研究，已受到学者们的高度重视。

五、合理情绪疗法

合理情绪疗法（rational-emotive therapy，RET）是美国著名心理学家阿尔伯特·艾利斯（Albert Ellis）于20世纪50年代首创的一种心理治疗理论和方法，它在许多著作中也被译作“理性情绪疗法”。顾名思义，这种方法旨在通过纯理性分析和逻辑思辨的途径，改变求助者的非理性观念，以帮助他们解决情绪上和行为上的问题。这种理论强调情绪的来源是个体的想法和观念，个体可以通过改变这些因素来改变情绪。该理论认为，使人们难过和痛苦的，不是事件本身，而是对事情的不正确解释和评价。事情本身无所谓好坏，但当人们赋予它自己的偏好、欲望和评价时，便有可能产生各种无谓的烦恼和困扰。如果某个人有正确的观念，他就可能愉快地生活，否则，错误的思想及与现实不符的看法就容易使人产生情绪困扰。因此只有通过理性分析和逻辑思辨，改变情绪困扰的不合理观念，并建立起合理的，正确的理性观念，才能帮助人们克服自身的情绪问题，以合理的人生观来创造生活，并以此来维护心理健康，促进人格的全面发展。合理情绪疗法的基本理论主要是ABC理论[②]，这一理论又是建立在艾利斯对人的基本看法之上的。

艾利斯对人的本性的看法可归纳为以下四点：

（1）人既可以是有理性的、合理的，也可以是无理性的、不合理的。当人们按照

---

① SELYE H. A syndrome produced by diverse nocuous agents [J]. Nature，1936，138（3479）：32.

② 段兴华，张星杰，侯再芳. 理性情绪疗法的理论及应用 [J]. 内蒙古农业大学学报（社会科学版），2003（3）：100-102.

理性去思维、去行动时，他们就会很愉快、富有竞争精神，且行动有成效。

（2）情绪是伴随人们的思维而产生的，情绪上或心理上的困扰是由于不合理的、不合逻辑的思维所造成的。

（3）人具有一种生物学和社会学的倾向性，倾向于其存有理性的合理思维和无理性的不合理思维。即任何人都不可避免地具有或多或少的不合理思维与信念。

（4）人是有语言的动物，思维借助于语言而进行，不断地用内化语言重复某种不合理的信念，这将导致无法排解的情绪困扰。

为此，艾利斯宣称，人的情绪不是由某一诱发性事件的本身所引起，而是由经历了这一事件的人对这一事件的解释和评价所引起的。比如：两个人一起在街上闲逛，迎面碰到他们的领导，但对方没有与他们招呼，径直走过去了。这两个人中的一个对此是这样想的："他可能正在想别的事情，没有注意到我们。即使是看到我们而没理睬，也可能有什么特殊的原因。"而另一个人却可能有不同的想法："是不是上次顶撞了他一句，他就故意不理我了，下一步可能就要故意找我的岔子了。"两种不同的想法就会导致两种不同的情绪和行为反应。前者可能觉得无所谓，该干什么仍继续干自己的；而后者可能忧心忡忡，以至无法冷静下来干好自己的工作。从这个简单的例子可以看出，人的情绪及行为反应与人们对事物的想法、看法有直接关系。在这些想法和看法背后，有着人们对一类事物的共同看法，这就是信念。这两个人的信念，前者在合理情绪疗法中称之为合理的信念，而后者则被称为不合理的信念。合理的信念会引起人们对事物适当、适度的情绪和行为反应；而不合理的信念则相反，往往会导致不适当的情绪和行为反应。当人们坚持某些不合理的信念，长期处于不良的情绪状态之中时，最终将导致情绪障碍的产生。

简而言之，合理情绪疗法的主要目标就是减低求助者各种不良的情绪体验，使他们在治疗结束后能带着最少的焦虑、抑郁（自责倾向）和敌意（责他倾向）去生活，进而帮助他拥有一个较现实、较理性、较宽容的人生哲学。这个目标包含了两层含义：一方面是针对求助者症状的改变，即尽可能地减少不合理信念所造成的情绪困扰与不良行为的后果，这称为不完美目标；另一方面是着眼于使求助者产生更长远、更深刻的变化。它不仅要帮助求助者消除所有症状，而且也要尽可能帮助他们减少其情绪困扰和行为障碍在以后生活中出现的倾向性，这称为完美目标。这一目标的关键在于帮助求助者改变他们生活哲学中的非理性成分，并学会现实、合理的思维方式。

【知识窗】

情绪 ABC 理论

情绪 ABC 理论是由美国心理学家艾利斯创建的。该理论认为激发事件 A（activating event）只是引发情绪和行为后果 C（consequence）的间接原因，而引起 C 的直接原因则是个体对激发事件 A 的认知和评价而产生的信念 B（belief），即人的消极情绪和行为障碍结果（C），不是由于某一激发事件（A）直接引发的，而是由于经受这一事件的个体对它不正确的认知和评价所产生的错误信念（B）所直接引起的。错误信念也称为非理性信念。

具体来说，A（antecedent）指事情的前因，C（consequence）指事情的后果，有前因必有后果，但是有同样的前因A，产生了不一样的后果C1和C2。这是因为从前因到结果之间，一定会透过一座桥梁B（belief），这座桥梁就是信念和我们对情境的评价与解释。又因为，同一情境之下（A），不同的人的理念以及评价与解释不同（B1和B2），所以会得到不同结果（C1和C2）。因此，事情发生的一切根源来自我们的信念、评价与解释。

情绪ABC理论的创始者艾利斯认为：正是由于我们常有的一些不合理的信念，我们才会产生情绪困扰。如果这些不合理的信念久而久之，还会引起情绪障碍。情绪ABC理论中：A表示诱发性事件；B表示个体针对此诱发性事件产生的一些信念，即对这件事的一些看法、解释；C表示自己产生的情绪和行为的结果。通常人们会认为诱发事件A直接导致了人的情绪和行为结果C，发生了什么事就引起了什么情绪体验。然而，你有没有发现同样一件事，对不同的人，会引起不同的情绪体验。同样是报考英语六级，结果两个人都没过。一个人无所谓，而另一个人却伤心欲绝。为什么？就是诱发事件A与情绪、行为结果C之间还有个对诱发事件A的看法、解释的B在作怪。一个人可能认为：这次考试只是试一试，考不过也没关系，下次可以再来。另一个人可能说：我精心准备了那么长时间，竟然没过，是不是我太笨了，我还有什么用啊，人家会怎么评价我。于是不同的B带来的C大相径庭。

下面我们来看看不合理观念有哪些特征：

绝对化的要求。这是指人们常常以自己的意愿为出发点，认为某事物必定发生或不发生的想法。它常常表现为将“希望”“想要”等绝对化为“必须”“应该”或“一定要”等。例如，“我必须成功”“别人必须对我好”，等等。这种绝对化的要求之所以不合理，是因为每一客观事物都有其自身的发展规律，不可能依个人的意志为转移。对于某个人来说，他不可能在每一件事上都获得成功，他周围的人或事物的表现及发展也不会依他的意愿来改变。因此，当某些事物的发展与其对事物的绝对化要求相悖时，他就会感到难以接受和适应，从而极易陷入情绪困扰之中。

过分概况化。这是一种以偏概全的不合理思维方式的表现，它常常把“有时”“某些”过分概括化为“总是”“所有”等。用艾利斯的话来说，这就好像凭一本书的封面来判定它的好坏一样。它具体体现在人们对自己或他人的不合理评价上，典型特征是以某一件或某几件事来评价自身或他人的整体价值。例如，有些人遭受一些失败后，就会认为自己“一无是处、毫无价值”，这种片面的自我否定往往导致自卑自弃、自罪自责等不良情绪。而这种评价一旦指向他人，他就会一味地指责别人，产生怨愤、敌意等消极情绪。我们应该认识到，“金无足赤，人无完人”，每个人都有犯错误的可能性。

糟糕至极。这种观念认为如果一件不好的事情发生，那将是非常可怕和糟糕的。例如，“我没考上大学，一切都完了”“我没当上处长，不会有前途了”。这种想法是非理性的，因为对任何一件事情来说，都会有比之更坏的情况发生，所以没有一件事情可被定义为糟糕至极。但如果一个人坚持这种“糟糕”观时，那么当他遇到他所谓的百分之百糟糕的事时，他就会陷入不良的情绪体验之中，从而一蹶不振。因此，在日常生活和工作中，当遭遇各种失败和挫折时，我们要想避免情绪失调，就应多检查一下自己的大脑，看是否存在一些“绝对化要求”“过分概括化”和“糟糕至极”等不合理想法，如有，就要有意识地用合理观念取而代之。

第二节 大学生常见的情绪困扰和调节

【案例链接】

2023 年 12 月 6 日，上午 10 时 13 分，一名身穿黑衣的枪手闯入美国田纳西州纳什维尔市的一所小学。警方在接到报警后迅速赶往现场，与枪手交火，并将其击毙。据悉，这位枪手名为奥德蕾·伊丽莎白·黑尔，28 岁，曾是该校的学生。她携带至少两支攻击性步枪和一把手枪行凶。此次事件造成 3 名儿童和 3 名教职工遇难，均为 9 岁的儿童和 60 岁以上的教职工。这起悲剧的背后，是枪手对现实生活的极度失望和不满，以及对网络虚拟世界的沉迷。她曾在校园内接受教育，但在后来的生活中可能感到孤独和痛苦，这些情绪在网络世界中得到了暂时的缓解。然而，这种逃避现实的方式并没有解决她的心理问题，反而加剧了她的心理扭曲，最终导致了这场悲剧的发生。网络虚拟世界虽然可以提供短暂的快乐，但不能替代现实生活中的真实交流和支持。沉迷于网络之中的看似快乐生活的背后，是自己内心的孤独和痛苦，以及给他人带来的巨大灾难！

当前，人们日益关注心理健康问题。近年来，在校学生的抑郁、自杀问题频频见诸报端。每每看到这样的消息，都不禁让人感觉内心戚戚，很久难以平复，为那些学生们感到惋惜的同时，也很难理解，究竟是什么原因让那些风华正茂的学子们痛苦不堪，难以自拔，甚至想要放弃或剥夺自己和他人宝贵的生命？这的确应该是这个时代、这个社会需要深思的问题，更是心理工作者需要不断探索的问题。

笔者在接触一些大学生或是中学生的时候，很喜欢和他们谈论一些关于人生的话题，想知道在他们的生活中，最重要的事是什么，他们所向往的生活又是怎样。虽然处在相似的生存环境中，学生们对生活的理解和期望却大相径庭。

“我的生活中唯一重要的事就是好好学习，考所好大学，以后找个好的工作。”

“我希望以后能挣大钱，有很多钱才能做很多自己喜欢的事，才能让家人过得幸福。”

“我觉得不论在哪儿生活都很痛苦，也许我可以躲到一个没有人打扰的地方去生活。”

“我讨厌学习，我想早些工作，那样就可以摆脱痛苦的学习生活。”

令人惊讶的是，众多的答案中，反映能够享受生活乐趣的人并不多。在“挨过苦”的大人眼中，现在的学生，大多不愁吃穿，无忧无虑，只要认真学习就好，应该非常幸福，但是在他们自己的眼中，答案却远不是这么简单。曾在网络上看到，华师大附属中学高一年级的几名学生对本年级的同学进行了一个“幸福指数”调查，结果显示：

在0~100分的幸福感自评中，有六成学生给了自己80分以下，而他们最不满意的方面是“自己”。

另一项对大学生生活满意感的调查研究显示：大学生们对生活非常满意的占0%，满意的占6.8%，稍微满意的占16.2%，态度模糊不清楚的占7.1%，稍微不满意的占29.6%，不满意的占30%，非常不满意的占10.4%。上述数据也表明有30%左右的大学生对自己的生活总体上持满意或肯定的态度，而有接近70%的大学生对自己的生活的满意程度较低，处于中等偏下水平。

不论是对中学生还是对大学生的调查与了解，都显示出同样的特点，那就是大多数学生并不认为自己的生活是幸福的，他们对自己生活的满意程度与生活水平的不断提高之间似乎没有太大的关系，这个结果的确是与人们的期望背道而驰的。如果父母们希望通过自己的不断努力，让孩子可以衣食无忧地享受学习生活，而现实却告诉我们，那些孩子们在享受这种物质生活的时候其实并不幸福，那父母们又该做何选择呢？学生们以为只要学习好就会有好的工作和幸福的生活，但如果在现实生活中那些学习的佼佼者们未能如愿以偿，而那些学习上总是落于人后的学生们无论怎样努力也做不到“笨鸟先飞”的时候，那他们又该做何选择呢？

每个人在成长过程中都会或多或少地经历困难、挫折的考验，有时会对生活感到厌倦，甚至感到痛苦。我们的工作人员在日常心理咨询工作中发现，很多人会时常感受到低落情绪的困扰，生活中出现的各种负面因素都会或多或少吞噬人们对幸福的感受。

以上案例向我们展示了生活的几个侧面，其实我们在生活中也会感到内心的痛苦与无助。可以看出，如果我们在生活中某一方面体会的快乐太少，那么与之相关的活动便会变成很痛苦的事情。那是因为快乐是人发展的重要动力之一。学生们只有在学习与成长中体会到快乐，他们才会继续下去，才会产生出学习与成长的内在动机。若他们的快乐在一点点耗尽，那么他们学习和成长的动力也在一点点枯萎。我们该怎样来应对生活中的不良情绪呢，我们先看看大学生常见的情绪困扰。

一、大学生常见的情绪困扰

（一）焦虑

焦虑是一种紧张、害怕、担忧、焦急混合交织的情绪体验，当人们在面临威胁或预料到某种不良后果时，便会产生这种体验。焦虑是人处于应激状态时的正常反应，适度的焦虑可以唤起人的警觉、使人集中注意力、激发斗志，是有利的。例如考试对大学生而言，是一种紧张刺激，因而引起焦虑反应是正常的。教育心理学的研究表明：中等程度的焦虑最有利于考生水平和能力的发挥，而过高的焦虑或无焦虑则不利于考生能力的正常发挥。所以说，只有不适当的高焦虑才会影响大学生的学习和生活，对身心健康造成不利影响。被焦虑感困扰的大学生内心感到紧张、着急、惶恐害怕、心烦意乱，注意力难以集中，思维迟钝，记忆力减弱，同时常常伴有头痛、心律不齐、失眠、食欲不振及胃肠不适等身体反应。

引发大学生产生焦虑情绪并深受其困扰的原因主要来自社会、学校和个人三方面。

第一是社会因素。现代社会正处在变革期，生活节奏不断加快，竞争日趋激烈，信息量急剧膨胀，人们的思想观念、心理和行为受到巨大冲击，大学生也不例外，加之其人生观尚未稳固形成，心理发展尚未完全成熟，前途未定，因而更容易产生困惑、迷惘、紧张、焦虑和无所适从感。此外，社会上的不正之风也对大学生产生了一定的消极影响，一些大学生担心“毕业即失业”，十分焦虑。

第二是学校因素。教育体制的改革使“60 分万岁”成为历史，现在的考试成绩往往与大学生的升学、就业等紧密联系。面对激烈的竞争、繁重的学习任务、门类众多的考试，许多大学生感到紧张、担忧、焦急。一些大学生还因害怕考试失败影响前途、担心准备不足、对成绩过分看重等原因，形成考试焦虑，在考试前忧虑紧张，在考试中怯场，甚至平时也陷入焦虑感中无法自拔。另外在人际交往和性心理、生理方面的错误认识，也是大学生陷入焦虑困扰的重要原因。

第三是个性因素。研究表明，具有谨小慎微、优柔寡断、依赖性强、对困难过分估计、常自怨自责等个性特征的大学生更易产生焦虑感。

要减轻或避免焦虑困扰，大学生可从以下三方面进行自我调节：

（1）放下包袱、轻松上路。易为焦虑感困扰的大学生，常常在头脑中固守着许多不恰当的观念和想法，而且深信不疑，结果使自己像负重行路一样，疲惫不堪。比如认为自己决不能失败或认为一旦发生了某件事（退学、失恋）就全完了等。类似的观念和想法使得他们过分注重事件的成败结果，对可能产生的后果无限夸大，心理压力太大。因此大学生要先丢开或改变这些观念，放下包袱，才能放松心情、轻松上路。

（2）当机立断、积极行动。对于正面临选择的大学生来说，解除焦虑感的最好办法是衡量利弊得失后当断则断，不再犹疑。尤其是一些个性优柔寡断的大学生，在作出决定或选择时，往往瞻前顾后、举棋不定，甚至一拖再拖，以求暂时逃避，但实际上问题并没有解决，而且随时间推移，内心越加焦急、忧虑，对身心的影响也越大。因此大学生在面临选择和困难时，应勇敢正视、积极行动，并认识到每一种选择都有得有失，在行动中体会战胜自我、克服困难的快乐和自信。

（3）动静结合、身心放松。身心放松可以使人心境安宁、平静，排除各种不良情绪如烦恼、紧张、忧虑等的干扰，从而减轻和消除焦虑感。身心放松有多种方式，大学生可以采用动静结合、一张一弛的办法，即把进行适量的体育锻炼和冥想、音乐等静态调节方式结合起来，既在运动中释放出紧张的情绪，使人身心舒畅、精神焕发，又通过冥想放松、音乐调节平静心情，排除杂念，从而达到解除焦虑、有益身心的目的。

（二）激动易怒

愤怒是由于客观事物与主观愿望相违背，或愿望一再受阻、无法实现时产生的激烈的情绪反应，程度可以从不满、生气、愠怒、激愤到暴怒，特别是当人们认为他所遭受的挫折是不公正、不合理的，或是被恶意造成时，最易产生愤怒情绪。愤怒对人的身心有极为不利的影响，会导致个体心律失常、心悸、失眠、高血压、胃溃疡等躯体疾病。愤怒还会使人的自制力减弱或丧失，不能正确评价自己行为的意义和后果，做出不理智的冲动行为，如打架斗殴、毁损物品等。

大学生正处在身心急剧发展、情感丰富强烈、情绪波动起伏大的青年期，他们精力充沛、血气方刚，与其他同龄人相比，显得更为自尊、敏感和好强、好胜，因而容易在外界刺激下激起愤怒情绪，或出口伤人，或挥拳相向，待怒气发作过后，看着自己造成的恶果，又懊悔不已。有些大学生容易动怒是因为存在一些错误的认识，如认为发怒可以威慑别人，使人尊重自己；发怒是男子汉气概的体现；发怒可以维护自己的利益或尊严；等等。此外，不良的家庭环境和教育、个性修养方面的缺陷以及先天气质类型也是一些大学生激动易怒的重要原因。如胆汁质的大学生就更具有冲动、易怒的情绪特征；自我评价偏高、鲁莽、冲动、强壮的大学生也容易发怒。要克服激动易怒的不良情绪，大学生应该：

（1）加强修养、开阔心胸。大学生应认识到发怒并不能解决任何问题，只会激化矛盾和招来别人的敌意和厌恶，只有加强自身修养，以开阔的胸襟宽容体谅他人，不对小事斤斤计较，才能得到别人的信任、尊重和理解，并建立真诚的友谊。

（2）冷静克制。大学生在与人发生矛盾冲突，即将动怒时，要用理智和意志控制冲动的情绪，尽量缓解或避免怒气发作。这时大学生可以暂时离开使自己动怒的环境，待回来后往往就时过境迁，风平浪静了，此时就可以冷静地解决问题了。大学生还可进行自我暗示，如在情绪激动时心中默念："要冷静、别发火"，或在床头壁上贴上"制怒""三思而行"等条幅，以时刻提醒自己。

（3）合理疏泄。心理卫生学认为，对不良情绪如愤怒等，如果一味克制、压抑，不加以疏泄，同样不利于身心健康，因此大学生要学会通过适宜途径合理疏导不良情绪，这十分重要。大学生可以采用与人交谈、写书信、记日记等方式缓解愤怒情绪，还可以在情绪激动时进行剧烈的体育活动或喊叫以宣泄愤怒，但是，无论是哪种方式，都要适时适度，既不能影响他人，也不能损害自身，更不可危害社会。

（三）压抑苦闷

压抑是当情绪和情感被过分克制约束，不能适度表达和宣泄时所产生的内心体验，它混合着不满、苦闷、烦恼、空虚、困惑、寂寞等诸多情绪。有的时候，人们知道自己在压抑什么，但更多的人常常感到一种压抑感，却不知压抑来自何方，更不知如何消除压抑。处在压抑、苦闷状态中的大学生常常精神萎靡不振，缺少青年人应有的朝气和活力，对生活失去兴趣，不愿主动与人交往，感觉迟钝、容易疲劳，不满和牢骚多。长期严重的压抑会诱发高血压、冠心病、消化道溃疡等疾病，极易导致心理障碍。

青年大学生思想活跃、兴趣广泛、精力充沛，无不渴望体验丰富多彩的大学生活，但现实中的生活却是繁重的课程、激烈的竞争、沉重的考试压力和单调枯燥的业余生活，大学生丰富的文化生活需要得不到满足，因而其会感到乏味、压抑。大学生在自身心理、生理和社会性发展中的矛盾性特点，也是他们易产生苦闷、压抑情绪的重要原因。例如，一方面他们强烈地希望与人交往，得到理解和友谊，体验爱情的甜蜜；另一方面，由于自我评价不当、认识错误、缺乏交往能力等原因，他们又在交往中畏缩不前甚至自闭自锁，感情无处寄托，体验到郁闷、痛苦、压抑。又如因性欲望、性冲动被社会规范约束而产生的压抑感，等等。此外，大学生受不良社会风气和现象的冲击而产生的困惑、迷惘，以及个性上的缺陷，如固执、刻板、退缩、过分敏感等，都易使其产生情绪困扰，若不及时调适、宣泄，长期累积便会形成压抑。

时时感到苦闷压抑的大学生，首先要尽量做到客观理智地分析自己的现状及情绪，找出造成压抑的根本原因，同时也可以在知心朋友的帮助下一起分析，然后针对问题，找出相应的解决办法。如有的大学生感到压抑是因为在交往中过于注重对方的感觉和需要，以对方为中心，不敢大胆说出自己的不同意见和真实想法，以为这样才能维护友谊，结果自己感到十分压抑，这种情况就要先纠正错误认识，认知到人际交往是一个相互满足内心需要的过程，既要注意相互谦让，又要注意保持自己的个性，达到互相补充、共同发展，友谊才能历久弥坚，然后在交往实践中逐步学习表达自己的不同意见和看法，增强自信，体验到交往的乐趣。再如有的大学生因生活单调乏味，缺少变化而感到无聊、压抑，针对这种状况其就要注意培养广泛的兴趣和爱好，积极参加各种活动，如参加文学社、集邮协会、青年志愿者协会等，这样可以充实生活、丰富思想、陶冶情操，从而消除压抑感。其次，适当宣泄是减少或消除压抑感的有效途径。培根曾说过，如果你把快乐告诉给一个朋友，你将得到两份快乐；而如果你把忧愁向一个朋友倾诉，你将分掉一半忧愁。所以你在感到内心压抑苦闷时，不妨向亲朋好友倾吐心中的忧愁和不愉快，或者以日记、书信的方式来疏散郁闷情绪。坚持进行体育锻炼也是一种行之有效的方法，它可令大学生身体强健、精神饱满、心情愉快，充满朝气和活力，一扫萎靡不振的精神状态。此外，在不影响他人的情况下，适度表达自己的喜怒哀乐之情，对于消除压抑感也很必要。

（四）抑郁消沉

抑郁是一种持续时间较长的低落消沉的情绪体验，处于抑郁状态中的大学生，看到的一切仿佛都笼罩着一层暗淡的灰色，对什么事都提不起兴趣，常常感到精力不足、注意力难集中、思维迟钝，同时伴有痛苦、羞愧、自怨自责、悲伤忧郁的情绪体验，自我评价偏低，对前途悲观失望。

长期处在抑郁情绪状态，会使大学生的学习、工作和生活受到极大影响。情绪抑郁消沉的大学生往往对学习、交往和活动失去热情和动力，体验不到生活的乐趣，学习效率大大降低。由于自我估价偏低，其常常自怨自责，认为自己无能无用，愧对父母师友，对生活失去信心，甚至产生自杀的念头和行为。持久的严重抑郁情绪还可能导致抑郁性神经症、肿瘤、胃溃疡、结肠炎等多种身心疾病。

由于大学生的心理和社会性发展不成熟，因而其在遇到挫折时，往往认为对不该发生偏又落到自己头上的事难以接受，在对社会、他人和自我进行评价时，容易片面化、极端化，如把生活看成非黑即白、非好即坏，且多看其消极、黑暗面，因而极易陷入悲观沮丧、情绪低落的抑郁状态中。遭受重大不幸事件和灾难，如亲人亡故、罹患重病，或者家境贫困、负担过重以及长期努力却不能得到相应回报，也是导致抑郁情绪的原因。此外，性格内向、敏感多疑、依赖性强、易悲观的大学生较其他同学更易陷入抑郁情绪。

被抑郁情绪困扰的大学生可从以下方面入手，进行自我调适：

（1）纠正偏误、端正认识。大学生要找出并纠正自身持有的一些偏见和误识，如挫折和不幸是不该发生的，我决不能失败等，要做好承受挫折的心理准备，并把困难和不幸视为生活的磨砺、成长的契机，认识到世上没有绝对化的事物，光明之处必有阴影，要多看光明面，相信自己有能力闯出困境，到达成功的彼岸。

（2）重新评价、悦纳自我。自我评价过低是大学生自卑、消沉的主要原因之一，因此，心境抑郁的大学生需要对自己重新进行评价，不要以己之短比人之长，要尽可能客观地把自身的优缺点一一列出，尤其多发掘自己的优点和长处，然后经常在心中默想或大声念诵，利用自我暗示的神奇力量增强自信心和自尊心。对于自身的缺点和不足，可以改进和完善的，则进一步努力；而属于不可改变的，如家庭、相貌等，就坦然接受，然后尽量在其他方面加以补偿，失之东隅，收之桑榆。大学生只有正确地进行自我评价，才能实现自我接受和自我悦纳；只有肯定和喜爱自己的人，才能充满热情地拥抱生活。这里要特别谈谈，怎样接受自己、悦纳自我：

第一，要正视自己的缺点。不论自认为有多少缺点和不足，做了多少傻事、坏事或蠢事，从现在起，都停止对自己的挑剔和责备，要学习为自己辩护，维护生命的尊严和价值。如果一个人能够正视并且接纳自己的弱点，那就意味着他不但正确地认识到了自身的局限性，同时也停止了对自己的不满和批判。这可以使我们不把时间浪费在自责和沮丧上，而是集中精力去发掘自己的优势，或者增强自身的能力，这样就可以少走弯路。

第二，正视自己的负性情绪。我们每个人都或多或少有一定的负性情绪，如嫉妒、恐惧、紧张、生气、愤怒……如果我们产生了负性情绪，不要去压抑、否认或掩饰它，更不要责备自己，苛求自己。我们要先坦然地承认并且接纳自己的负性情绪，不论它是沮丧、愤怒、焦虑还是敌意。因为负性情绪是生命中合情合理的部分，例如，不小心扭伤了脚，我们会感到疼痛；孩子夭折，我们会感到痛苦；当受到威胁时，我们会感觉恐惧；有人离开时，我们会感觉悲伤。这就是生活，是合情合理的痛苦。基本的人类情绪，如恐惧、愤怒、悲痛等，自有它们重要的存在目的：它们保护我们，提醒我们对现状要有所警觉：恐惧驱使我们对潜在的危险格外小心谨慎，愤怒激起我们的勇气，悲痛促使我们反思生命的意义。它们是促使我们改变现状的先决条件。如果一个人不为自己的成绩差而沮丧，他就不会想努力学习；如果一个人不为和别人的矛盾而苦恼，他就不知道自己的人际交往方式需要调节。所以，我们不要怕产生负性情绪，也不要否认或逃避，首先要接纳它，然后再想办法解决引起负性情绪的问题。有位同学谈起曾经困扰她很久的一件事：她上初中时，外婆病重，她每周都去看望外婆。有一个周末，她因为作业实在太多，没有去看外婆，打算下周多陪老人家一会儿。没想到，外婆就在那周去世了。这么些年，她一直都不能原谅自己，这件事成了她心中挥之不去的阴影，她陷入了深深的自责之中：自己的父母忙于工作，从小就是被外婆照顾，可是连外婆病重自己都没有去看望，也没有见到外婆最后一面。可是，接受关于自我接纳的训练后，她好像一下子就想通了。她觉得："既然再怎样自责都无济于事，那么我就争取不再犯类似的错误，重要的还是做好现在。其实从那以后，我只要有空就会在家陪伴父母，或者去看奶奶，把时间花在有意义的事情上。"

第三，无条件接纳自己。无条件的接纳是心理咨询中"以人为中心"理论中非常重要的一点，它强调咨询师应该对来访者无条件地积极接纳。其实，在日常生活中，我们每个人也应该无条件地积极接纳自己。绝大多数人从小就受到各种有条件的限制，或者父母、学校严格的管束，致使很多人以为只有具备某种条件，如漂亮的外表、优秀的学习成绩、过人的专长、出色的业绩等，才能获得被自己和他人接纳的资格，于是，很多人背上了自卑的包袱。由于曾经被他人挑剔，他们也就逐渐习惯于用挑剔的目光看待自己，无法接纳自己。在这里，我们提倡的无条件接纳自己就是，不管我们外表如何——美丽、平凡，甚至是丑陋，不管我们能力如何——过人、平庸还是低人一等，不管我们性格如何——被人喜欢的，不被人喜欢的，等等，这些都是我们的一部分，所有这些构成了这样一个独特的我。我就是这样的一个人，我接受这样的自己，不带批判，没有是非对错。

（3）积极交往、参加活动。良好的人际交往、和谐的人际关系是大学生消除抑郁感的重要途径。大学生要增强交往的主动性，改变孤僻、退缩的行为方式，主动与同学微笑、致意并简短交谈，多关心帮助他人，积极参加各种文体娱乐活动，融入集体的愉快气氛中，同时选择几位知心朋友深交下去，在互帮互助、友爱关心中感受友谊的珍贵和生活的美好。

（五）冷漠

冷漠是一种对外界刺激漠不关心、冷淡、退让的消极情绪体验。处在青年期的大学生正是感情丰富、兴趣广泛、情感体验深刻强烈的时期，但有些大学生的表现却与这一特点明显不符合，他们对学习应付了事、缺乏兴趣，对成绩高低也不甚在意，对集体和同学态度冷淡，大多独来独往，十分孤僻，整天昏昏欲睡，对一切都仿佛无动于衷。冷漠状态对大学生的身心危害极大，它往往是个体压抑内心愤懑情绪的一种表现，他们表面冷漠，内心却备受痛苦、孤独、寂寞、不满和愤恨的煎熬，有强烈的压抑感。由于没有宣泄途径，巨大的心理能量无法释放，这样会破坏其心理平衡，导致各种疾病和心理障碍。

冷漠是个体受到挫折后的一种消极的情绪反应，它通常在个体不堪承受挫折压力，攻击行为无效或无法实施，又看不到改变境遇的可能时产生；长期反复遭受同一挫折却又无力改变，即长期的努力得不到相应回报时，个体也会用退让、逃避、冷淡的方式进行自我保护，产生冷漠反应。家庭环境也是影响大学生情绪与情感发展的重要因素，如从小缺乏父母的关心爱护、与家人关系冷淡疏远、家庭矛盾尖锐、气氛紧张等因素也易阻碍大学生情绪与情感的良好发展，使其产生冷漠情绪。另外，性格内向、固执、心胸狭隘、思维方式片面的大学生更易在挫折打击下产生冷漠反应。

首先，大学生要充分认识到冷漠情绪状态对身心健康和个人发展的危害，因而不能听之任之，而是要积极行动起来，分析自己产生冷漠反应的原因，找出症结所在并勇敢地面对它；其次，要认识到生活中总会有挫折和不幸，但不能就此失去热情和希望，现在的生活和将来的生活都是属于自己的，要认真负责地对待；最后，对现在正在做的每一件事，都要聚精会神、全神贯注地去做、去体验、去感受，克服原先被动、逃避的不良习惯，积极投身于各种活动之中，打开闭锁的心灵，在友谊的暖流中融化冷漠的坚冰，发展广泛的兴趣，从中体验到生活的丰富多彩。我们只要有改变现状的愿望和行动，就一定能摆脱冷漠感的困扰，重新扬起充满朝气和热情的笑脸。

（六）虚荣嫉妒

嫉妒是因为自己的社会尊重需要未得到满足而产生的不良情绪，是一种企图缩小和消除与他人的差距，恢复原有平衡关系的消极手段。它包含着焦虑、忧惧、悲哀、失望、愤怒、敌意、憎恨、羡慕、羞耻等不愉快情绪，是一种错综复杂的情绪体验。嫉妒是大学生中普遍存在的不良情绪，表现为看到他人的才华、能力、品行、荣誉甚至相貌、衣着等超过自己时，感到恼怒、痛苦、愤愤不平，当别人遭到不幸和灾难时则幸灾乐祸，言语上讥讽嘲笑、行动上冷淡疏远，甚至在人后恶语诋毁、中伤，蓄意打击报复。严重的嫉妒感是一种极不健康的心态，它使人的心灵扭曲变形，使美好的情感被抹杀，是一种情绪障碍。嫉妒还是影响大学生人际交往的重要因素之一。嫉妒心重的大学生，唯恐别人在学习和其他方面超过自己，会用别人的失败作为自己心灵的安慰，因此其是不会也不愿真正关心帮助他人、真诚地与人交往的。由于嫉妒情绪有明显的指向性和发泄性，嫉妒者往往会在背后打击嫉妒对象，这必然会造成隔阂与敌对，严重危害良好交往。如历史上孙膑致残、韩非被杀，就是同门师兄弟嫉贤妒能、暗中陷害所致。

不良的个性因素是产生嫉妒心理的重要原因。其主要有以下三种：

（1）虚荣心过强。大学生大都争强好胜，有较强的自尊心，希望在学习、社会实践、文体活动等各个方面得到赞赏和尊重，这是正常的需要。但如果过分注重外在的荣誉、名望和赞美，不考虑自身的现实情况和能力局限，甚至以不适当的手段去满足自尊心，就成为虚荣了。虚荣心过强的大学生，看到他人超过自己时，认为是对自己的威胁，是自己的失败，就会产生强烈的嫉妒感。

（2）自私狭隘。好嫉妒的大学生多具有心胸狭隘、自私自利、斤斤计较的不良个性。他们把自己同别人对立起来，以自我为中心，容不得他人的成功和幸福，担心这会有损于自身的名利，尤其是看到原先与自己起点相同、年龄相当的同学超过自己时，便会受到强烈的刺激，心理失去平衡，嫉妒感便油然而生。

（3）认知偏差。自我认识上的偏差也是一些大学生产生嫉妒情绪的原因，如认为自己一定要在各方面都比别人强，否则就是失败者；认为别人的成功是对自己的挑战和威胁，不能容忍；认为现代社会提倡竞争，竞争就是要不择手段，达到目的就行，等等。

虚荣心强、好嫉妒的大学生可从以下三个方面进行自我调适：

（1）贵在自知。俗话说：人贵有自知之明，的确，能够清醒、准确地了解自己的人是难能可贵的。大学生对自己也应有一个正确的评价，既要看到自己的优势、长处，也要知道自己的不足和缺点，然后找出自身与竞争对手之间的差距；要明白“尺有所短、寸有所长”的道理，即每个人都既有长处又有弱点，想事事不落人后、样样不逊于人是不可能的，只有善于吸收别人的长处，克服自己的缺点，扬长避短，充分发挥潜力，才能赢得属于自己的辉煌和成功。

（2）合理转化。大学生要正确对待竞争，将消极的嫉妒情绪转化为发奋进取、积极向上的动力。嫉妒别人是一种不服输、不甘落后的好胜心的体现，但如果一味羡慕嫉恨他人的成就，甚至打击报复，只会害人害己。因此，好嫉妒的大学生在羡慕他人的成功、荣誉时，应该对自己说：他行我也行，然后发奋努力，逐步缩小差距，化消极情绪为积极动力。

（3）充实生活。培根曾经说：嫉妒是一种四处游荡的情欲，能享受它的只能是闲人；每一个埋头于自己事业的人，是没有功夫去嫉妒别人的。因此，大学生应把精力集中在专业知识、技能学习上，同时积极参加各类有益身心的活动，如体育比赛、文艺演出、集邮、摄影、旅游、社会实践等；要培养广泛的兴趣，使生活充实愉快，在学习、工作和生活中不断丰富知识、发展能力、完善个性、陶冶情操。这样就能告别嫉妒心理，与同学朋友携手并进，共同发展。

二、善于调节情绪

（一）学会改变

（1）改变认知：改变对情境的认知解释和评价，将消极的想法转变为积极的观点。例如，将考试失败视为学习和成长的机会，而不是能力的不足。

（2）改变环境：创造一个支持性的学习环境和建立有效的社会支持网络，如与同学、朋友或家人建立良好关系，他们可以提供情感支持、鼓励和必要的帮助。

（3）改变行为：通过阅读书籍、参加讲座、参加心理辅导等方式，学习情绪管理的知识和技巧，并在日常生活中不断实践和提高。

（4）改变目标：为自己设定合理目标，实现目标后给予自己奖励，激励自己积极面对生活和学习中的挑战。

（二）掌握技术

（1）自我意识：认识并理解自己的情绪，识别情绪的来源，这是有效管理情绪的第一步。

（2）接受情绪：不要抵抗或否定自己的情绪，而是尝试接受和理解它们。了解情绪是短暂的，并允许它们存在，这样你就可以释放出更多的心理空间来处理其他事务。

（3）调控注意：通过改变注意力的焦点，从负面情绪转移到积极的事物上，可以帮助改变情绪状态。

（4）平衡自我：学会接受自己的弱点和错误，减少因小失误而产生的焦虑和紧张情绪。

（5）积极行动：采取积极的行动来改变触发你情绪的外部环境。例如，如果你感到沮丧，你可以试着与朋友交流或参加一些愉快的活动。

【知识窗】

酸葡萄效应与甜柠檬效应

酸葡萄效应（sour grapes effect）源自伊索寓言中的故事。这个故事讲述了一只狐狸想吃到高高挂着的葡萄，但无论如何也够不着。最后，狐狸安慰自己说葡萄是酸的，不值得吃。在心理学中，这个效应指的是当一个人无法得到自己想要的东西时，为了减轻失望感和保护自尊，就会贬低那个无法得到的东西的价值。

甜柠檬效应（sweet lemon effect），与酸葡萄效应相对，描述的是当一个人得到了不是特别理想的结果时，为了心理上的平衡和满足，会提高这个结果的价值，给自己心理上的安慰。例如，如果一个人没有考上理想的大学，却考上了一所中专，他可能会说中专更好，因为学习年限短，花费低，可以早点工作赚钱。

这两种效应都是人们用来应对挫折和保护自我价值感的心理策略。它们帮助人们适应现实，减少心理上的痛苦，但如果过度使用，可能会妨碍个人追求真正重要的目标。在面对挑战和失败时，认识到这些心理机制的存在，可以帮助我们更加理性地评估情况，并寻找更积极的应对策略。

（三）情绪调节“四不原则”

1. 不责备原则

责备只会引起新的矛盾。正确做法：澄清事实、表达感受、说出期望。

2. 不逃避原则

面对情绪，不要逃避，而是尝试留在现场，用数颜色法或其他方法恢复平静，然后理性地处理问题。逃避的部分体现：网络成瘾。正确处理方式：直面问题，解决问题。

3. 不遗忘原则

遗忘记等于牢记会成为隐忧，如同“定时炸弹”。正确处理方式：不要强迫自己去遗忘那些不愉快和痛苦的人与事，直面痛苦，或交由时间去处理。

4. 不委曲求全原则

不能充当烂好人，事事委屈自己成全别人。正确处理方式：在不伤害别人的情况下表达自己的感受，达到双赢。

三、情绪调节的具体方法

深呼吸法：深呼吸是一种有效的情绪管理技巧。通过深呼吸，我们可以帮助减缓心跳，放松身体，从而减轻紧张和焦虑的情绪。具体做法：找一个安静的地方，闭起眼睛，全身放松地站着深呼吸，同时默数“1-2-3”，吸气要深、满，吐气要慢、匀。

扮怪脸法：对着镜子扮各种各样的“鬼”脸，歪嘴扭唇、抬鼻斜眼都可以。这一方面可以放松面部肌肉，另一方面可以转移自己的注意力。

精神胜利法：告诉自己，“我就是最优秀的，如果我都不行，那么别人肯定也不行。”

临场活动法：科学研究表明，紧张情绪会使人体内产生大量的热能，而原地走动、小跑、摇摆和踢腿等活动可以释放消极情绪产生的热量，缓解消极情绪。

数颜色法：感到愤怒或焦虑时，我们可以尝试数颜色法。这种方法通过转移注意力到周围的颜色上，帮助大脑恢复理智性思考，从而使情绪冷静。

消遣法：夸张、逗趣的漫画，悠扬的音乐，让人爆笑的影视作品都可以使人心情开朗、情绪高涨，重新充满优越感，恢复自信心。我们可以多和那些喜欢幽默又爱说笑话的朋友接触。与他们在一起，幽默的话语不绝于耳，一个个笑话让人心中充满欢悦。有时你还能从笑声中得到不少人生的感悟。

自我暗示法：告诉自己，“我准备得很充分，一定可以成功”“紧张和担心都是无谓的，毫无意义”等。

联想法：回想那些自己曾经取得的成功，想象那些令人惬意的景象，比如蓝天、白云、微风和流水等。

系统脱敏法：将自己想要达到的效果、害怕承受的后果一一列在白纸上，然后将它们按照程度深浅进行排序。接着从程度最浅的开始，对害怕的后果，告诉自己“即使那样，天也不会塌”；对自己期望达到的，告诉自己“即使不能，像现在这样也不差”。

记录法：记情绪日记，记录每天的情绪变化，分析情绪的触发因素，这有助于我们更好地理解和控制情绪。

【心灵点悟】

前两天跟一个朋友吃饭，他一开口，最近的一些心情状态就宣泄而出。

他说："我最近真是烦透了。那天一早开车出门，眼看着别人都是绿灯，就只有我是一路红灯，走到哪儿红灯就跟到哪儿，真是够倒霉的！"

他继续说："中午出去买自助餐，结果大排长龙，好不容易快轮到我了，这时居然有个人冒出来插队，公理何在？于是我站出来，狠狠修理了他一顿。"

他还没说完："晚上跟朋友吃饭，吃完后要拿停车券去盖免费章，结果服务员说我们消费少于40元，因此不能盖章，气得我当场敲桌子大骂。"

他说了半天还没说完："晚上回到家，一进门太太就唠叨，小孩又哭又叫，连在家也不能清静。好不容易挨到睡觉时间，终于可以结束这令人难耐的一天，没想到一上床，床头柜的灯怎么也熄不灭，我这下可是受够了，把拖鞋一把抓起，往灯泡那儿重重甩去，这才结束了抓狂的一天。"

——听起来的确够惨！

不知道你是不是也觉得，最近比较烦、比较烦、比较烦呢，就像周华健那首歌的心情一般。而且只要一早开始不太顺心的话，往往接下来一天就毁了。

为什么会如此呢？这是因为，负面情绪是有累加效果的。

也就是说，每多一个小挫折，就会让我们的抗压功力多打一个折扣。因为当我们遭遇不顺心，而心情跟着烦躁起来时，身体内与压力相关的激素也会随之异常分泌，因此会影响到我们接下来的挫折忍受度，就好像温度直线上升的热水，越烧越接近沸腾点。

这也就说明了为何一大早出了些状况后，原本可能要到"烦人指数"十分的事才会惹急我们，但这下只要再出现个"烦人指数"三分的状况，我们就会轰然一声，开始发疯，而无辜的旁人就倒霉啦！

正因情绪有如煮开水的累加效果，所以在生活中我们必须审慎处理每一个压力状况，以免"小不爽，则乱大谋"。

而改变这种状况的有效做法，则是在负面心情一开始加热时，就能主动地意识到"有状况了"，然后告诉自己，快快关火，以免越烧越旺，一发不可收拾。

事实上，当你能够觉察到出现这种状况时，你就已经关掉了一半的火力了，接下来心情自然不易失控。

为了避免让烦躁的情绪像煮开水那样越煮越热，防患未然的工作就显得特别重要。我们不妨准备一些调整心情的口头禅，在自己情绪快要沸腾时，赶快把这些自制的心情口诀拿出来提醒自己。跟你分享我自己的心情口诀："心情最重要，别的死不了。"如果今天碰到了有些怪的人，或发生了令人不耐烦的事，就赶紧在心里暗念这句口诀，重复几次之后，烦躁不安的情绪就能得到缓解。此外，研究也发现，重复想着同一念头，会让意念集中，从而减少焦虑不安。

以下的心理座右铭和大家共勉：

我们无法改变人生，但可以改变人生观！
我们无法改变环境，但可以改变心境！
我们不能改变容貌，但可以展现笑容！
我们不能控制他人，但可以控制自己！
我们不能预知明天，但可以利用今天！
我们不会样样顺利，但可以事事尽力！

参考文献

[1] 米歇尔·N. 希奥塔，詹姆斯·W. 卡拉特. 情绪心理学（原著第三版）[M]. 周仁来，译. 北京：中国轻工业出版社，2021.

[2] JERRY M BURGER. 人格心理学 [M]. 7 版. 陈会昌，译. 北京：中国轻工业出版社，2012：131.

[3] 乔建中，高四新. 普拉契克的情绪进化理论 [J]. 心理学报，1991（4）：433-440.

[4] 聂振伟. 大学心理 [M]. 北京：中国人民大学出版社，2009-7：134.

[5] 黄敏儿，郭德俊. 伊扎德情绪理论的生物社会取向 [J]. 首都师范大学学报（社会科学版），2000（1）：109-113.

[6] 黄希庭. 普通心理学 [M]. 北京：人民教育出版社，2005：45.

[7] 林崇德. 发展心理学 [M]. 北京：人民教育出版社，2018：47.

[8] SELYE H. A syndrome produced by diverse nocuous agents [J]. Nature，1936，138（3479）：32.

[9] 段兴华，张星杰，侯再芳. 理性情绪疗法的理论及应用 [J]. 内蒙古农业大学学报（社会科学版），2003（3）：100-102.

第六章 探寻人际的密码
——大学生人际关系与交往

第一节 人际交往概述

一、人际关系与人际交往

中国古代有管鲍之交、知音之交、刎颈之交、舍命之交、胶漆之交、鸡黍之交、忘年之交和生死之交的“八拜之交”说法，每一种“交”都包含着一种深厚的情绪情感，体现了人际交往的复杂性。

那么，什么是人际交往呢？人际交往是一种动态的表述，是指人在社会中与他人进行交流和互动的过程。这个过程不仅包括语言交流、肢体语言、眼神接触等面对面的形式，还包括通过电话、邮件、社交媒体等现代通信手段进行的互动。它强调的是一个人在与他人打交道的过程中交流信息和分享经验的能力。

那什么又是人际关系呢？人际关系是一种静态的表述，是指人与人之间的相互联系和影响，包括亲情、友情、同学关系等。它是一种复杂且多维度的关系网络，涵盖了情感、信任、尊重、支持等多个方面。人际关系对个人的心理健康和社会功能有重要影响，良好的人际关系能够提供情感支持、增强自尊、促进个人成长，反之，不良的人际关系可能导致孤独、焦虑和抑郁。

人际交往是人际关系建立和维持的基础。人际关系强调了我们与他人之间联结的本质，而人际交往则专注于我们如何通过各种方式与他人进行有效沟通和互动。换句话说，人际关系是我们与他人之间情感和联结的总和，而人际交往是我们在日常生活中维持和加强这些关系的具体行为。

大学生是正在接受基础高等教育和专业高等教育，即将走入社会的群体，是未来国家建设的中坚力量，肩负着国家民族未来发展的希望，是人生发展的重要阶段。大学时期是大学生正确世界观、人生观、价值观形成的重要时期。对于大学生来说，人际交往的概念有广义和狭义之分。广义的人际交往指大学生和与之有关的一切人的相互作用过程。狭义的人际交往指大学生在校期间和周围与之有关的个体或群体的相处及交往，是大学生之间以及大学生与他人之间沟通信息、交流思想、表达感情和协调行为的互动过程。

大学生的人际交往和一般的人际交往不同，和中学时代更是有明显的区别。这是由大学生人际交往的特点决定的：不同的地域、家庭背景和文化背景，不同的兴趣爱好、性格特点和价值观念，使得大学生的人际交往呈现出多元化和广泛性的特点。相较于中学时期，大学生在人际交往中更加注重自主性和平等性，更倾向于主动寻求交往对象，建立平等、尊重的关系；大学生正处于青春期后期，情感需求强烈，渴望与他人建立深厚的友谊和亲密关系、更注重情感交流和情感支持。随着大学生活的不断推进，大学生的人际交往方式也会不断地发生变化。一些人可能会成为亲密的朋友，而另一些人则可能逐渐疏远，还有些同学通过参加各种活动、加入社团等方式拓展自己的人际网络。

大学人际交往对个体的成长和发展具有深远的影响，但并不像大部分同学所想的那样总是一帆风顺。大学生们在人际交往过程中尊重和理解彼此的差异，通过真诚的交流和互动，建立深厚的友谊关系，但是也可能因为个体的性格和价值观差异，在交往过程中出现矛盾和冲突，打破平凡的友谊信任关系。

【案例链接】

案例 1

小张是一名大一新生，对摄影有着浓厚的兴趣。入学后，他加入了学校的摄影社团，希望通过社团平台提升自己的摄影技能，并结识志同道合的伙伴。

小张加入社团后，发现社团里有很多学长学姐，他们都已经有一定的摄影基础和实践经验。初次见面时，小张显得有些紧张，但他鼓起勇气向大家介绍了自己，并表达了自己对摄影的热爱和学习的决心。不久后，社团组织了一次摄影比赛，小张和几位学长学姐组成了一个小组。在准备比赛的过程中，小张遇到了很多困难，比如对摄影器材的不熟悉、对拍摄技巧的生疏等。但他没有放弃，而是主动向学长学姐请教，并积极参与讨论和策划。通过团队协作，他逐渐克服了困难，也学到了很多实用的摄影技巧和知识。比赛结束后，小张和团队成员们一起庆祝，分享了彼此的喜悦和感慨。在这个过程中，小张感受到了团队的力量和温暖，也结识了几位非常投缘的伙伴。他们不仅在摄影方面互相学习和帮助，还在日常生活中成为了无话不谈的朋友。随着时间的推移，小张和社团伙伴们的感情越来越深厚，他们一起参加了更多的活动和比赛，共同见证了彼此的成长和进步。在这个过程中，小张不仅提升了自己的摄影技能，还学会了如何与他人合作、如何面对困难和挑战等宝贵的人生经验。

案例 2

小李是一名大二学生，性格内向，不太善于与人交流。她刚入学时，由于不熟悉校园环境和同学，常常感到孤独和无助。她的宿舍是四人间，其他三位室友性格各异，但都比较外向，善于交际。小李因为性格内向，不太主动与室友交流，导致室友们对她有一些误解。室友们经常一起出去聚餐、游玩，但很少邀请小李，这让她感到更加被孤立。有时因为生活习惯的差异，小李与室友之间还会发生一些小摩擦。一次，小李生病了，需要卧床休息。室友们轮流照顾她，送水喂饭，这让她感到非常温暖。在这个过程中，小李逐渐敞开心扉，与室友们分享了自己的想法和感受。室友们也开始理解小李的性格和处境，对她的态度有了明显的转变。小李开始主动参与宿舍的集体活动，如聚餐、唱歌等，与室友们的交流逐渐增多。室友们也开始关心小李的学习和生活，经常给予她帮助和支持。通过这些互动，小李的性格逐渐变得开朗起来，她的人际关系也得到了显著改善。

论语有云：益者三友，损者三友。友直、友谅、友多闻，益矣；友便辟、友善柔、友便佞，损矣。孔子根据朋友的道德修养和节操作风，将朋友分为益友和损友。大学生在与人交往的过程中，要提高自己的辨别能力，端正自己的交友目的，分清善恶，亲近益友，远离损友。大学生朋友们也要意识到，人际交往是一个不断发展的过程，是一个复杂而重要的过程，需要不断地学习和实践，形成自己的价值观，完善自己的人际交往模式。同时大学生要注意学习人际交往技巧、学会处理冲突，逐步形成健康、和谐的人际交往方式，为未来的学习生活和职业发展打下坚实的基础。

【课堂之外】

大学生人际交往能力测评①

以下题目描述了大学生在特定情境下的人际交往。备选答案有5个，请逐条仔细阅读每个题项的描述，选出符合你自身情况的一个答案。需要说明的是，有些题项可能是你经历过的，请根据你的经验回答；还有些题项对你而言可能是陌生的，那么请选择你认为自己最有可能采用的一种应对方式。

按照选项进行计分。1~5表示你能做到的程度，其中，“1”表示完全做不到；“2”表示勉强可以尝试去做；“3”表示能做，不过有些困难；“4”表示比较擅长并且处理妥当；“5”表示非常擅长并且完成得出色。

1. 邀请陌生同学参加舞会。
2. 告诉亲密的人，他（她）对待你的某种方式让你觉得不舒服。
3. 与刚刚结识的人闲聊时，谈及自己的隐私。
4. 当与亲密的人产生重大分歧即将导致关系恶化时，你能主动承认个人过失、争取关系缓和。
5. 帮助亲密的人进行重大人生决策。
6. 愿意为那些你有好感的人做事或提出建议。
7. 熟人或异性朋友让你做你不想做的事情时，你会拒绝。
8. 对于新结识的朋友或异性朋友，也可以表现自己脆弱的一面。
9. 当与亲密的人发生争吵时，不会夹杂嫉妒情绪，而是就事论事。
10. 当亲密的人对自己倾诉苦恼时，能够耐心聆听。
11. 与你想要认识的陌生人主动谈话。
12. 拒绝亲密的人的不合理要求。
13. 告诉亲密的人一些使你自己感到羞耻的事。

---

① 倪佳琪. 新时代大学生人际交往指南［M］. 北京：科学出版社，2021：5-8.

14. 当与亲密的人产生矛盾时，也能够真诚地倾听对方的抱怨和不满，而不妄加猜测。

15. 当亲密的人为某些问题所困时，你能帮助他（她）找到问题的关键。

16. 与人初次交往时，你是一个有趣的、愿意分享的人。

17. 当你感觉自己被亲密的人忽视或不体谅时，你会捍卫自己的权利。

18. 让新的同伴逐渐认识真实的你。

19. 即使和亲密的人处在争执状态，也能听取对方意见并理解对方。

20. 帮助亲密的人解决他（她）与他（她）身边的人的关系问题。

21. 向你想要结识的人主动做自我介绍。

22. 当亲密的人正在做的事情让你感到难堪时，直接告诉他（她）。

23. 对亲密的人能做到百分百的信任。

24. 避免与亲密的人谈论那些可能引起分歧并导致争吵的话题。

25. 当亲密的人情绪低落时，你会耐心投入地去倾听他（她）的诉说。

26. 打电话给新的朋友，商定约会的时间。

27. 当亲密的人违背承诺时，你会当面质问他（她）。

28. 向你的同伴诉说那些曾令你焦虑或害怕的秘密。

29. 能够与亲密的人一起解决棘手的问题，而不是推卸责任。

30. 当亲密的人受到羞辱时，你能够鼓励并以实际行动支持他（她）。

31. 给那些你希望成为朋友或恋人的人留下好的第一印象。

32. 告诉亲密的人，他（她）做的某件事伤害了你。

33. 告诉亲密的人，你有多么欣赏和在乎他（她）。

34. 即使当你与亲密的人之间出现意见冲突时，你也能承认他（她）的观点有一定的合理之处。

35. 当亲密的人需要诉说时（话题可能是你不感兴趣的），你能够给予真诚的情感关注。

36. 参加陌生的舞会或聚会以发展新的人际关系。

37. 直接告诉亲密的人，他（她）做的事正激怒你。

38. 知道如何推进与异性朋友或熟人的谈话，使谈话真正促进互相了解。

39. 不对亲密的人发脾气，以免伤害彼此。

40. 当亲密的人需要帮助与支持时，你能够用他（她）乐于接受的方式提供帮扶。

计分规则：

“主动交往”维度得分：把第 1、6、11、16、21、26、31、36 共 8 道题的得分相加。

“适当拒绝”维度得分：把第 2、7、12、17、22、27、32、37 共 8 道题的得分相加。

“自我暴露”维度得分：把第 3、8、13、18、23、28、33、38 共 8 道题的得分相加。

“冲突管理”维度得分：把第 4、9、14、19、24、29、34、39 共 8 道题的得分相加。

"情感支持"维度得分：把第5、10、15、20、25、30、35、40共8道题的得分相加。

人际交往能力总分：把上述五个维度共计40道题的得分相加。

结果参考：

主动交往指的是大学生主动建立、自觉维护一段人际关系的能力，得分以24分为界，超过24分说明主动交往能力比较好，超过30分说明主动交往能力非常好。

适当拒绝指的是大学生在人际关系中可以保持相对独立性、敢于表达否定的能力，得分以24分为界，超过24分说明适当拒绝能力比较好，超过30分说明适当拒绝能力非常好。

自我暴露指的是大学生信任对方、并且可以有效地展现真实自我的能力，得分以24分为界，超过24分说明自我暴露能力比较好，超过30分说明自我暴露能力非常好。

冲突管理指的是大学生在人际关系中可以理性面对冲突并有技巧地解决矛盾的能力，得分以30分为界，超过30分说明冲突管理能力相当不错。

情感支持指的是大学生在需要的时候表达自己对对方的关心、理解、帮助等支持态度的能力，得分以30分为界，超过30分说明情感支持能力相当不错。

人际交往能力总分在120~140分为正常；超过140分说明人际交往能力比较高；低于120分则说明人际交往能力比较差，需要通过辅导和练习逐步提升。

二、人际理论与实践

（一）人际交往理论

1. 人际交往心理学理论

心理学家亚伯拉罕·马斯洛（Abraham H. Maslow）在对人类的动机进行探索的过程中提出了需求层次理论，该理论描述了人类成长的目标和阶段，强调人的成长动机是由人的需求决定。马斯洛将人的需求分为了五个层级（见图6-1），这五个层级就像金字塔一样地自下而上排列，通常来说，在较低层级的需求基本得到满足以后，人才会去追求较高层级的需求。

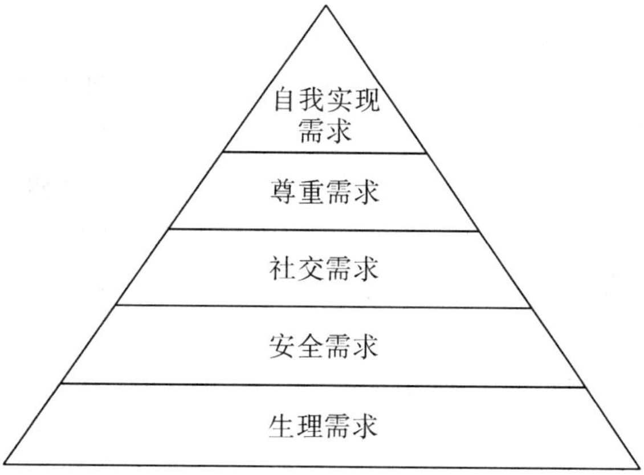

图6-1　马斯洛需求层次理论

第一层：生理需求。它是指人类维持自身生存的最基本要求，如食物、空气、水等，生理需求是推动人行动的最强大的动力。

第二层：安全需求。它是指人对安全、秩序、稳定及免除恐惧、威胁与痛苦的需求，包括身体安全、财产安全、健康保障和工作稳定等。

第三层：社交需求。它也叫作归属与爱的需求，这是人际关系中最直接和最重要的层面之一，指的是人需要与他人建立情感联系，以及隶属于某一群体并在群体中享有地位。每个人都是社会的一员，需要通过社交建立起亲情、友情、爱情等各种关系，从而获得归属感，感到被接纳和关爱。

第四层：尊重需求。它属于较高层次的需求，既包括对成就或自我价值的个人感觉，也包括他人对自己的认可与尊重，比如，成就、名声、地位和晋升机会等。

第五层：自我实现的需求。这是最高层次的需求，指人希望最大限度地发挥自身潜能，不断完善自己，完成与自己的能力相称的一切事情，实现自己理想的需求。

由此可见，从第三层到第五层的需求，都可能涉及人际关系和交往。比如，一个人的自尊心和自信心可以通过良好的人际关系得到增强，来自家庭、朋友、同事和社会的认可和尊重能极大地影响一个人的自我价值感；亲密的友谊、导师或工作伙伴可能会为个体提供支持、鼓励和灵感，帮助一个人实现他的目标和梦想。

2. 人际交往社会学理论

美国社会学家乔治·霍曼斯（George C. Homans）借用经济学、人类学以及心理学成果进行微观分析，提出了社会交换理论，从个体需要、心理动机即人的理性出发得出社会交换的实质，其实就是个人为获得报酬或者为减少惩罚而采取的理性行动。该理论强调社会互动过程是一种商品交换，包括物质商品交换和非物质商品交换。霍曼斯以报酬与代价的关系来理解人际交往，还提出社会交往的普遍规则：交往中得到的报酬与付出的代价基本相等，即公平原则。

（二）人际关系的发展

1. 人际关系的建立

目前比较公认的是奥尔特曼的四阶段论。他认为，根据交往双方的情感卷入水平、自我暴露水平的不同，良好的人际关系建立和发展需要经历四个阶段，分别为定向阶段、情感探索阶段、感情交流阶段和稳定交往阶段四个阶段。

（1）定向阶段。这是人际关系建立的最初阶段，主要涉及注意和选择交往对象，以及与交往对象进行初步沟通等心理活动和行为。在这个阶段，人们会根据自己的兴趣、需求和价值观来筛选潜在的交往对象，并尝试与对方建立初步的联系。定向阶段会在第一次见面时很快就完成。有经常的接触机会但有较强的自我防卫倾向的人，这一阶段要经过长时间的沟通才能完成。

（2）情感探索阶段。在此阶段，双方开始探索彼此在哪些方面可以建立情感联系。随着共同情感领域的发现，彼此沟通越来越广泛，但交往模式仍具有较大的正式性，双方仍比较注意自己表现的规范性，自我暴露的深度与广度也逐渐增加。话题仍避免触及别人私密性的领域，自我暴露也不涉及自己基本的方面。双方探索在哪些方面可以建立信任和真实的情感联系。

（3）感情交流阶段。当关系发展到此阶段时，双方的感情已经深化，彼此在生活和情感上的安全感与信任感得到确立。因此，交往内容开始涉及更多个人层面的话题，并有更深的情感卷入。交往的行为可以超出正式交往的范围，显示出融洽的自发交往关系。如果关系在这一阶段破裂，将会给人带来相当大的心理压力。

（4）稳定交往阶段。在这一阶段，双方的心理相容性进一步增强，自我表露更为广泛和深刻。关系变得更加稳定，双方能够共同面对生活中的挑战和困难。人们心理上的相容性会进一步增加，自我暴露也更加广泛深刻，可以允许对方进入自己高度私密性的个人领域，分享自己的生活空间和财产。心理上的相容性进一步增加，自我表露更为广泛和深刻。

人际关系的建立实际上是一个情感卷入和交往由浅入深的过程，但是在实际生活中，能够完全达到稳定交往阶段的人际关系是很少的，许多人同别人的关系仅仅在第三阶段的同一水平上简单重复。

2. 人际关系的破裂

和人际关系的建立一样，人际关系从交往到破裂也是有过程的，目前有观点认为是隔阂、疏远、回避、终止四个阶段，也有人认为是分歧、收敛、冷漠、逃避和终止五个阶段。根据人际冲突和内耗的性质和程度，我们把人际关系的破裂分为三个阶段：冷漠阶段、疏远阶段和终止阶段。

（1）冷漠阶段。它是指交往的一方把交往视为一种负担，在心理上形成一种压力，并伴随交往活动而产生一种痛苦的情绪体验。人际关系的恶化始于冷漠，此时人们不但对交往者持漠不关心的消极态度，严重时甚至表现为某种否定性的评价行为。如果人际关系出现了冷漠，一方或双方做出尝试性的沟通努力，积极化解双方的矛盾、冲突，人际关系可能会发生转机。

（2）疏远阶段。它是指交往者在痛苦情绪体验的基础上，进而产生一方对交往双方人际关系的厌恶反感情绪的时期。人际关系的恶化从冷漠开始，以疏远为形式具体表现出来，并渗透到人际交往的各个方面。在此阶段，一方故意不予理睬另一方，尽量避免接触，实在避免不了的场合，也是对其讽刺挖苦，与对方交往，极度不自然，脸部肌肉呆板，交际距离扩大等。在此阶段，双方的人际关系已经很难再维持下去了。

（3）终止阶段。结束彼此人际关系，使双方处于完全失去联系的时期。在这个阶段，交往者不仅把相互间的接触视为一种强加的额外负担，产生情绪上的烦恼和痛苦，而且在厌恶情绪下采取行动终止人际关系。这可能是自然而然形成的，但更多的是人为造成的，需要指出的是，某种人际关系的结束，并非都是有害的或者是不道德的，要具体问题具体分析①。

人际关系破裂是一个复杂且渐进的过程，在这个过程中，人际交往双方都需要承担一定的责任，需要反思自己的行为。为了保持人际关系的和谐，我们应该了解其建立以及破裂的过程，注重沟通、理解、信任和尊重，积极维护人际双方的关系。

① 彭贤，马千珉. 人际关系心理学［M］. 北京：清华大学出版社，2019：26-28.

【课堂之外】

人际关系综合诊断量表①

指导语：本量表共28个问题，每个问题做“是”（打“√”）或“否”（打“×”）回答，请你认真完成。

1. 关于自己的烦恼有口难言。 （ ）
2. 和陌生人见面时感觉不自然。 （ ）
3. 过分地羡慕和妒忌别人。 （ ）
4. 与异性交往太少。 （ ）
5. 对连续不断的会谈感到困难。 （ ）
6. 在社交场合感到紧张。 （ ）
7. 时常伤害别人。 （ ）
8. 与异性来往感觉不自然。 （ ）
9. 与一大群朋友在一起时，也常感到孤寂或失落。 （ ）
10. 极易受窘。 （ ）
11. 与别人不能和睦相处。 （ ）
12. 不知道与异性相处如何适可而止。 （ ）
13. 当不熟悉的人对自己倾诉他（她）的生平遭遇以求同情时，自己常感到不自在。 （ ）
14. 担心别人对自己有什么坏印象。 （ ）
15. 总是尽力使别人赏识自己。 （ ）
16. 暗自思慕异性。 （ ）
17. 时常避免表达自己的感受。 （ ）
18. 对自己的仪表（容貌）缺乏信心。 （ ）
19. 讨厌某人或被某人所讨厌。 （ ）
20. 瞧不起异性。 （ ）
21. 不能专注地倾听。 （ ）
22. 自己的烦恼无人可申诉。 （ ）
23. 受别人排斥与冷漠。 （ ）
24. 被异性瞧不起。 （ ）
25. 不能广泛地听取各种意见、看法。 （ ）
26. 自己常因受伤害而暗自伤心。 （ ）
27. 常被别人谈论、愚弄。 （ ）
28. 与异性交往不知如何更好地相处。 （ ）

计分表（见表6-1）：

表6-1 计分表

I	题目	1	5	9	13	17	21	25	小计
	分数								

① 郑日昌. 大学生心理诊断［M］. 济南：山东教育出版社，1999：339-344.

表6-1(续)

Ⅱ	题目	2	6	10	14	18	22	26	小计
	分数								
Ⅲ	题目	3	7	11	15	19	23	27	小计
	分数								
Ⅳ	题目	4	8	12	16	20	24	28	小计
	分数								
评分	标准	打“√”的给1分，打“×”的给0分							

结果参考：

0~8分：你在与朋友相处上的困扰较少。你善于交谈，性格比较开朗，主动，能关心别人，你对周围的朋友都比较好，愿意和他们在一起，他们也都喜欢你，你们相处得不错。而且，你能够从与朋友的相处中得到乐趣。你的生活是比较充实而且丰富多彩的，你与异性朋友也相处得比较好。一句话，你不存在或较少存在交友方面的困扰，你善于与朋友相处，人缘很好，获得许多的好感与赞同。

9~14分：你与朋友相处存在一定程度的困扰。你的人缘很一般，换句话说，你和朋友的关系并不牢固，时好时坏，经常处在一种起伏波动之中。

15~28分：你在同朋友相处上的行为困扰较严重，若分数超过20分，则表明你的人际关系困扰程度很严重，而且在心理上出现较为明显的障碍。你可能不善于交谈，也可能是一个性格孤僻的人，不开朗，或者有明显的自高自大、讨人嫌的行为。

第二节 大学里的人际关系

从踏入大学校门的那天起，大学生就开始进入全新的人际交往环境。广义上的大学生人际关系是大学生和与之有关的一切人所形成的社会关系。狭义上的大学生人际关系是学生在校学习期间和周围与之相关的个体或群体在交往过程中形成的社会关系①。大学生人际关系对大学生的日常生活、学习成长、心理健康、职业规划等都有非常大的影响。

一、宿舍关系

大学生宿舍关系是指在大学校园内，学生在宿舍生活中形成的人际关系。有调查显示，近72%的大学生认为在大学校园内活动时间最长的场所是宿舍，大学生平均每天待在宿舍的时间为12~16小时，除去睡觉、吃饭的时间外，大学生一天有5~6个小时会在宿舍度过。宿舍关系对大学生的学习生活、择业交友、人格塑造等各方面的发展都有着重要的影响②。

① 杨开华，石维富．大学生人际关系与沟通能力［M］．成都：西南交通大学出版社，2020：20-29.

② 龚荒．人际关系与沟通［M］．北京：人民邮电出版社，2022：87-91.

（一）宿舍关系常见问题

【案例链接】

在某大学的四人宿舍里，四位大学生来自不同地方、性格差异也大：小赵（北方男生，性格直爽）、小钱（南方男生，细心体贴）、小孙（本地男生，爱好广泛）和小李（少数民族学生，性格独立）。刚开始进入大学生活，四位室友都保持着友好和尊重的态度。他们互相介绍自己的家乡、风俗习惯和兴趣爱好，共同规划宿舍的卫生值日表和作息时间。在这个阶段，他们一起参加学校的各种活动，享受着彼此的陪伴和支持。随着时间的推移，四位室友之间的差异逐渐显露出来。小赵喜欢熬夜学习或打游戏，影响了小孙和小李的休息；小钱则对宿舍的卫生要求很高，经常因为室友的不注意而感到不满。此外，小李的少数民族饮食习惯也与其他人有所不同，引起了些许不便。一天晚上，小赵熬夜打游戏的声音过大，引起了小孙和小李的不满。他们试图与小赵沟通，但小赵认为自己有权利自由安排自己的时间。双方情绪激动，最终发生了争吵。此外，小钱也因为宿舍卫生问题与其他室友产生了矛盾。

这样的案例在大学校园中很常见，一般来说，其都会在辅导员、班委或者宿舍成员自己的协调下，通过沟通，理解彼此的差异和难处，找到解决问题的方法。但是这个案例也告诉我们，大学生宿舍生活中也可能出现各种矛盾和冲突。那么，宿舍关系中的常见问题有哪些呢?

1. 不良生活习惯产生的问题

笔者在平时和大学生们的接触中了解到，最多的矛盾点就是卫生习惯差异性问题，比如生活区脏乱差，东西乱扔，床铺异味，集体卫生偷懒等。还有些同学生活作息时间紊乱，深夜“电话粥”，聊天、打电脑游戏等。由不良生活习惯带来的宿舍矛盾是最常见的寝室问题。

2. 家庭经济差异产生的问题

有同学家庭优越，每月消费几千元，有的同学来自偏远地区，需要资助来保障基本生活。这两类同学在一起，经济条件较好的同学往往有一种优越感，以自我为中心，而家庭经济差的同学内心容易自卑敏感，很容易形成敌对战线。

3. 不良心理产生的问题

大学里很容易出现“光环消失”现象，中学里的佼佼者到了大学无人问津，容易产生心理失衡。还有一些同学外貌、能力、成绩特别突出，也会引起他人的妒忌和猜疑。涉及评奖评优、困难补助等经济利益时，有些同学也容易产生妒忌或者不平衡心态，影响宿舍的和谐相处。

4. 其他人际的问题

宿舍关系中还存在拉帮结派的小团体情况，孤立他人，导致寝室气氛压抑沉闷，形成寝室人际矛盾，或者过分依赖别人，学习、生活、业余消遣都要跟着别人，久而久之，随着厌烦情绪的累积，产生矛盾。还有的宿舍同学的专业、年级都不一样，加上性格差异等多种因素，从而导致缺乏交流和学习，也会对寝室人际关系产生一定影响。

（二）团结互助营造温馨之家

宿舍是大学生们最亲密的生活空间，各种矛盾和摩擦在所难免。如何才能把宿舍建设成团结互助的温馨小家庭？沟通和理解肯定是关键。我们建议：

1. 尊重差异与个性习惯

来自不同地区的同学有着不同的文化背景和习惯，在相处过程中，大学生们应该尊重彼此的文化差异，避免因为误解或偏见而产生矛盾，每个同学都有自己的生活习惯和性格特点，这也是很难改变的。尊重室友的差异和习惯，不随意侵犯他人的隐私，比如未经允许不翻动他人物品，不强求舍友改变自己的生活方式来适应自己，学会适应和包容，找到双方都能接受的平衡点。但是为了维护宿舍的秩序与和谐，大学生们可以设定一些共同规则，比如作息时间、卫生清洁、物品摆放等，通过共同遵守的规则，减少矛盾。

2. 换位思考与友好沟通

坦诚表达自己的想法和感受，并倾听对方的意见，从他人角度思考问题，可以增进彼此之间的了解和信任，从而找到解决问题的方法并达成和解。当宿舍中出现观念差异、心理失衡等带来的矛盾和问题时，大学生们应通过友好的方式进行沟通，避免使用带有攻击性的语言或行为，并尝试理解对方的立场和需求，共同寻找解决问题的办法。

3. 互帮互助与共同成长

日常学习生活中，大学生们肯定会遇到各种困难或问题。在这种情况下，相互帮助和支持是非常重要的，尤其是同一个宿舍的同学。无论是学习上还是生活上，大学生们应不拉帮结派、不组建小团体。宿舍成员间应互相分享资源和经验，共同成长。宿舍成员可以制定宿舍的集体目标，比如考研或者完成项目比赛等，可以交流个人规划，比如学习目标、近期规划等，共同营造开放和温馨的宿舍氛围。

4. 沟通技巧与心理品质

宿舍问题多种多样，有些矛盾是舍友间无法解决的，如果矛盾难以解决，我们可以寻求辅导员或其他班委等的帮助。同时大学生也要在宿舍交往中掌握和使用一些人际关系沟通技巧和培养一些成功交往心理品质。这些可以帮助大学生们在交往活动中增进彼此的沟通和了解，缩短心理距离，建立良好的人际关系。社交技巧多种多样，如增强人际吸引力、幽默、巧妙批评、语言艺术等。对于大学生来说，其还可以培养成功交往的心理品质，比如诚实守信、谦虚、谨慎、热情助人，尊重理解，宽宏豁达等。这些都有助于大学生取得较好的交往效果。

二、恋爱关系

大学恋爱关系是指在大学期间，两个人之间互相产生感情并进而成为恋人的关系。恋爱是青春期美好的回忆，但是有调查发现，当代大学生的恋爱越来越趋向低龄化，很多大学生一进大学校门就迫不及待地谈起了恋爱，当被问及“您谈恋爱最主要是出于什么动机”时，有的学生选择的是“弥补内心空虚，寻求精神寄托”；有的大学生选择的是“别人都谈恋爱了，我也不想落伍”，可见有不少大学生的恋爱动机是受从众心理驱使的；还有的大学生表示谈恋爱是为了证明自己有魅力或受欢迎。这些盲目性的恋爱观都是不可取的[①]。

（一）大学生恋爱关系常见问题

大学生恋爱容易导致的问题多种多样。其中较常见的问题有以下三个：

1. 价值观差异导致情感不稳定

大学生来自全国各地，家庭背景和价值观体系都存在差异，生活习惯、观念认知等方面的差异也难以调和，这些都可能会影响到恋爱关系的稳定性甚至导致矛盾和冲突。大学生处于人生观的形成期，情感容易波动，处理事情的方式也尚未稳定，可能会因为一点小事而争吵，加上大学生的生活节奏快，课程繁重，情侣之间可能会缺乏有效的沟通，导致误会和隔阂的产生，进而影响感情。大学生的经济来源来自于父母，恋爱中的经济压力也是问题，情侣可能会因为消费观念不同或者经济负担过重而产生矛盾。

大学生由于经验和阅历的限制，可能缺乏有效的沟通技巧和理解能力。这可能导致双方在恋爱关系中频繁发生误解和冲突，影响彼此的感情。比如一些大学生在恋爱中可能会过度依赖对方，失去自我，这种依赖关系可能导致他们在面对感情问题时缺乏应对能力。还比如有的同学对于喜欢和喜爱都很难区分开，对于恋爱的问题也是懵懵懂懂的。

【课堂之外】

小测试：Like or Love?[②]

指导语：下面有 11 句描述，你心里想着那个人，然后对符合的描述计 1 分，看看一共得多少分。

1. 这个人似乎总在我心里。
2. 如果这个人离开我，我会很失望。
3. 当我做了什么事使这个人幸福，我也会感到幸福。
4. 我想了解这个人的一切。
5. 当我看到这个人时，我会幸福得近乎发抖。
6. 跟任何人相比，我都更愿意跟这个人在一起。
7. 我喜欢研究这个人的运动项目。
8. 在我看来，这个人是最完美的恋爱对象。
9. 我希望这个人了解我，包括我的思想。
10. 如果我认为这个人爱上了别人，我会嫉妒。
11. 这个人在我眼前时，我热切地希望接触这个人，也希望这个人接触我。

结果参考：

以 6 分为界线，低于 6 分说明还属于友情的范畴；高于 6 分说明已经具备爱情的特征，分数越高，则爱情的性质越强烈。

---

① 杨开华，石维富. 大学生人际关系与沟通能力［M］. 成都：西南交通大学出版社，2020：73-79.

② 倪佳琪. 新时代大学生人际交往指南［M］. 北京：科学出版社，2021：81.

2. 责任感不强导致学业受影响

部分大学生在恋爱中责任意识还不强，不愿意为对方付出或承担责任，又或者只考虑眼前没有长期规划，这种态度可能会让感情变得脆弱，容易破裂。当恋爱关系占据过多时间和精力时，大学生们就可能忽视学习，导致成绩下降或学业受损，更有甚者，过多精力投入恋爱关系而忽视学业，甚至导致自己面临失学风险。大学生恋爱后还可能面临毕业后就业、异地分居等现实问题，这种不确定性，也可能导致恋爱关系出现裂痕，甚至导致分手。

3. 社交圈缩小引发心理困扰

恋爱中的大学生可能会因为过于关注对方而忽略与其他人的交往，一些大学生在恋爱中依赖对方，会导致双方社交交往圈缩小，限制他们的视野，降低他们的社交能力。他们也可能因为彼此的期望与现实不符、沟通不畅或信任问题而产生焦虑、抑郁等负面情绪。当恋爱关系走到尽头时，一些大学生可能会因为无法承受分手的痛苦而陷入情绪低谷，失恋关系中的情感变化往往容易引发心理压力。

（二）携手同行浇灌青春之花

大学生要学会正确处理恋爱关系。恋爱双方需要共同努力和付出才能建立健康、稳定和美好的恋爱关系。如何才能携手浇灌“恋爱”这朵青春之花，根据常见的问题我们建议：

1. 树立正确的恋爱观

大学生恋爱不仅是寻找伴侣的过程，更是相互学习、成长和互相扶持的过程。大学生要明白恋爱的意义和目的，在平等、尊重和理解的基础上树立正确的恋爱观。

保持独立的人格和追求，明白恋爱不是生活的唯一目标，不要因为恋爱而放弃自己的学业和兴趣爱好。选择恋人时，大学生应注重双方的思想、信仰和追求的契合度。选择具有一致目标、共同理想的人作为伴侣，才更可能建立稳定、长久、志同道合的恋爱关系。

2. 培养爱的责任意识

在恋爱中，大学生应尊重对方的独立性和人格尊严，认识到爱不仅是得到，更是一种责任和奉献。恋爱双方要相互尊重、理解、信任，共同为对方和这份恋爱关系付出努力。在恋爱关系中，大学生要保持理性和独立的态度，尊重对方的独立性和个人空间，不过度干涉对方的生活和选择，更不要因为恋爱而失去自我，放弃自己的原则。

学业是大学阶段的主要任务，大学生应把爱情作为学业发展的助力而非阻碍，双方要相互鼓励、支持，共同追求学业上的进步，实现个人价值。

大学生应珍惜恋爱关系中的感情，不轻易放弃或背叛对方，共同努力维护恋爱关系的稳定和持久，承担一定的责任和义务，在恋爱中保持诚实、忠诚和尊重，关心对方的感受和需求，共同面对和解决恋爱中遇到的问题。

3. 学会应对恋爱引发的心理困扰

大学生恋爱也不是一帆风顺的，单恋、多角恋、失恋等都可能出现，同时恋爱关系也会遇到一些例如情感波动、沟通困难、信任危机等问题，这些都可能会引发一系列的心理困扰。

大学生应关注自己的心理健康，及时调整情绪和压力，即使恋爱关系走到尽头，也不要过于沉溺于过去的回忆和伤痛中，学会接受现实并向前看，也尊重对方的感受和选择，不要进行恶意攻击或相互伤害。

恋爱不是大学生活的全部，大学生要保持健康的生活方式和心态，合理安排时间，兼顾学业、社交和兴趣爱好。遇到恋爱挫折时，我们要积极进行自我调适，通过运动、听音乐、阅读等方式缓解情绪压力，还可以主动扩大人际交往圈，与朋友、家人或心理咨询师交流，寻求支持和帮助；或者参加课外活动、志愿服务等转移注意力，丰富自己的生活。当恋爱困扰严重影响正常生活和学习时，大学生要学会寻求专业心理咨询师的帮助，进行心理干预和治疗。

三、亲情关系

亲情关系是指大学生与有血缘关系或者姻亲关系的家庭成员之间的关系等，比如亲子、兄弟姐妹、夫妻等，针对大学生主体，这里仅阐述亲子类亲情关系。《亲密关系中的暴力：以 1 015 名大学生调查为例》一书中提到：相信每一个人都希望家庭幸福美满、包括夫妻在内的所有家庭成员和睦融洽，家庭能够使每个人的自由、潜能都得到最大程度的发挥。但是，实际情况确是近 1/3 的夫妻都曾发生肢体暴力的事实，这些终将影响孩子的一生。阿德勒也有过相关言论："幸福的人，一生都在被童年的美好治愈；而不幸的人，却要用一生去疗愈那段痛苦的童年。"

【课堂之外】

亲情关系测试①

下面是一份大学生如何看待亲情的调查问卷，请你根据自己的实际情况进行回答。

（1）你是否会经常从家人的角度去思考问题？（　　）

A. 经常会

B. 偶尔

C. 从不

（2）离开家后，你一般多久与家里联系一次？（　　）

A. 一个星期以内

B. 两个星期以内

C. 两个星期以上

（3）是你主动联系家人还是家人主动联系你？（　　）

A. 我主动

B. 双方都主动

C. 家人主动

（4）你是否会在家人生日那天与家人取得联系并送上你的祝福？（　　）

A. 会

B. 以前没有但以后会

C. 不会

① 龚荒. 人际关系与沟通［M］. 北京：人民邮电出版社，2022：105.

（5）回家后，你一般花多长时间与家人在一起？（　　）

A. 大部分时间

B. 一部分时间

C. 小部分时间

（6）有机会时，你是否会与家人谈心？（　　）

A. 经常

B. 偶尔会

C. 不想

（7）你是否对父母表示过感谢或开展过这方面的实际行动？（　　）

A. 有过

B. 以前没有但将来会

C. 从来没有

（8）对家人的关心，你是怎样看的？（　　）

A. 很感激

B. 天经地义

C. 没什么感觉

（9）当你认为你的想法不被父母理解时，你会采取什么样的做法？（　　）

A. 寻找机会，再次沟通

B. 据理力争

C. 保持沉默

（10）父母年纪大了，免不了啰嗦，遇到这种情况，你会怎样？（　　）

A. 很理解，乐意当他们的听众

B. 视心情而定

C. 很不耐烦，马上打断

计分规则：

选 A 得 2 分，选 B 得 1 分，选 C 得 0 分。

结果解释：

以上 10 题满分为 20 分，用于测试你与亲人之间的关系状况。如果你的得分在 17 分及以上，那么说明你与亲人相处得很好，而且，你能从与亲人的相处中，得到许多乐趣；如果得分为 12~16 分，那么说明你与亲人相处得一般；如果得分在 11 分及以下，则说明你与亲人的相处存在较大的问题，你必须注意与亲人的沟通。

（一）大学生亲情关系常见困惑

进入大学这个新环境，大学生们与父母之间的亲情关系问题更加复杂。以下是一些常见的大学生亲子关系问题。

1. 角色转变导致沟通减少

大学生进入新环境，可能由于地理距离、学业压力、社交增多等原因，与父母的沟通减少，导致双方对彼此的生活、学习和情感状态了解不足，从而使家庭结构和角色发生变化。同时，父母也无法理解子女的某些想法和行为，子女也可能觉得父母过于保守、传统，难以接受自己的新观念，这些都容易导致亲情关系出现裂痕。

2. 经济独立带来情感疏离

大学生正处于独立意识逐渐增强的阶段，非常渴望独立自主地处理生活和学习中的各种问题，尤其是经济问题。他们一方面寻求经济独立，一方面仍需要父母的资助，这种经济上的依赖关系可能导致双方在金钱问题上产生矛盾，从而导致情感疏离。

3. 期望过高凸显现实落差

家庭对大学生的期望往往较高，大部分学生在校园中可能会面临各种挑战和困难，难以实现家庭的期望，这种期望与现实的落差，可能导致大学生在亲情关系中感到压力和焦虑。

（二）温暖安全铸造心灵之盾

针对常见困惑，我们建议这样来改善和增进大学生亲情关系：

1. 增进沟通与尊重独立

建立定期的沟通机制，通过电话、视频通话或面对面的方式进行交流。鼓励大学生们主动与家长分享自己的生活、学习和情感。家长应耐心倾听，尽量理解大学生的想法和感受，避免一味指责或强加意见；同时，尊重大学生们的个性和选择，不要过分干涉子女的生活和学习，给予足够的空间和支持，让大学生们能够自主地成长和发展。

2. 建立家庭目标与处理冲突分歧

大学生和家长都应该适应新的家庭结构和角色定位，共同维护家庭和谐。他们共同制定一些家庭目标，如共同规划家庭活动、假期户外，共同参与家庭事务等，这些不仅可以增进家庭成员之间的互动和合作，还能增强家庭的凝聚力和向心力。当然，在亲子关系中，也会出现一些冲突和分歧，双方更应该保持冷静和理智，避免情绪化的争吵和冲突，并尝试通过换位思考、寻求共同点等方式来化解矛盾。

3. 平衡家庭期望与实现自我成长

家长应该充分了解子女的兴趣、能力和需求，避免过高或过低的期望。同时，大学生应该根据自己的兴趣、特长和职业规划，制订适合自己的成长计划，允许家长了解自己的成长轨迹和面临的挑战。在家庭期望的引导下，大学生们应学会在面对困难和挑战时，锻炼独立思考和自主决策的能力，积极寻求解决问题的方法和途径，不断提升自己的能力和素质，实现自我成长。

四、师生关系

大学生师生关系是指在大学教育环境中，教师与大学生之间形成的互动、影响和相互依赖的关系，这既是一种教育关系，也是一种人际关系。叔本华的哲学著作中有个很有意思的效应，叫“刺猬效应”，就是指教育者与受教育者日常相处要保持适当的距离，才能取得良好的教育效果，强调的是人际交往中的“心理距离效应”。但是在实践中，也有老师将这一“效应”误读，仅考虑教师与学生之间需要加大距离，而忽略了应当保持合适的距离，导致教师的教育效果很不好。那么，师生关系应该保持什么样的人际距离呢？

【知识窗】

心理人际距离

人类学家霍尔认为“人际距离”可区分为以下四种：

第一，亲密距离（0~0.5 米），通常用于父母与子女之间、情人或恋人之间，在此距离上双方均可感受到对方的气味、呼吸、体温等私密性刺激。密切距离——接近型（0.15 米），是为了爱抚、安慰、保护而保持的距离，是双方关系最接近时所具有的距离。这时语言的作用很小。密切距离——较近型（0.15~0.45 米），是伸手能够触及到对方的距离，是关系比较密切的同伴之间的距离；也是在拥挤的电车中人与人之间不即不离的距离。

第二，个人距离（0.45~1.2 米），一般是用于朋友之间，此时，人们说话温柔，可以感知大量的体语信息。

第三，社会距离（1.2~3.5 米），用于具有公开关系而不是私人关系的个体之间，如上下级关系、顾客与售货员之间、医生与病人之间等。

第四，公众距离（3.5~7.5 米），用于进行正式交往的个体之间或陌生人之间，这些都有社会的标准或习俗。这时的沟通往往是单向的。公众距离——接近型（3.6~7.5 米），如果保持 4 米左右的距离，说明说话人与听话人之间有许多问题或思想待解决与交流。公众距离——远离型（7.5 米以上），是讲演时采用的一种距离，彼此互不相扰。

如将以上 4 种距离铭记在心，你就能准确、顺利地判断出你与对方所处的关系与密切程度。

（一）大学生师生关系常见困惑

大学生师生关系常见的问题和困惑主要体现在以下三个方面：

1. 双向交流减弱，互信程度降低

高等教育加大了大众化教育进程，高校师生比明显增大，导致师生交往相应减少。大学师生除课堂交往外，课后接触机会少。大学课程安排紧张，难以有时间和机会与老师进行深入交流，而老师也因为教学任务繁重，难以主动与学生建立更多的联系。这种短暂的、距离感较远的交往很难建立深刻而有感情的师生关系。师生双向交流减弱，沟通不畅导致误解产生的情况也在增多，降低了师生的信任程度。

2. 存在功利倾向，理念差异较大

在实际教育教学改革过程中，有时教育被等同于商业服务，学生认为缴纳了学费就是学校里的“上帝”，老师则是为他们服务的“服务员”，这种观念影响了师生之间的正常交往，导致师生关系出现功利化倾向。还有一些老师可能习惯于教授学生理论知识，而不太注重实践能力培养，师生双方理念差异增大，导致学生对老师的不满，从而影响到师生之间的关系。

3. 角色定位模糊，师生期望过高

在大学中，学生渴望获得更多的自由和发展空间，希望能够摆脱中学时期的束缚，成为自主学习的主体；教师则需要在尊重学生自主性的同时，履行好教育教学职责，为学生提供必要的指导和帮助。但在现实情况下，学生“被迫”学和老师“被迫”管的情况比比皆是，师生对角色的期望存在差异，往往导致学生对老师的期望值过高。如果没有达到这个目标，就容易加剧师生关系的恶化。

（二）亦师亦友共渡成长之舟

为改善师生关系，我们建议：

1. 展示教师个人魅力，加强课堂互动交流

大学生充满活力和求知欲，大学教师只有不断提升自己的专业素养和教学能力，才能以渊博的知识赢得学生的尊重和喜爱。教师要注重自身的言行举止，以言传身教影响学生。同时，课堂是师生交流的最主要场所，教师应认真倾听学生的意见和看法，给予积极的反馈和指导。

2. 注重师生情感交流，营造温馨和谐氛围

加强师生之间的联系，建立多种沟通渠道，如设立师生信箱、开展座谈会、组织师生交流会等。这些活动可以方便学生向老师反映问题、寻求帮助，也有助于教师了解学生的需求和困惑，从而更好地指导他们。师生还可以共同参与课外活动，如社会实践、志愿服务、学术竞赛等，这些活动可以增进师生之间的了解和信任，加强彼此的情感联系。

3. 尊重师生个体差异，及时解决矛盾问题

教师应尊重学生的个性差异，因材施教，关注每个大学生的成长和进步，通过问卷调查、座谈会等方式，收集学生对师生关系的看法和建议。教师和大学生们都需要积极面对问题，通过沟通、协商等方式，寻求妥善解决矛盾和问题的方法。

除开寝室、恋爱、亲子和师生关系之外，大学生人际交往还有朋辈关系、社会关系、网络社交关系等。良好的人际交往能力有助于大学生的学业成功，也会对其未来的职业生涯和个人发展产生深远影响。

第三节　人际交往的密码

人和人的交往有着各种各样的情景，每个人所面对的交往对象各有特点，每个人应对人际交往的风格、策略、技巧等，也不尽相同……太多的不同，让我们陷入了人际交往的“迷雾”里：到底该怎样与他人相处？到底什么才是合适的交往策略？到底有没有万能的方案？正是因为人们有这样的疑惑，社会上才出现了很多关于人际交往的课程、指南、攻略……这些指南、攻略、技巧告诉我们的是做好人际交往的“术”，它们可以丰富我们的工具箱，但我们更需要知道这些“术”背后的“道”，把握人际交往的“心法”，这样才能做到事半功倍！

所以，我们将从“人际交往的黄金原则”和“人际交往的心理效应”这两个视角来重新看待人际交往那片神秘的领域，习得最底层的人际交往法宝。

一、人际交往的黄金原则

抛开纷繁复杂的人际交往的“面相”，其实最核心的是人际交往的黄金原则：“你

希望别人怎么对你，你就用这种方式对别人。”

想象一下，当你希望别人对你微笑时，你是不是也愿意先对别人露出灿烂的笑容？当你希望别人在你需要时伸出援手，你是不是也愿意在别人遇到困难时主动给予帮助？这就像是在玩一场有趣的“镜子游戏”，你怎样对待别人，别人就会怎样对待你。

当你走进一个陌生的环境，身边都是一群你不认识的人。你希望他们能主动和你打招呼、和你聊天。那么，你为什么不先迈出那一步，主动和别人交流呢？就像那句老话说的：“如果你想别人对你友好，首先你得对别人友好。”这就是黄金原则的魅力所在，它让我们明白，要想获得别人的尊重和喜爱，我们首先得学会尊重和喜爱别人。

再想象一下，当在工作中遇到了一个难题，你希望同事能给你一些建议和帮助。那么，当同事遇到类似的问题时，你是不是也主动分享了你的经验和知识呢？这样的互动不仅能让你们的关系更加紧密，还能让你们在相互帮助中共同成长。

人际交往就像是一场有趣的冒险，我们需要不断地探索和实践。而黄金原则就像是我们的指南针，指引我们走向正确的方向。你会发现，当你用这种方式对待别人时，你的人际关系会变得更加和谐、美好，你也会成为那个备受瞩目的焦点。

知道了人际交往的黄金原则，现在我们来设置一个场景，你可以看看你对这个原则的应用是否熟练。

假设，你正在参加一个盛大的生日派对，每个人都带着期待的眼神，希望能和派对上的其他人愉快地交流。忽然，你发现有个人独自站在角落，看起来有些局促不安。此时，如果邀请你用人际交往的黄金原则去应对此场景，你会怎么做？（你可以合上书思考下，再往下看）

……

（欢迎回来）

此时，如果我们能应用人际交往的黄金原则，我们的内心就会升起这样一个念头：“如果换作我是他，我一定在这个场域感觉有些尴尬，如果有一个人能主动给我打招呼，启动聊天模式，也许我会感觉好一点。”于是，你果断采用了黄金原则——“你希望别人怎么对你，你就用这种方式对别人。”你走向那位独自站在角落的朋友，微笑着说：“嗨，你也是来参加生日派对的吗？这里的气氛真棒，一起来加入我们的聊天吧！”那个局促的朋友瞬间被你的善意和热情所感染，脸上露出了开心的笑容，并感激地回应你的邀请。就这样，因为你的一个小小举动，派对上的气氛变得更加欢乐和融洽。

再举个例子，想象一下你在一家咖啡馆里排队等待点餐。你发现前面的人正在犹豫不决，不知道要点什么。此时，如果邀请你运用黄金原则来解决当下的情景，你会如何做呢？同样，你可以合上书，构思你的方案。

……

（欢迎回来）

此时，你回想起自己之前也有过类似的经历：面对琳琅满目的“菜单”，却不知道选择哪款更好，真希望有人能给出一些建议。于是，你主动走上前去，友善地说：“你好，这里的拿铁很不错，如果你喜欢咖啡的话，可以试试看。”听了你的反馈，对方感激地点点头，接受了你的建议，并和你聊起了咖啡的种种话题。通过这次互动，你们不仅成为了朋友，还发现了共同的爱好。

这些有趣的例子都展示了人际交往黄金原则的魅力。无论是派对上的小插曲，还是咖啡馆里的偶遇，当你用希望别人对待你的方式去对待他人时，你会发现，人际关系会变得更加轻松、有趣和美好。这种相互尊重和关爱的态度，不仅能让你的社交圈更加广阔，还能让你的生活充满阳光和正能量。所以，让我们一起践行黄金原则，让人际交往变得更加精彩吧！

二、人际交往的心理效应

除了人际交往的黄金原则外，其实在人际交往中扮演有趣角色、甚至“主导”我们在人际交往中的反应、认知和行为模式的还有一组“神秘嘉宾”，它们潜藏在我们的内心中，影响我们的人际交往，却让我们不自知……这就是我们的心理效应。当我们了解了人际交往的心理效应，再去回看我们的人际交往经历、故事和过往时，我们会有一种“顿悟”的感觉，也会为自己曾经的人际交往行为找到合理的解释或者修正的方式。所以，来吧，我们一起来发掘这些神秘而又有趣的心理效应吧！

（一）首因效应：初见的魔法时刻

有没有听过一句话，“人靠衣装马靠鞍”？有没有人叮嘱过你，第一次约会一定要把自己打扮漂亮和精神点？男生还要用心选择约会的地方，不然，你留给对方的第一印象就不好！为什么领导给你安排的第一次任务你一定要做好，不要搞砸了？为什么面试的时候，你要提前做好十二分的准备，不能留下不好的印象？

可能这些场景你都熟悉，但为什么要重视第一印象呢？为什么第一印象这么重要呢？

其实这背后就是“首因效应”在起作用！

什么是首因效应？

首因效应，也被称为第一印象作用，或先入为主效应，是指个体在社会认知过程中，通过“第一印象”最先输入的信息对客体以后的认知产生的显著影响作用，它是由第一印象（首次印象）所引起的一种心理倾向，许多人习惯称之为“第一感”。美国心理学家洛钦斯通过实验研究发现，第一印象在人际交往过程中起着潜移默化的作用，比以后得到的信息对于事物整个影响产生的作用更强，持续时间也更长[①]。虽然这些第一印象并非总是正确的，但却是最鲜明、最牢固的，并且决定着以后双方交往的进程。

具体来说，这种初次接触形成的第一印象会对后续的交往产生持续的影响，即使后续的信息与第一印象存在矛盾，人们也往往更倾向于相信和保留第一印象。比如，当我们在第一次接触某个人、事、物或信息时，如果我们对他的印象是积极的、美好的，那么这种积极美好的印象就会像一种心理定势一样，让我们在后续与这个人、事、物的交往、接触中更容易看到对方的优点和积极面，从而更容易产生好感或信任。相反，如果第一次接触时我们对他（们）就产生了消极的印象，那么这种印象就会像一种障碍一样，让我们在后续的交往中更容易看到对方的缺点和不足，从而更容易产生

① 王磊.“首因效应”在构建高职体育课堂中积极师生关系的研究［J］. 天津职业院校联合学报，2024，26（1）：65-68.

不满或反感。

所以回看我们的人际交往，首因效应的作用更是不容忽视，它影响着我们对他人的整体评价、信任度和交往意愿。了解首因效应有助于我们更好地理解和预测人际交往中的行为，同时也提醒我们在与人交往时要注重自己的仪表、举止和谈吐，从而给对方留下积极的印象，可以毫不夸张地说，初次见面时的一举一动都可能成为别人对你长久印象的基石。

我们在人际交往中，要利用首因效应，留下闪亮的第一印象。既然首因效应看重第一印象，那我们需要更精心地打造自己的第一印象。

（1）外观准备：从着装到仪态，都应注意给人留下专业且亲和的第一印象。选择适合你身份和场合的服装，确保它们干净、整洁，并符合当前的流行趋势。注意你的仪态，包括站姿、坐姿和走路姿势，保持自信且不过于紧张。

（2）微笑与眼神交流：微笑是人际交往中最重要的表情之一，它能够传达出你的友善和自信。在与人交流时，保持微笑，并使用眼神交流来展示你的专注和尊重。避免目光游移或不与对方眼神接触。

（3）开场白的设计：提前准备一些有趣、引人入胜的开场白，可以帮助你迅速打开话题，与对方建立联系。开场白可以基于你对对方的兴趣爱好、职业背景或当前话题的了解。尽量让开场白轻松、自然，避免过于生硬或刻意。

（二）近因效应：最新信息的魅力风暴

我们来回顾几个场景，看你有没有“感同身受”？

假如，你正在和朋友讨论这个月的旅游目的地，你们在手机上不停地刷信息、攻略和建议，忽然，他刷到一篇关于某个小众景点的推文，这篇推文用独特的视角和详细的描述让你们对这个地方产生了浓厚的兴趣，最终大家一致决定去那里旅游。接下来，你们要考虑出行方式了，一开始你们想到了买折价机票（这是最有吸引力的出行方式），正在你们要认购的时候，手机新闻突然跳出了一条消息：“XX 航空公司的 X 次航班坠毁！”于是，你们犹豫了：真的要坐飞机去吗？看起来好像很危险啊！经过一通商议，大家决定换成其他的出行方式，哪怕暂时没有折扣。

在这个假设的熟悉场景里，你有没有发现自己的影子？有的时候，我们的决定就是被一些最新、最热的信息左右着，它们能迅速改变我们的态度和看法，而这就是近因效应在发挥作用。

近因效应是什么？

近因效应，最初由心理学家 A·卢琴斯在 1957 年根据实验提出，它指的是最新出现的刺激物，促使印象形成的心理效果，或者说，当人们对一系列事物识记时，往往对后面部分的内容记忆效果好于中间部分内容①。具体来说，近因效应描述的是在一系列刺激或信息依次呈现的情境中，最后接收到的信息更容易被记住或更具影响力。

我们会发现，在学习和社交中，这种效应普遍存在。回想你学习的场景，当我们学习一系列相关的知识点或学习材料时，最后习得的内容更容易在大脑里留下深刻的

① 董云飞. 高校学生心理因素对教学评价的影响研究［J］. 齐齐哈尔大学学报（哲学社会科学版），2022（12）：147-149.

印象。当我们与他人交往时，最近的交流、互动情况和观察结果，更容易影响我们对他人的印象和评价。

从心理学角度来看，近因效应是人类认知中的一种偏见，最明显的体现就是人们在做判断或决策时，更容易受到最近发生的事件的影响，而忽略更早发生的事件。这种效应可能会导致人们做出不理性的决策或判断。

回看刚才的那个场景：你和朋友最终旅行目的地的选择是不是受到“刚刷到”的一篇推文的影响？你们放弃乘坐飞机，是不是因为刚刚看到了一条飞机失事的消息？即使冷静思考，回想概率，我们发现飞机失事的概率比汽车更低，但我们仍然在那一刻，看到新闻的那一刻主观放大了“飞机失事”的概率，从而对乘坐飞机产生了“偏见”。

不难看出，近因效应与首因效应是相对应的两种效应，首因效应一般在较陌生的情况下产生影响，而近因效应一般在较熟悉的情况下产生影响。两者都是由于人们对人或对事的片面了解而主观臆断，使得决策信息失真。

人际交往中，我们要利用近因效应，用最新信息点燃交流：

（1）关注行业动态：无论你的专业是什么，未来将要进入的行业是什么，你都要保持对行业动态和趋势的关注。通过阅读行业报告、参加研讨会或关注行业专家，了解最新的技术、产品或市场趋势。这样，在与人交流时，你可以轻松引入这些话题，并分享你的见解和经验。

（2）分享个人经历：如果你最近有一些独特的经历或见闻，不妨在与人交流时分享出来。这些经历可以是旅行、学习、工作或其他方面的。通过分享你的经历，你可以让对方更好地了解你，并引发对方的兴趣和共鸣。

（3）保持更新与学习：不断学习和更新自己的知识库，了解最新的技术和趋势。这样，在与同行或专业人士交流时，你可以展示出你的专业性和前沿性。参加培训课程、阅读专业书籍或参加线上学习都是很好的学习方式。

（三）刻板效应：打破那些“老掉牙”的标签

你有没有听过这样一些说法：“理科生都是书呆子”“文科生都爱浪漫”“XX 地方的人什么都吃”“XX 地方的人很冷漠”……

你发现了吗，这些“评价”其实是人们对某些群体的刻板印象，就像电影中的老套情节一样。在现实中，每个人都是独一无二的，不应该被简单的标签所定义，我们也需要更客观地看待遇到的每一个人、每一件事。在我们身边，其实也有很多“超越”标签的例外存在，比如，小李是一个纯粹的理科生，从大一到研究生都是生物医药方向，但他却热爱音乐和艺术，经常参加学校的文艺活动，并凭借自己的才华和热情赢得了大家的喜爱，他可能就是“理科生都是书呆子”中的“另类”。如果邀请你去回顾你所接触过的人与事，我相信你也能找到很多“例外”的例证。

在人际交往中，我们要敢于打破社会固定印象，用心去了解每一个人，发现他们独特的魅力。如果仅凭“标签化”的定义去评判一个人，那么我们将失去更多了解、沟通、重新定义的机会。

在人际交往中，我们要打破社会固定印象，展现真实的自己：

（1）表达多元兴趣：不要害怕展示你的多元兴趣。无论你喜欢音乐、艺术、体育还是科技，你都可以与人分享你的热爱和见解。通过表达你的多元兴趣，你可以让人们更加全面地了解你，并找到共同话题。

（2）展示个人特点：在合适的场合下，可以展示一些你独特的个人特点，如幽默感、创造力或领导力等。这些特点可以通过你的言行举止、穿着打扮或工作成果等来体现。通过展示个人特点，你可以让人们对你产生更深的印象和更多的好感。

（3）尝试新事物：不要害怕尝试新的事物或领域。通过尝试新的事物，你可以拓展自己的视野，丰富自己的经历，从而展现出更加丰富多彩的自己。同时，这也能够让你更加自信和开放地与人交流。

（四）焦点效应：别把自己当成“宇宙中心”

心理学家基洛维奇做了一个实验：他们让康奈尔大学的学生穿上某名牌T恤，然后进入教室。穿T恤的学生事先估计，会有大约一半的同学注意到他们的T恤，但实际上只有23%的人注意到了这一点。

这个场景我们有没有似曾相识？

当我们穿上一件新衣服去上课时，我们可能一整天都在担心自己是不是太显眼？别人会不会觉得不好看？有没有人注意到你的新衣服？但实际上，可能只有少数人注意到了这一点[①]。再比如，在公众场合演讲或聚会时，我们如果不小心犯了小错误，可能会觉得非常尴尬，担心别人会嘲笑我们，但实际上，别人可能并没有注意到这个小错误，或者即使注意到了，也不会过于在意。再比如，我们发了一条朋友圈，然后每隔几分钟就检查一下有没有点赞和评论，看看有没有人像我们自己一样关注、在意这件“重要而有意义”的事。

那为什么我们自己总觉得“人家会像我们一样在意”呢？

这是因为“焦点效应”的存在。焦点效应，也被称为社会焦点效应，是人们在社交中常遇到的一种心理现象。它指的是我们往往高估了周围人对自己外表和行为的关注度，好像自己的一举一动都在别人的聚光灯下，成为了众人瞩目的焦点。但实际上，这种关注度往往是我们自己放大了的。

焦点效应并不是一种疾病或者问题，而是一种心理现象。它源于我们对自己行为和外表的高度关注，以及对他人看法的过度在意。

然而，我们需要认识到的是，我们并不是宇宙的中心，别人的注意力并不会一直集中在我们身上。有时候，我们可能会因为一些小事情而感到尴尬或者不自在，但实际上，别人可能并没有注意到这些，我们往往高估了别人对我们的关注度。

所以，我们在人际交往中，不要把自己当成“宇宙中心”，放松心态去享受与他人的交流才是正道。我们要避免焦点效应，轻松自在地社交：

（1）放松心态：不要过分在意自己的表现或他人的评价。记住，每个人都有自己的优点和不足，没有人是完美的。在社交场合中，我们要保持轻松自在的心态，享受与他人交流的过程。

（2）关注他人：在与人交流时，尽量把注意力放在对方身上。倾听对方的观点和

---

① 戴维·迈尔斯. 社会心理学［M］. 11版. 张智勇，乐国女，侯玉波，译. 北京：人民邮电出版，2014：115.

经历，并给予积极的回应和反馈。通过关注他人，你可以让对方感受到你的尊重和关注，从而建立更加深入的关系。当你开始关注别人时，你会发现自己的焦点效应逐渐减弱，与人交往也会变得更加自然和轻松。

（3）转移注意力：不要长期纠结于别人的看法，要把注意力放在更有意义的事情上，比如学习一项新技能，或者参加一些社团活动，让自己充实起来。

（4）保持钝感力：尽量忘记那些不愉快的事情，转而找一些开心的事情做。比如和好朋友一起去吃饭、看电影，或者做一些自己感兴趣的事情。

（五）好奇效应：点燃交流的火花

大家有没有遇到过这样的情况：你在和朋友聚会时，突然说："哎，你们知道最近有个超级火的短视频博主吗？他的视频内容超有趣，我每次看都笑得肚子疼！"这时，朋友们的好奇心可能就被你点燃了，他们会纷纷凑过来问："真的吗？快说说看，是哪个博主？"然后，你们就开始了一场热烈而有趣的讨论。

你给他们提供了一个从未听说过的趣事，他们的眼睛和内心被你瞬间点亮，仿佛被一种神秘的力量吸引，这就是好奇效应在发挥作用！

好奇效应，简单来说，就是人们对未知事物的好奇心会激发他们的兴趣和热情，进而促进交流和互动。好奇效应不仅能让交流变得有趣，还能帮助我们拓宽视野，了解更多的知识和信息。毕竟，好奇心是人类进步的动力之一。在校园里，我们可以利用好奇效应来结识新朋友、加入兴趣社团或者参与学术讨论。比如，你可以参加一个关于人工智能的讲座，向讲师提出你感兴趣的问题，这样不仅能满足你的好奇心，还能让你与同样对这个话题感兴趣的同学建立起联系。

在人际交往中，你也可以提前找到一些有趣、新颖的话题或者观点，然后以一种引人入胜的方式表达出来。你也可以通过讲述一个有趣的经历或者提出一个引人深思的问题来激发别人的好奇心。当然，在交流过程中，我们也要学会倾听和尊重他人的观点，这样才能让交流更加深入和有趣。

具体而言，我们要利用好奇效应，引发对方的兴趣：

（1）主动提问：在与人交流时，主动提出一些问题可以引发对方的兴趣和回应。你可以问一些有趣的问题或关于对方经历的问题来引导对话。通过提问，你可以让对方感受到你的关注和兴趣，使对方更加愿意与你交流。

（2）分享新奇事物：如果你最近发现了一些新奇的事物或有趣的经历，不妨与人分享。这些新奇事物可以是新产品、新技术或有趣的故事等。通过分享新奇事物，你可以激发对方的好奇心并引发深入的对话。

（3）探索共同兴趣：在与人交流时，探索你们之间的共同兴趣并展开讨论。共同兴趣是建立深入关系的重要因素之一。通过探索共同兴趣并展开讨论，你可以让对方感受到你们之间的共同点和联系从而使双方更加亲近。

（六）晕轮效应：别让情感蒙蔽了双眼

你有没有常常觉得恋爱中的人就像"脑子被重塑"？对方在他眼中完美无瑕，浑身散发着粉红色的泡泡……你告诉他"要理智""要谨慎"……他完全接收不到，他在粉红泡泡里愉快地"沉沦"着。粉红色的泡泡，是他的滤镜，透过这种滤镜，他只能看见对方的优点，而看不见其他人都能看见的缺点。别太多地责备他，因为他也是不得已，他正被“晕轮效应”左右着。

晕轮，是光被折射或反射而在太阳（或月亮）周围形成的一圈光环，使太阳看起来似乎变大了。晕轮效应，又称“成见效应”“光圈效应”，是指在人际知觉中所形成的以点概面或以偏概全的主观印象。也就是说，在交往认知中，对方的某个突出特点或品质会掩盖人们对这个人的其他特点或品质的正确了解。这种错误的认知会使人们用片面的角度去看待人或事，如果一个人的优点体现在他的第一印象里，则人们会把他的优点放大而倾向美化他的整体；相反，如果一个人的缺点或者令人反感的行为表现突出，同样人们也会放大缺点产生偏见，进而忽略他的其他良好的优秀品质①。

当我们与某个人的关系很好时，我们往往会更容易接受他的观点和建议，相反，则会容易抗拒他的观点和想法。这就像被爱情蒙蔽了双眼的恋人一样，我们可能会失去对事物的客观判断。因此，在人际交往中，我们要学会保持清醒的头脑和客观的态度，不要让片面的认知左右我们的判断，要敢于坚持自己的原则和立场。

因此，在人际交往中，我们要警惕晕轮效应，保持理性判断：

（1）独立思考：在与人交流时保持独立思考的能力。不要盲目接受对方的观点或建议而是要进行自己的分析和判断；同时也要注意避免被对方的情绪所影响，保持冷静和理性的态度。

（2）尊重他人：即使你不同意对方的观点也要尊重对方的表达权和选择权。用平和的语气表达自己的看法并寻求共识。在尊重他人的同时也要注意保持自己的原则和立场，不要为了迎合他人而牺牲自己的利益。

（3）客观评价：在评价他人或事物时要尽量保持客观和公正的态度，避免被个人情感所左右。通过收集多方面的信息和数据来进行分析。

（4）保持冷静：遇到问题或者冲突时，先冷静下来，别急着发火或者做决定。给自己和对方一些时间和空间，让情绪稳定下来。

（5）多沟通：和对方坦诚地交流你的想法和感受。同时，也要倾听对方的想法，尝试理解对方的立场。

（6）看清现实：尝试去掉“爱情滤镜”，用更客观的眼光去看待你们的关系和对方的真实面貌。

（7）寻求帮助：如果你觉得自己无法处理某些问题，不妨寻求朋友、家人或者专业人士的帮助。

（七）免疫效应：拥抱不同的声音

当我们坚信某个观点是正确的时候，我们往往会本能地产生对相反观点的抵触情绪。这就像身体对病毒的免疫反应一样，我们试图排斥那些与自己观点不同的声音。然而，在人际交往中，我们往往会面对不同的观点、不同的声音，我们要学会“包容”不同的声音和观点。

因此，在人际交往中，我们要提防免疫效应，学会接受多元的观点：不同的声音和观点背后都有它合理的一面，它们仅仅是与我们当下的看法存在差异而已。倾听不同的想法和观点，不仅能让我们与他人拥有更好的人际关系、更好地达成合作与交流，

① 刁昱文.“晕轮效应”对当代大学生生活的影响浅析［J］. 国际公关，2024（3）：185-187.

还可以让我们更全面地了解问题并拓宽自己的视野。

三、人际交往的技巧

人和人的交流是信息传递和情感交流的链接。在这个过程中，我们需要懂得一些技术和技巧，以帮助我们更好地和他人建立人际关系。

（一）学会倾听

倾听不仅仅是用耳朵去“听”别人说话的声音，更是一种深入理解和尊重他人的交流方式。

首先，倾听是一种尊重。当我们真正倾听他人时，我们是在向对方传达一个信息：你的观点、经历和情感对我来说很重要，不管我是否和你秉持同样的观点，我都尊重你的观点。这种尊重和理解能够增进我们与他人的关系，让我们在人际交往中更加得心应手。

其次，倾听能够建立信任。当我们认真倾听他人时，对方会感受到我们的真诚和关心，从而更愿意与我们分享自己的想法和感受。这种信任关系不仅有助于我们在人际交往中取得更好的效果，还能够让我们在团队合作中更加默契和高效。

最后，倾听是解决问题的关键。通过倾听，我们能了解他人的观点、情绪和需求。只有懂得了对方的真实意图，我们才有机会更全面地了解对方、了解问题的本质和解决方法，从而更快地找到解决方案并取得成功。

那我们要如何才能做到倾听？

倾听不是一件容易的事，我们需要长期有意识地练习。我们可以从如下几个方面去尝试提升自己倾听的能力：

（1）全神贯注。在倾听对方时，要保持全神贯注，尽量不要分心或打断对方，即使你的观点和想法与他不一致，也要等对方表述完了再分享，这是基本的尊重。我们在倾听对方的时候，需要用眼神传递“关注”：眼光要放在对方的身上，而不是随意地扫描其他地方。

（2）回应对方。在听的过程中，我们可以用点头、微笑或简短的“嗯”“好的”等词语回应对方，让对方知道你在认真听。

（3）理解并尊重。尝试理解对方的观点和感受，即使你不同意也要尊重对方的表达。就算要表达不同的意见，你也要先肯定对方再委婉地说出自己的想法。

（4）提问与反馈。在倾听过程中，可以适当地提问或给出反馈以表明你在关注并理解对方的表达。但需要注意言辞，尽量不要用攻击性强的语言。

（二）有效表达自己的观点

表达自己的观点也需要讲求一定技巧，好的表达方式能让自己的观点更容易被他人接受。

（1）观点表达要清晰明了。当你和对方沟通，想要表达自己的观点时，请一定要用简单直接的语言陈述自己的观点，比如，你可以说：“我认为这个问题的关键在于……”“我们本次任务的目标我认为有 2 个……”，简单明了的陈述可以减少对方接收信息的难度。

（2）多使用“我”开头语句。这样可以避免指责对方，或避免让对方感到被指责。

比如，我们可以说“我觉得我们应该……”，而不是“你应该……”；可以说“我个人认为……”，而不是“这件事就应该……”；多用“我表达清楚了吗?”这样的句子，代替“你听懂了吗?”主语的一点小变化，都会让对方有不同的听觉体验。

（3）避免攻击。即使你的观点与大多数人不同，也要用平和的语气表达，避免引起不必要的争执。在交流中，努力寻找与对方的共同点，这有助于建立连接和增进理解；在有分歧的地方，尝试提出双方都能接受的解决方案，实现共赢。

（三）学会宽容与谅解

在与人交往的过程中，我们要谨记一点：宽容他人的错误，理解他人的立场。这需要我们对他人的错误有包容心，愿意在他人犯错的时候给予对方改正的机会；同时能够站在对方的角度思考问题，理解对方的立场和感受。特别是面对来自不同文化背景、性格相异的同学时，我们要尊重他们的差异并尝试理解他们的观点和行为，这才有助于减少误解和冲突。

（四）学会赞美

赞美是人际交往的黏合剂和催化剂，运用好对他人的赞美可以帮助我们更好地处理人际关系议题。但是你真的会赞美吗？我们来试试。

假如，你的朋友参加校园舞蹈大赛获奖了，你会如何赞美他?

“哇，你好棒啊!”

“你可真厉害!”

“你太牛了!”

“……”

听到这样的赞美，你的朋友的感受如何？开心是一定的，但有没有真正地接收到你的赞美之情呢?

如果我们用这样的语句来赞美他，你体会下会有什么不同?

“你知道吗，你站在聚光灯下，随着音乐摆动，裙摆跃动不断，真是太美了，观众完全被你陶醉了!”当我们在赞美中加入细节时，赞美的力度会更大、对方愉悦接纳的程度会更高。所以赞美是一种技术。但技术的背后更是“用心”和“真心”：你要用心关注对方，才会真心欣赏对方，最终你的赞美才会打动对方。

【知识窗】

多元文化差异下的大学生人际交往——跨越界限的友情与成长

进入大学，就像踏入了一个五彩斑斓的世界。这里有来自五湖四海的同学，每个人都带着自己家乡的文化烙印，汇聚成一幅绚烂的画卷。在这样的环境中，我们不仅要学习专业知识，更要学会如何与这些拥有不同文化背景的同学相处。

记得刚开学那会儿，我和宿舍里的一位来自东北的同学聊天。他说话直来直去，有时候我觉得他的话有点“冲”，但慢慢相处下来，我发现这就是他的性格，也是东北文化的一种体现，他教会了我“豪爽”二字怎么写，我也逐渐学会了用更直接的方式表达自己的想法。

而隔壁宿舍则住着几位来自南方的同学。他们说话轻声细语，做事也格外细致。有一次，我们班一起组织活动，他们考虑到了各种细节，从场地布置到活动流程，都安排得井井有条。这让我深刻体会到了南方文化的细腻和周到。

在多元文化的碰撞中，我们有时会因为观念差异而产生摩擦。但正是这些摩擦，让我们学会了包容和理解。我们开始尝试站在对方的角度思考问题，理解对方的行为背后的文化原因。这样，我们不仅增进了友谊，还拓宽了视野。

大学生活中的人际交往，就像是一场跨文化交流的实践课。我们在这里学会了尊重差异、理解多元、包容不同。这些经历不仅让我们在人际交往中更加得心应手，也为我们未来的职业生涯和社会生活打下了坚实的基础。

在多元文化差异下，我们该如何更好地进行人际交往呢？

首先，要学会倾听。尊重他人的文化背景和习惯，耐心听取他们的观点和想法，这是建立良好人际关系的基础。

其次，要尊重差异。每个人都有自己的文化背景和价值观，我们应该学会欣赏和尊重这些差异，而不是试图去改变别人。

再次，要善于沟通。通过有效的沟通，我们可以更好地理解彼此的文化背景和习惯，增进彼此的了解和信任。

最后，要保持开放的心态。在多元文化背景下，我们要保持开放的心态，勇于尝试和接受新的文化和观念，这样才能更好地适应这个多元化的社会。

多元文化差异下的大学生人际交往是一个充满挑战和机遇的过程。通过倾听、尊重、沟通和保持开放的心态，我们可以更好地理解和接纳不同的文化，建立起更加和谐的人际关系。在这个过程中，我们不仅可以收获友谊和成长，还可以为未来的职业发展和社会适应打下坚实的基础。

【知识窗】

网络社交中的大学生人际交往——虚拟世界的真实连接

在数字化飞速发展的今天，网络社交已经成为大学生日常生活中不可或缺的一部分。从微信、QQ到微博、抖音，再到各类学习、兴趣社交平台，网络空间为我们提供了前所未有的交流机会和方式。在这个虚拟世界中，大学生们如何进行人际交往，又该如何把握其中的尺度和边界呢？

1. 网络社交的便利与多样性

网络社交的便利性是显而易见的。它打破了地域和时间的限制，让我们能够随时随地与远方的朋友、同学甚至陌生人进行交流。同时，网络社交的多样性也为我们提供了更多的可能性。我们可以通过文字、语音、视频等多种方式与他人互动，还可以根据自己的兴趣和需求加入各种社交群组，与志同道合的人共同探讨话题。

2. 网络社交中的真实与虚拟

然而，网络社交毕竟是一个虚拟的世界。在这个世界中，人们的身份、年龄、性别等信息都可以被伪装或隐藏。因此，在网络社交中，我们需要保持警惕，避免被虚假信息所迷惑。同时，我们也要学会辨别网络上的真实与虚假，不要轻信他人，更不要随意泄露自己的个人信息。

3. 网络社交中的情感与关系

网络社交虽然是一种虚拟的交流方式，但其中蕴含的情感和关系却是真实的。在网络世界中，我们可以与远方的朋友分享喜怒哀乐，与陌生人倾诉心声。这种情感上的交流，有时候甚至比现实中的交往更加深入和真实。因此，在网络社交中，我们需要注重情感的投入和维护，建立起健康、积极的人际关系。

4. 网络社交的注意事项

在享受网络社交带来的便利和乐趣的同时，我们也要注意以下几点：

保持真实：在网络社交中，我们应该尽量保持真实的身份和信息，不要伪装或隐藏自己。

尊重他人：在交流过程中，我们要尊重他人的观点和感受，不要发表攻击性或侮辱性的言论。

注意隐私：不要随意泄露自己的个人信息和隐私，以免遭受麻烦和损失。

合理安排时间：网络社交虽然有趣，但我们也要合理安排时间，不要沉迷于其中，忽略现实生活中的重要事务。

大学生们还需要意识到网络社交只是人际交往的一种方式，它不能完全替代现实生活中的交往。在现实生活中，我们可以通过面对面的交流来更加深入地了解彼此，建立起更加真挚的友谊和信任。因此，在享受网络社交带来的便利和乐趣的同时，我们也要注重现实生活中的交往和沟通。

【知识窗】

校园与社会背景下的大学生人际交往——桥梁与试炼

大学生的人际交往，既发生在充满青春气息的校园中，也延伸到复杂多变的社会背景之下。这两者既是大学生成长的土壤，也是他们人际交往的两大舞台。

1. 校园内的人际交往

在校园这片净土上，大学生们与来自五湖四海的同学共度青春岁月。这里的人际关系相对简单、纯粹，以学业和兴趣爱好为基础，构建起了丰富多彩的社交圈。在校园里，同学之间的交往充满了活力和朝气。大家共同学习、讨论，在知识的海洋中探索未知；大家一起参加社团、活动，在实践中锻炼自己，也结识了志同道合的朋友。这种基于共同目标和兴趣的交往，不仅让同学们收获了友谊，也为他们未来的职业发展和社会适应奠定了基础。

2. 社会背景下的人际交往

然而，随着大学生们逐渐走出校园，踏入社会，同学们将面临的人际交往环境也变得更加复杂。在这里，人际关系往往以利益为导向，充满了竞争和合作。

同学们需要学会与不同年龄、职业、性格的人打交道，了解他们的需求和期望，建立有效的沟通机制；还需要学会处理各种复杂的人际冲突，保持冷静和理性，找到解决问题的最佳途径。这种社会背景下的人际交往，对大学生的心理素质、沟通能力和人际交往能力都提出了更高的要求。

3. 桥梁与试炼

校园和社会背景下的人际交往，既是大学生成长的桥梁，也是其面临的试炼。在校园中，同学们通过交往积累了宝贵的经验和技能；在社会中，他们则需要运用这些经验和技能，去应对更加复杂的人际关系和挑战。

此外，大学生们还需要注重培养自己的人际网络。在校园中，他们可以积极参加各种社团和活动，扩大自己的社交圈子。在社会中，他们可以通过参加行业会议、志愿者活动等方式，结识更多的朋友和合作伙伴。一个广泛而健康的人际网络，不仅可以为自己提供更多的机会和资源，还可以为自己未来的发展打下坚实的基础。

在这个过程中，大学生们需要不断地学习和成长，提升自己的综合素质和能力。大学生需要学会尊重他人、理解他人，建立良好的人际关系；也需要学会保护自己、维护自己的权益，不被他人所利用。只有这样，大学生才能在社会这个大家庭中立足，实现自己的人生价值。

【课堂之外】

书单推荐

1.《影响力》

作者：罗伯特·西奥迪尼。

简介：本书是由全球知名的说服术与影响力研究权威罗伯特·西奥迪尼撰写的，他从专业角度为读者阐释了顺从他人行为背后的六大基本原则：互惠、承诺和一致、社会认同、喜好、权威和稀缺。这些原则不仅解释了为什么有些人极具说服力，还提供了如何避免被他人轻易影响的策略。

2.《人际关系的学习》

作者：丹尼尔佛罗曼。

简介：本书深入探讨了人际关系，重点讨论了个人、社会和实际行为之间的关系。它深入浅出地讨论了如何建立、管理和巩固人际关系，以及如何面对困难和冲突。对于希望提升人际交往能力的读者来说，这是一本实用的指南。

3.《人性的弱点》

作者：戴尔·卡耐基。

简介：作为一本超级畅销书，本书从人性本质的角度挖掘出潜藏在人们体内的弱点。它帮助读者了解如何与他人相处、如何让他人信服并友善地改变他人，以及怎样克服人性中的弱点来增强自信并获得成功。这本书被许多人奉为人际交往的圣经。

4.《亲密关系》

作者：罗兰·米勒、丹尼尔·珀尔曼。

简介：本书结合心理学和沟通学的知识，对两性关系进行了科学而系统的总结。它帮助读者对亲密关系有全新的认知，并极大地提高生活的幸福度。对于希望改善或加深与伴侣关系的读者来说，这本书是不可或缺的。

5.《学会沟通》

作者：马修·麦凯、玛莎·戴维斯、帕特里克·范宁。

简介：本书从沟通的心理学原理出发，讲述了沟通的方法和要点。它涵盖了沟通中可能会遇到的问题，并提供了相应的解决策略。对于希望提升沟通技巧和有效沟通能力的读者来说，这本书是非常实用的。

6.《谈话的力量》

作者：艾伦·加纳。

简介：本书基于数百例科学研究以及作者自身20年来教授学生的亲身体验，简洁实用地介绍了谈话技巧。它帮助读者认识到，善于交谈的人只不过是懂得一些简单的技艺而已，而这些技艺是任何人都可以学会的。通过运用这些技巧，读者可以在人际交往中取得更大的成功。

参考文献

[1] 彭贤，马千珉. 人际关系心理学 [M]. 北京：清华大学出版社，2019：3-5，26-28.

[2] 郑日昌. 大学生心理诊断 [M]. 济南：山东教育出版社，1999：339-344.

[3] 杨开华，石维富. 大学生人际关系与沟通能力 [M]. 成都：西南交通大学出版社，2020：20-29，13-79.

[4] 倪佳琪. 新时代大学生人际交往指南 [M]. 北京：科学出版社，2021：5-8.

[5] 龚荒. 人际关系与沟通 [M]. 北京：人民邮电出版社，2022：87-91.

[6] 倪佳琪. 新时代大学生人际交往指南 [M]. 北京：科学出版社，2021：81.

[7] 龚荒，人际关系与沟通 [M]. 北京：人民邮电出版社，2022：105.

[8] 王磊. "首因效应" 在构建高职体育课堂中积极师生关系的研究 [J]. 天津职业院校联合学报，2024，26（1）：65-68.

[9] 董云飞. 高校学生心理因素对教学评价的影响研究 [J]. 齐齐哈尔大学学报（哲学社会科学版）2022（12）：147-149.

[10] 戴维·迈尔斯. 社会心理学 [M]. 11版. 张智勇，乐国女，侯玉波，译. 北京：人民邮电出版，2014：115.

[11] 刁昱文. "晕轮效应" 对当代大学生生活的影响浅析 [J]. 国际公关，2024（3）：185-187.

第七章　学霸的秘密
——大学生学习心理

第一节　你真的了解学习么

学习是每位同学从小到大都面临的一件“难题”，相信大家在成长过程中，也会因为学习而感到困惑，甚至苦恼，会为反复也弄不懂的知识感到着急，会因为考试成绩不尽如人意而感到难过，在学习的过程中，还会感受到来自身边同学、老师、家长的层层压力……似乎我们对“学习”这件事，已经经历得太多。一方面，我们特别羡慕那些成绩优秀的同学，另一方面，我们自己又多多少少对学习有些心生倦怠。那我们从心理学的角度，来探究一下什么是学习，重新认识一下学习，也许，你对它会有新的认知。

一、学习的定义及分类

（一）学习的概念

不同于我们通常理解的学习——认为学习就是读书、考试，其实学习是个很宽泛的概念，心理学家认为，学习是个体的行为或思维由于经验产生较为持久的变化的过程①。

从这个定义中我们可以这样理解学习，首先学习的主体是个体，这里的个体不仅包含人类，还可以是动物。其次，这里的经验，内涵丰富：我们上课所用的教材上的内容也可以称为经验——它们是来自前人的经验，是一种信息的传递；也可以是我们学会的某一项运动技巧，例如游泳、骑单车、打篮球，等等。而且，学习是一个互动的过程，外界的信息对个体产生了影响，让个体能从已有的状态和认知结构出发，掌握新的经验，从而完成学习的过程。

那么有同学可能会好奇，因为个体的成熟也会导致行为的改变，比如我们小时候会逐步学会从爬到走到跑的过程，这能算学习吗？个体在成熟过程中行为产生的变化，

① 陈琦，刘儒德. 当代教育心理学［M］. 北京：北京师范大学出版社，2007：110.

和学习比起来，要慢很多。我们在练习走、跑这些技能的过程中，也受到了来自抚养者的示范和教导，所以这不能简单称为是学习。

另外，学习的结果表现，不一定能外显于行，它可以是带给我们思维、观点的变化。所以说到这里，大家应该开始明白，学习这件事，从我们出生就发生了，而且，学习就在我们身边，无论生活、工作、娱乐休闲，都少不了学习。从这个意义上说，我们人人都是某个领域的学霸。

（二）学习的作用

学习的一个重要作用就是帮助个体适应环境，从进化论的角度上说，人类能在上万年的进化过程中，在地球上成为食物链顶端，离不开学习：从最开始人类的祖先茹毛饮血，到食用熟食；从四处打猎到圈养牲畜、种植农作物；从简单的语言交流到形成书面文字……人类学习的每一步，都让生活变得更美好。

学习的第二个作用，是促进个体的心理成长，让我们变得更成熟。一些伟大的科学家，他们在一开始，学习能力并没有很出众或者行为表现就很好，比如爱因斯坦小时候因为语言能力发展慢，说话晚，被老师称为“笨蛋”；爱迪生小学只上了三个月，就因为成绩不佳而退学……但他们后来都成为了影响人类进步的伟大科学家，因为学习打开了他们的潜能之门，让他们的心理和智力发展产生了质的飞跃。

【课堂之外】

狼孩的故事

在印度一个叫米德拉波尔的地区，人们在打猎时发现有一种四肢着地像人的生物跟随狼群出没于森林里，后来人们在一个巨大的白蚁穴巢附近找到了狼窝，发现了这两个生物原来是两个小女孩，一个七八岁，一个两岁左右。传教士辛格把她们送到附近米梅纳普尔市孤儿院并给她们起名，大女孩叫卡玛拉，小女孩叫阿玛拉。据后来辛格回忆，两姐妹刚回到人类社会时，仍然像狼一般具有明显的动物习性：比如吃生肉，赤身裸体在地上爬行，怕光和火，白天总是躲在阴暗的角落里，夜晚则在院内外四处游荡，凌晨1时到3时还会发出像狼一样的嚎叫声。孤儿院的嬷嬷尝试给她们穿衣服，却被她们粗野地把衣服撕掉，给她们吃东西，她们不会用手，而是放在地上用牙齿撕开。她们似乎没有感情，在很长时间里都对其他人不感兴趣，只知道要吃的，吃饱了就睡觉，也不让别人给他们洗澡。辛格牧师夫妇为使两个狼孩能转变为人，作了很多的尝试。在辛格夫妇的努力下，妹妹阿玛拉到第2个月，会发出“波、波”的声音，用来讨要食物和水。但好景不长，阿玛拉在回到人类社会一年后，不幸死去了。姐姐卡玛拉在4年内掌握了6个单词，将近5年的时间里学会了走路，但奔跑时还是习惯用四肢。再过5年后，她能帮忙照顾其他孤儿院的小朋友了。还会因为自己想做的事情（例如脱衣服）做不好而感到羞愧哭泣。在辛格夫妇和其他好心人的照顾下，卡玛拉缓慢地向人的方向发展，一直活到17岁。但她直到死都没真正学会说话，智力只相当于三四岁的孩子。

诺贝尔文学奖得主、英国作家吉卜林将狼孩的故事写进19世纪出版的同名故事集《丛林奇谭》里，迪斯尼又将它改编成经典的动画片《森林王子》在1967年上映，2016年，美国导演乔恩·法夫罗再次改编，以《奇幻森林》为名将它搬上了好莱坞大荧幕并获得了当年奥斯卡金像奖。

（三）学习的分类

学习的现象非常复杂，如何科学有效地对学习进行分类，一直是教育心理学研究的重要领域。专家学者们根据自己的观察和研究，提出了不同的学习观点和分类方式。在这里，我们简单介绍以下几种常见的学习分类①：

（1）学习水平分类：根据学习的深度和广度，学习可以分为不同水平。例如，低级学习、高级学习和学习迁移。低级学习是指对知识的简单记忆，高级学习则是指对知识的深度理解和应用，学习迁移是指将所学的知识应用到新的情境中。

（2）学习结果分类：根据学习的结果，学习可以分为陈述性学习、程序性学习和行为学习。陈述性学习是指对知识的记忆和理解，程序性学习是指对技能的掌握，行为学习是指对行为的改变。

（3）学习方式分类：根据学习的方式，学习可以分为接受学习、发现学习和合作学习。接受学习是指学生通过教师或其他途径被动地接受知识，发现学习是指学生通过探索和发现主动地获取知识，合作学习是指学生通过与他人的合作共同完成学习任务。

（4）学习内容分类：根据学习的内容，学习可以分为学科学习、生活技能学习和职业学习。学科学习是指对各门学科知识的学习，生活技能学习是指对生活技能的掌握，职业学习是指对职业技能的掌握。

（5）学习过程分类：根据学习的过程，学习可以分为不同阶段。例如，预习、讲授、练习、复习和评估。预习是指在教师授课之前，学生自主学习新知识；讲授是指教师向学生传授知识；练习是指学生通过练习巩固所学知识；复习是指学生对已学知识的回顾和巩固；评估是指对学生学习效果的检查和评价。

二、学习和大脑

学习和大脑密切相关。大脑是学习和记忆的生理基础。学习是一个复杂的过程，涉及大脑的多个区域和网络。在学习过程中，大脑会发生一系列的变化，包括神经元之间的连接变得更加紧密，新的神经元和神经连接形成，以及大脑某些区域的活动增加等。这些变化有助于我们更好地理解和记忆信息，提高我们的学习能力和认知能力。

大脑的某些区域，如海马体和前额叶皮质，在学习和记忆中起着关键作用。海马体是负责形成和存储新记忆的主要区域，而前额叶皮质则参与更高级的认知功能，如决策、规划和注意力等②。现在有专门的学科——认知神经科学来研究大脑的秘密。学习和大脑之间的关系非常复杂，还需要更多的科学研究来深入理解。

（一）学习的基本原理和过程

学习的现象虽然很复杂，但学习的基本原理不难理解，从生物学的角度上说，学习就是大脑里不同神经元之间建立连接的过程：神经元之间通过突触传递神经递质，传输的数量不同就会产生传输方式的变化——学习的脑功能之一就体现在，神经细胞

---

① 张大均. 教育心理学［M］. 北京：人民教育出版社，2015：89-90.

② 伯纳德·J. 巴斯，尼科尔·M. 盖奇. 认知、大脑和意识：认知神经科学引论［M］. 王兆新，库逸轩，译. 上海：上海人民出版社，2015：65.

的突触会更为丰茂，与其他神经细胞的连接会更多。越是学习好、知识渊博的人，脑神经细胞之间的网络连接就越复杂。

有研究发现，大脑神经突触密度和个体的智力水平呈正相关[①]。所以从这个意义上说，越愿意去学习的人，不同神经细胞之间的连接次数就越频繁，突触密度就会越大，他们就会越学越聪明——大家会有个很直观的经验：班上的学霸，往往不仅体现在读书考试很厉害，而是各方面都很厉害，他学新知识/技能，总是比普通同学要更快。而相反，个体越是不愿意学习、自我封闭，躺在舒适圈里不愿意进步，沉溺于一些简单重复、追求一些低层次的愉悦感的行为，其大脑就会变得越来越迟钝。

（二）左右脑的功能

大量的研究表明，大脑的功能是存在左右脑区分的。早在20世纪50年代，神经外科医生发现通过切断连接左右大脑半球的纤维束板胼胝体，可以有效缓解癫痫的症状[②]。但医生们发现，这些“裂脑人”的认知功能产生了割裂的现象：把患者眼睛蒙上，放一个东西在左手上，患者无法对物品进行描述，但放在右手上，患者却可以进行正常的描述。这种不同脑区执行特定功能的现象被称为“特异化”。

“裂脑人”的现象，引发了学界震动，研究大脑功能分区迅速成为了当时热点。随着科技的进步，现在我们已经能通过CT（脑扫描）技术和FMRI（核磁共振）等技术演示大脑不同区域是如何对特定任务进行加工的。总体来说，左半球负责逻辑相关的认知加工任务，如产生时间知觉、分析推理线索、书面信息的识记、语言功能、探索外部刺激线索；右半球负责和形象空间相关的认知加工任务，比如空间知觉、图像和事件记忆、阅读并进行肢体语言的表达。

已有研究表明：第一，虽然大脑存在“特异化”现象，但大多数的任务是需要左右大脑先各自独立进行再通过胼胝体进行信息交换，这意味着特异化并非绝对化；第二，大部分人是存在优势半球的，这种优势会极大地影响个体的认知风格、行为能力、人格塑造。

（三）关键期假说

大家听说过谚语“三岁看大，七岁看老”，意思是，人们可以通过对儿童早期行为习惯的观察，判断他以后的心理和个性的发展甚至成就，这说明了掌握儿童发展关键期的重要性。“关键期”的概念最早来源于生物学，生物学家在研究孔雀的时候发现雏孔雀只有在出生40~50天内听到成年孔雀的叫声，才会发出叫声。心理学家埃里克森提出了人格发展的八阶段理论，皮亚杰提出了儿童认知发展的四阶段论，这些强调个体阶段性发展的观点，都认为在不同阶段存在着关键期、有着不同的人格成长任务和认知特点。

近半个世纪来，也有不少脑科学家通过实证研究试图对“关键期”做出科学解释。目前的研究表明，大脑不同功能的发展的确存在着关键期，比如在语言学习上，音韵的学习敏感期在幼年；而语法的学习，要在14~16岁这个阶段。其他能力诸如视觉、听觉、运动平衡能力都存在关键期，所以教育工作者要在恰当的时候给予儿童学习机

① 沈政，方方，杨炯炯. 认知神经科学导论［M］. 北京：北京大学出版社，2010：93.

② 田银，徐鹏. 脑电与认知神经科学［M］. 北京：科学出版社，2023：81.

会，促进其能力和生理的发展。

近年来，受到终身发展观的影响，关键期假说这一理论也面临着一些质疑，比如有研究者在对个体学习第二语言和年龄之间的关系时发现，初始学习第二语言年龄比较晚的受试者组，其大脑和语言相关的活动区域的活跃性程度，和初始学习第二语言较早的受试者对照组相比，没有显著性差异①。此外，相较于儿童学习的外显性，成年人的学习较为内隐，表现为更善于抽象思考和总结归纳，这些特征，使得对成年人学习水平的研究相较于儿童变得难以量化。越来越多的研究者开始相信，人的认知是终身发展的，大脑也是终身可塑的。

【课堂之外】

大脑的秘密

1. 大脑喜欢色彩，使用高质量的有色笔或有色纸有助于记忆。

2. 大脑集中精力最多25分钟，成人学习20~30分钟后应休息10分钟，如利用这段时间做家务，然后继续学习。

3. 大脑需要休息以快速学习并记住新信息，如果感到累，先休息20分钟再继续学习。

4. 大脑像发动机，需要“优质燃料”来维持其功能，应避免垃圾食品和化学制品。

5. 大脑里充满了电信号和化学信号，电和化学物质在水里才能更好地流动，保持充足的水分和避免脱水有助于集中精力。

6. 大脑喜欢问题，提出问题有助于大脑自动搜索答案，提高学习效率。

7. 大脑和身体有各自的节奏周期，在大脑最活跃的时间学习可以节省时间并提高效率。

8. 大脑和身体经常交流，身体姿势和活动可以影响大脑的警觉度和重视程度。

9. 气味影响大脑，使用香料如薄荷、柠檬和桂皮可以保持头脑清醒。

10. 大脑需要氧气，经常到户外活动和运动有助于提高大脑功能。

11. 大脑需要空间，在一个宽敞的地方学习有助于提高注意力。

12. 大脑喜欢整洁的空间，整洁的环境有助于提高记忆力和学习效率。

13. 压力影响记忆，锻炼是缓解压力和保护大脑健康的有效方法。

14. 大脑不知道你不能做哪些事情，你可以通过自言自语的方式告诉它积极的信息。

15. 大脑如同肌肉，可以通过训练和加强来提高其功能。

16. 大脑需要重复学习来加深记忆，间隔时间越短复习一次内容，记忆效果越好。

17. 大脑的理解速度比阅读速度快，使用铅笔或手指辅助阅读可以提高阅读速度。

18. 大脑会归类和联系，你可以通过将新知识与旧知识联系起来来帮助记忆。

19. 大脑喜欢开玩笑，保持心情愉快可以提高学习效率。

20. 睡眠对大脑健康至关重要，充足的睡眠有助于巩固记忆和恢复大脑功能。

---

① 王红斌. 第二语言学习者语音感知能力的发展［M］. 北京：光明日报出版社，2020：76.

三、学习的基本要素

（一）学习环境

学习环境是指人们在学习过程中所处的外部条件和内部心理状态的总和。它包括物质环境、社会环境和学习者的内部心理环境。

（1）物质环境主要指学习场所、设施、设备等硬件条件。一个良好的物质环境能够提供安静、舒适、安全的学习空间，有利于学习者集中注意力、减少干扰，提高学习效率。例如，宽敞明亮的教室、配备齐全的教学设备、整洁优美的校园环境等都是良好的物质环境。

（2）社会环境则包括家庭、学校、社会等软件条件。家庭是孩子成长的第一个课堂，家长的教育方式、家庭氛围、家庭经济状况等都会影响孩子的学习兴趣和学习成绩。学校作为专门的教育机构，其教育理念、教学方法、师资力量、管理水平等都会对学生的学习产生重要影响。此外，社会文化、价值观念、科技发展水平等也会对学习环境产生深远影响。

前苏联教育学家维果茨基就非常重视社会文化—历史背景对学习者的影响，他认为人们所处的环境和其内部心理状态有着密切的关系，充斥着和历史文化相关的物化成果。并主张儿童的学习首先产生于人与社会环境之间的交互，而并非内化实现的①。

（3）除了物质环境和社会环境外，学习环境还包括学习者本身的内部心理环境。这包括学习者的学习动机、学习态度、学习策略、认知风格等。这些因素对学习起到怎样的影响，我们会在之后的章节中具体展开。

（二）学习氛围

学习氛围是一个环境或情境，其中包含了各种元素，如教师、学生、教学内容、教学方法、学习资源、物理环境等，这些元素相互作用，共同影响着学习者的学习效果和学习态度。

首先，学习氛围对于学习者的学习效果有着重要的影响。一个积极的学习氛围可以激发学习者的学习兴趣和动力，使他们更加主动地投入到学习中去。相反，一个消极的学习氛围可能会导致学习者感到压抑和无助，从而降低他们的学习效果。

其次，学习氛围还可以影响学习者的学习态度。一个良好的学习氛围可以培养学习者的自信心和责任感，使他们更加珍惜学习机会并愿意为之付出努力。相反，一个不良的学习氛围可能会导致学习者对学习产生抵触情绪，甚至产生厌学心理。

为了营造良好的学习氛围，我们可以从以下四个方面入手：

（1）教师应该关注学生的需求和感受，采用多样化的教学方法和手段，激发学生的学习兴趣和积极性。同时，教师还应该注重课堂互动和沟通，鼓励学生提出问题和意见，营造开放、包容的课堂氛围。

（2）学生应该积极参与课堂活动和讨论，主动表达自己的观点和想法。同时，学生还应该尊重他人的意见和看法，学会倾听和理解他人的观点，形成良好的学习氛围。

（3）学校应该提供充足的学习资源和设施，如图书馆、实验室、体育设施等，为

① 莫雷. 教育心理学［M］. 北京：教育科学出版社，2007：133.

学生提供良好的学习环境。同时，学校还应该加强校园文化建设，营造积极向上、健康和谐的校园氛围。

（4）家庭也应该注重孩子的学习氛围营造。家长应该关注孩子的学习情况和心理状态，提供必要的支持和帮助。同时，家长还应该注重与孩子的沟通和交流，了解孩子的需求和想法，为孩子创造良好的学习环境和条件①。

（三）学习者的个人特质

学习者的个人特质包括文化背景、学识基础、动机水平、智力水平、学习风格等。正是这些因素导致了在同样的教学环境和学习条件下，学生的学习水平有了差异。理解学习者的个人特质，是进行有效学习的重要条件。以下以智力水平和学习风格展开讲解。

1. 智力水平

智力的概念较为复杂，不同研究者的观点不一，目前研究者普遍认为，智力是一种从经验中学习的能力和适应周围环境的能力。从这一定义我们可以看出，智力是一个综合能力的体现，它不仅是我们平时所认为学习者表现出来的完成学习任务快慢的能力，而是广泛的、具有目标导向的能力。

早期的研究者利用语言、数形测验进行分析，但被认为测量维度过于单一，缺乏对更为复杂、综合的认知任务的解决水平的评估。这一时期比较有代表性的理论有流体智力和晶体智力。流体智力是一种感知能力，和感官的发育水平密切相关，在青少年时期不断增强，30 岁左右达到顶峰，随后逐渐衰退；而晶体智力会在人的一生中持续增长，是指利用经验解决实际问题的能力。

美国教育学家心理学家加德纳，根据人们在认知神经科学方面取得的研究成果，将智力划分为语言智能、逻辑—数学智能、运动智能、音乐智能、空间智能、人际智能、内省智能和自然观察智能②，他认为每一种智能之间既相互独立又彼此关联，帮助我们在实际生活和工作中解决问题，比如一名体育教师，应当同时具备较好的运动智能、语言智能和人际智能，才能将运动技能传授给学生。

耶鲁大学的斯滕伯格教授提出“智力三元论”，将智力划分为分析能力、创造能力和应用能力三种成分。他认为大多数人这三种能力成分的组合是存在差异的，这种差异直接影响了人们在学习中的行为模式、认知倾向。比如分析能力强的学生，就会表现为学业优秀，愿意接受逻辑、思维上的训练，受老师喜欢；而应用能力强的学生，成绩就会很一般，甚至在学校表现很差，因为他们更倾向于从事具体而实际的工作。

以上这些智力理论的提出，极大地丰富了教育工作和研究的内涵，对后来树立科学的教学观、开展素质教育，推动教学改革起到了深远的影响。

2. 学习风格

学习风格是指学习者在学习时所具有的或者偏好的方式，极富个人特色。所以人们的学习风格是存在差异的，我们可以从感觉通道和认知风格两个维度来理解这种差异。

---

① 卢家楣. 学习心理与教学理论和实践［M］. 3 版. 上海：上海教育出版社，2017：97.

② 夏惠贤. 多元智力理论与个性化教学［M］. 上海：上海科技教育出版社，2003：34.

我们可以观察到在日常学习中，有人喜欢自己看书复习，有人喜欢听别人讲，有人喜欢动手实践。这种学习风格差异我们称之为感觉通道差异，这三种学习方式分别对应的学习风格是视觉型、听觉型和动觉型。对于视觉型学习者，我们应该留给他们足够的空间，允许他们通过阅读和做笔记的方式自主学习，减少打扰；对于听觉型学习者，他们对声音的刺激更为敏感，甚至会喜欢边听音乐边学习，这类学习者要经常性地和他们进行交流和反馈；而动觉型学习者，他们对学习技能更感兴趣，比如操作机器、做实验等，所以这类学习者一定要给他们足够明确的学习目标。

我们也可以从认知风格上对学习风格进行划分。美国心理学家赫尔曼将其分为场依存型和场独立型①，这是他在研究飞行员在飞行中如何判断自己是否坐直的问题中提出来的。他发现有些飞行员可以借助自身的平衡感进行判断（场独立型），而另外的飞行员会借助环境参照物进行判断（场依存型）。场独立型的学习者更擅长于数学、物理等自然科学的学习，而场依存型的学习者会对哲学、历史等社会科学更感兴趣。

还有研究者将其分为反思型和冲动型学习风格。他们通过一系列的实验发现，冲动型的学生倾向于直觉思考，往往以很快的速度做出回应，反应时间较短；而反思型的学生会在回答前反复思考、比较，做出分析和评估，再给出更有把握的回答。这两种学习风格各有利弊，后来的学者发现，反思型学生在解决较少维度的认知任务时有优势，而冲动型学生在解决多维度认知任务中要更快更好。

此外，还有整体性和系列性学习风格、表层加工和深层加工学习风格等划分方式。总体来说，研究者们对于学习风格存在差异的结论是普遍支持的。这些研究让人们对教育教学和学习的认知更加深刻。

【课堂之外】

测一测，你是什么学习风格

请在以下符合自己实际情况的项目前打“√”，一个“√”计1分。

1. 背课文时，写下来比读出声更容易让我记住。
2. 我可以只通过听歌不看歌词，学会一首歌。
3. 看剧情舒缓的电影令我放松。
4. 我擅长分辨各种颜色之间的不同。
5. 我听到一个不太熟悉朋友的名字，会先想到他的声音。
6. 我喜欢泡热水澡来缓解紧张。
7. 我习惯借助文字或图画来解决问题。
8. 我习惯用谈话的方式来说明事情。
9. 我习惯通过实际动手来学习新事物。
10. 上课时，我需要老师把重点写在黑板上才有印象。
11. 我读书时会受到说话声、噪音或电视声音干扰。
12. 长时间和人相处，令我感到精神紧张。
13. 我习惯让书桌上的用品保持整齐。

① R. 赖丁，S. 雷纳. 认知风格与学习策略：理解学习和行为中的风格差异［M］. 庞维国，译. 上海：华东师范大学出版社，2003：53.

14. 有空时我会选择欣赏音乐或者追剧看电影。

15. 我习惯穿着宽松舒适的衣服。

结果参考：

通过分数比较，得分最高的就是所对应的学习风格。视觉型——1、4、7、10、13合计分数；听觉型——2、5、8、11、14 合计分数；触觉型——3、6、9、12、15 合计分数。

（1）视觉型：可利用不同色笔或标记划重点，学习前整理书桌保持整洁，只留必要用具以免分心；将听到的重点尽快转化为文字或图表；勤动手整理笔记；多看教学视频。

（2）听觉型：大声朗读知识点；书房保持安静，若周围环境嘈杂，可以听点轻音乐隔绝噪音；多听教学音频，在睡前听学习录音有助于学习，上课专心听讲。

（3）触觉型：利用各种感官比如嗅觉、味觉、触觉去认识新事物，保持读书环境空气流通、光线充足；保持心情愉快，多通过劳动实践去记忆新知识。

（四）学习目标和有效学习

1. 学习目标

学习目标是指在学习活动中，学习者希望达到的具体成果。它通常包含知识、技能和态度三个方面的目标①。

（1）知识目标：是指学习者需要掌握或理解的特定概念、原则、事实或理论。例如，学习某种编程语言的基础知识。

（2）技能目标：也称为行为目标，是指学习者需要获得或改进的操作或行为能力。例如，学会使用某种软件工具或编写代码的能力。

（3）态度目标：是指学习者的情感、价值观或态度上的变化。例如，培养对编程的兴趣或解决问题的耐心。

学习目标应该具有明确性、可衡量性、可达成性、相关性和时限性，以便学习者能够清晰地了解自己的学习方向和要求，制订合理的学习计划，有效地进行学习。同时，学习目标也是评价学习者学习成果的重要依据，可以帮助教师和学习者及时发现学习中存在的问题，调整学习策略，提高学习效果。

2. 有效学习

“授人以鱼不如授人以渔”，古人在多年前就懂得传授学习方法的重要性要远胜于传授既有知识。而学习方法往往又具有很强的个人特征，不同的学习者和不同的学习材料适合的学习方法不同。比如人文社科知识的学习重在识记和理解，而自然科学知识的学习重在实践和应用。而现实中我们的学习是较为复杂和综合的，这就需要我们学会学习、掌握一些有效的学习方法。

研究者指出，有效学习方法的原则有三点②：一是特定性，即学习方法要适用于学习目标和学习者的特征，同样的学习方法，成绩好的同学和学习差的同学运用的效果

---

① 张微. 学习心理与辅导［M］. 北京：科学出版社，2021：61.

② 简妮·爱丽丝·奥姆罗德. 教育心理学精要：指导有效教学的主要理念［M］. 雷雳，郭菲，译. 北京：中国人民大学出版社，2013：107.

是不同的；二是生成性，就是要从自身的学习知识体系基础出发，对学习材料进行重新加工，从而内化形成有组织性、有意义的学习知识，我们可以通过做笔记、划重点、课后练习、提问等方式进行；三是有效的监控，一套学习方法是否有效，要经过反复的检验和评估，学习者应当经常性地对自己的学习成果进行检验以了解自己目前采取的学习方法是否有效，哪些还需要改进。

四、学习的类型

美国著名的教育学家、心理学家加涅在20世纪70年代对学习进行了深入的研究，构建了包含学习情景、学习过程、学习层次和学习结果的完整的一套学习理论体系，是信息—加工学习论的代表人物。加涅认为，人类的学习有五类结果，表现为五种不同的能力，即言语信息、智慧技能、认知策略、运动技能和态度①。本节我们就从这五个方面，来了解一下如何进行不同类型的学习。

（一）言语信息的学习

言语信息的学习即学习者掌握的是言语信息的传递内容，比如学习英语，我们一开始是从学字母、识记简单的单词开始的，或得到的学习结果是以言语信息的方式呈现的。这一类的学习通常是有意义、有组织性的，比如我们学习文言文，虽然文言文的表达方式和白话文不一样，释义也不同，但我们可以在老师的引导和解释下先去理解文言文表达的具体内容，形成有组织、有意义的学习材料，然后就能领会文言文的含义甚至能进行背诵。

那么如何做好言语信息的学习呢？一是，我们要对言语信息进行理解和有效的组织，形成有意义的学习材料，不能死记硬背，比如有些同学学英语时，因为觉得拼读音标很麻烦，会在单词旁边标注中文谐音帮助自己拼读，这种生搬硬套的方式，因为缺乏意义的理解反而不利于识记；二是，我们要善于营造语言信息的语境，比如学习外语的时候多听多说，不断强化对语言信息的组织和意义的理解、应用，就能学好外语。

（二）智慧技能的学习

如果说言语信息的学习是帮助学习者明白这是什么，那么智慧技能就是要帮助学习者解决这该怎么做的问题。人们在不同学科和不同程度的学习中，都普遍存在着智慧技能的学习。这就需要我们学好基础知识，掌握好原理，再不断地实践、运用这些基础知识和原理，然后摸清各学科的学习规律，这样就能生成属于每个学习者自己的智慧技能。

大家在练习写作的过程中，要学习不同类型文章的写作方式，如记叙文、说明文、新闻稿、议论文等，在练习写作中逐渐掌握各类文章的基本写作范式。后期写得熟练后，就能形成自己的一套写作方法和写作结构，即便是在不同类型的文章中，也可以运用自如，这就是智慧技能的掌握过程。

（三）认知策略的学习

认知策略是学习者用以支配自己的注意、学习、记忆和思维等内在组织的能力，

---

① 简妮·爱丽丝·奥姆罗德. 学习心理学［M］. 汪玲，罗铮，译. 北京：中国人民大学出版社，2015：142.

这种综合能力可以帮助学习者控制学习过程。如果说智慧技能着眼于学习者的学习材料等外部信息，那么认知策略则关注学习者的内在因素。

近年来，学习中的非智力因素成为教育心理学研究的热门课题，也日益成为学校教育的重要影响因素。认知策略没有优劣之分，也没有固定参考标准。每位学习者的情况都不一样，需要不断地尝试、更新、匹配学习者所处的不同环境和不同阶段。

（四）态度的学习

态度是通过学习获得的一种内部状态，这种状态影响着个人对某种事物、人物及事件采取的行为倾向。学习者应当学会反思自己的学习态度，减少学习过程中消极态度的影响。比如我们经常提到的学习倦怠，其实就和态度相关。

态度是影响学习者学习过程的重要因素之一。早期的学习和生活经验是形成个体学习态度的主要来源。加涅认为态度可以分为三类，一是儿童对家庭和其他社会关系的认识；二是兴趣爱好；三是社会责任、道德规范。

（五）运动技能的学习

相较于言语技能、智慧技能和认知策略，运动技能是更为复杂的一种技能，因为它不但涉及智慧技能和认知策略，还要考察学习者的感知力、平衡力等，所以大家会有这样的体验，运动技能学会后，就很难忘记，甚至能终身保持，比如学骑自行车、学游泳等。

这种能力在生理学上，我们称之为“肌肉记忆”。有研究发现，运动员在中断训练20年后恢复技能训练，也要比从未接受训练的人所需时间少40%。因为肌肉获得记忆的速度很缓慢，当然肌肉本身没有记忆功能，这里的记忆指的是通过反复训练而形成的一种条件反射。所以运动技能的学习就是靠多训练，不断重复练习，让肌肉记忆保持良好的状态。

五、学习理论介绍

在心理学尚未独立分化出来成为一门学科时，关于学习的观点、理论，就非常丰富了，比如《论语》里就有着大量关于学习的重要论述：“学而时习之，不亦说乎”“知之者不如好之者”。古希腊圣贤苏格拉底提出“美德即知识”，主张培养人的德行和知识同样重要，亚里士多德在苏格拉底的基础上，进一步提出了“教育适应自然”“和谐教育”等重要观点。由此可见，古今中外的思想史里已经积淀了很多学习心理的观点。

在19世纪心理学成为一门独立学科之后，心理学家们对学习现象的研究分析更加深入，提出了更加系统而科学的学习理论。本节将介绍一些具有代表性的学习理论。

（一）行为主义学习理论

行为主义学习理论强调学习是通过刺激和反应之间的联系来实现的。这种理论的代表人物包括约翰·华生（John B. Watson）、B. F. 斯金纳（B. F. Skinner）和艾伯特·班杜拉（Albert Bandura）等人。

华生是行为主义学习理论的创始人，他在20世纪初提出了这一理论。华生认为，学习是刺激与反应之间的联结，所有行为都是习得的。他主张心理学应该摒弃意识、意象等主观的因素，而应关注可观察到的行为。

斯金纳进一步发展了行为主义学习理论，他提出了操作性条件作用原理，并对强化原理进行了系统的研究，使强化理论得到了完善和发展。斯金纳认为，行为是学习者对环境刺激所作出的反应，通过环境的改变和对行为的强化，任何行为都能被创造、设计、塑造和改变。

班杜拉则提出了社会学习理论，他认为人们不仅可以通过直接经验学习，还可以通过观察他人的行为和后果来学习，这被称为观察学习。

行为主义学习理论在教育实践中有着广泛的应用。例如，教师可以利用强化来塑造和矫正学生的行为，为学生创设一种环境，以尽可能在最大程度上强化学生的合适行为，消除不合适行为。此外，行为主义学习理论也强调了环境因素在个体行为和学习过程中的重要作用，这对于理解个体的行为和学习方式具有重要意义。

【知识窗】

斯金纳的教学机器

作为20世纪最有影响力的心理学家之一，斯金纳对于教育的研究起源于他在小女儿学校算术课旁听的观察心得。1953年，49岁的斯金纳作为哈佛大学心理学系的终身教授，已在心理学界享有盛名。一天，他以家长的身份到小女儿就读的小学班级旁听算术课，发现孩子们都很积极，想要尝试回答问题，但课堂时间有限，机会也有限，不是每个孩子都能表现自己，有时即使回答，也得不到老师及时的反馈……这让旁听的斯金纳感到非常荒谬，认为整个课堂教学情景效率低下。他愤然地说："太差劲了，这些老师正在毁灭孩子们的求知欲，而我们可以做到更高效。"

在传统课堂情境中，学生本可以获取的知识会因为教师注意力分配不均、教师反馈不及时等问题难以获取，学生的学习兴趣以及潜力很容易被埋没。在这样的教育环境下，"人才因没有办法被开发沦为平庸"成为教育的悲哀，也很大程度地影响了国家的发展。

为了促进学生的个性发展，斯金纳开始致力于教育改革，将操作行为主义理论引入教育领域，进而提出程序教学理论，并在此基础上制造了轰动美国教育界的"小盒子"——斯金纳教学机器。使用教学机器，学生可以根据自己的兴趣和能力选择学习进度，按照事先精心设计的程序进行自我学习。这种方法能适应学生的个性差异，按照每个学生的不同进度进行学习，增强学生的学习信心。斯金纳教学机器的个性化学习理念使得美国的个性化教育得到了很大的发展。

（二）认知倾向学习理论

认知倾向学习理论反对将学习简单看作是刺激—反应的联结，强调了个体在学习和解决问题过程中的主动性和内在心理结构的作用，是个体对情境的理解和对事物关系的认知过程。这种理论特别强调顿悟和理解在学习中的关键作用。

例如，苛勒的完形顿悟说就是一个典型的认知倾向学习理论。该理论认为，学习是通过顿悟过程实现的，即个体对情境的突然理解。这种理解并非来自于盲目尝试，而是依赖于个体的智慧和理解力。同时，学习也被视为主体内部构造完形的过程，即对事物关系的认知。

托尔曼的符号学习理论[①]也属于认知倾向学习理论的范畴。他认为学习是有目的的行为，不是盲目的；学习是对符号—完形的认知。他还提出了中介变量的概念，即在外部刺激和行为反应之间存在着影响学习过程的中介变量。

（三）人本主义学习理论

人本主义心理学是20世纪五六十年代在美国兴起的一种心理学思潮，其代表人物是马斯洛和罗杰斯。人本主义的教学观深刻地影响了世界范围内的教育改革。其主要观点如下：

（1）有意义的自由学习观：这种学习不仅是获取知识的过程，还是将新知识与个人经验相结合，进而改变个体行为、态度和个性的过程。

（2）以学生为中心的教学观：在这个模式中，教师的角色更像是“助产士”或“催化剂”，他们不只是传授知识，也不只是教授学习方法，而是提供更多学习资源和一个能促进学习的环境，让学生自主决定如何学习。

（3）知情统一的教学目标观：人本主义学习理论强调情感和认知两方面的发展，教育的目标是培养全面发展的人。在具体的教学目标上，其更注重过程而非内容，重视培养学生适应变化和自主学习的能力。

（四）建构主义学习理论

建构主义者认为世界是客观存在的，但对事物如何理解却是由每个人自己决定的。不同的人由于知识经验、成长经历等的差异，对同一事物会有不同的理解。在这一前提下，建构主义学习理论认为：学习是引导学生从原有经验出发，生长（建构）起新的经验的过程。

建构主义作为一种认知方式和教育实践主张，其思想历史由来已久，最早的建构主义观点要追溯到苏格拉底著名的“产婆术”理论。现代建构主义的起源一般认为是瑞士心理学家皮亚杰提出的，他在1970年发表了《发生认识论原理》，主要研究知识的形成和发展，从认识的发生和发展这一角度对儿童心理进行了系统、深入的研究，提出认识是一种以主体已有的知识和经验为基础的主动建构[②]，这正是建构主义观点的核心所在。

这个理论有两个主要分支：个体建构主义和社会建构主义。

（1）个体建构主义。这个观点与认知学习理论有很大关联，认为学习是一个意义建构的过程。学习者通过新、旧知识经验的相互作用，来形成、丰富和调整自己的认知结构。

（2）社会建构主义。这个观点强调知识的社会性建构，认为学习是在社会文化环境中通过互动和交流完成的。

建构主义学习理论对教学设计和实践有着深远的影响，例如倡导探究学习、支架式教学、情境教学和合作学习等方法，以促进学生的知识建构和深入理解。

---

① 张大均. 教育心理学［M］北京：人民教育出版社，2015：117.

② 莫雷. 教育心理学［M］. 北京：教育科学出版社，2007：68.

第二节　学习与认知

一、学习动机

我们常常会观察到这样的现象，比如一些同学智力、初始学习能力水平大致相同，但在学习过程中，有人会因为害怕失败而不敢尝试，表现出回避；有人会因为过度焦虑，而发挥不出应有的水平……一段时间后，同学们的学业差异逐渐表现出来。在越来越关注教育和重视学习的今天，教育心理学家们更加关注学习者的非智力因素对学习带来的影响，比如以上这些现象，我们都可以归结为学习动机方面的问题。

（一）学习动机的定义

动机是人类行为背后的原因，是引发并维持个体产生活动的倾向。我们把激发和维持个体进行学习的心理状态或倾向称为学习动机，它推动着个体去学习掌握知识或技能。比如“学而优则仕”“书中自有千钟粟，书中自有黄金屋，书中自有颜如玉”等这些大家耳熟能详的俗语，就可以理解为古人对于学习动机的表达。

这里我们需要对和动机相关的概念进行区分：一是兴趣，和动机相比，兴趣的范围更狭窄，指向性更明确，是特指某一方向或某一具体对象；二是需要，需要是动机的基础，但需要表现得比较内在、隐蔽，且通常和生理感受相关，而动机会直接产生各种行为；三是态度，态度和动机都会促成行动的倾向，但态度包含着认知、情感和行为倾向三因素，并且强调因情感因素变化带来的行为变化。比如爱屋及乌：我们会因为喜欢屋（情感变化）而喜欢屋顶的乌鸦（行为变化），但我们未必一开始会喜欢乌鸦。

（二）学习动机的作用

学习动机和学习之间的关系是相辅相成的，良好的学习体验会激发学习动机，而学习动机又会促进学习行为。我们可能会因为一次春游，感受到大自然美好而喜欢学习生物；也可能会因为喜欢看美剧，想要学说一口流利的英文。良好的学习动机会让个体在学习中产生兴趣、获得积极的情绪体验进而表现出积极的学习态度，促成学习行为。综合起来，学习动机具有多种重要作用，主要包括：

（1）激活功能。学习动机能够激发学习者的积极性，促使他们投入到学习中去。比如在初中物理讲解重力加速度的内容时，教师先演示著名的比萨斜塔实验，同学们会看到不同重力的物体在同一高度坠落时会同时落地，从而对这一现象感到好奇，产生兴趣，然后教师适时引入重力加速度这一概念。

（2）指向功能。学习动机可以引导学习者的行为方向，帮助他们确定学习目标和计划。

（3）强化功能。当学习者取得进步或成功时，学习动机会提供正面反馈，进一步激励他们继续学习。美国心理学家阿特金森在做了大量关于动机的文献研究后发现了一个较为普遍的规律：完成学习任务所需要的时间与学习者对该任务的动机水平成正比[①]。比如同学们会在考试来临前加强自己的复习，希望能考出好成绩。

【知识窗】

耶克斯—多德森定律

著名的耶克斯—多德森定律揭示了动机水平和工作效率之间的关系，动机水平和工作效率之间并不是线性关系，而是呈倒U形[②]（见图7-1）。也就是说，动机强度处于中等水平时，工作效率最高，一旦动机强度超过了这个水平，对行为反而会产生一定的阻碍作用。如学习的动机太强、急于求成，会产生焦虑和紧张，干扰记忆和思维活动的顺利进行，使学习效率降低。

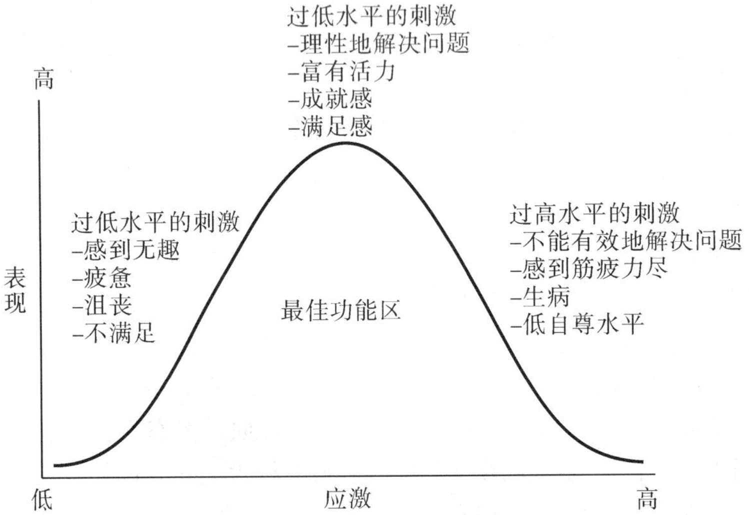

图7-1　耶克斯—多德森定律曲线

（三）学习动机的分类

由于学习现象的多样化和复杂性，不同学者对学习动机的分类持有不同观点，对学习动机的解释也有很多。

早期的教育学家认为学习动机可以简单按照内外维度划分为内部动机和外部动机，内部动机是指人们对学习本身的兴趣所引起的动机，比如有的同学喜欢音乐，他不会因为外界的奖惩就改变喜欢音乐的表现和行为。而外部动机正好相反，学习者对学习本身不感兴趣，而是对学习结果感兴趣，比如我们考取各种专业技能资格证，是为了得到官方的、专业的认可；还有些同学的学习，是为了讨好老师、满足父母的期待等。

通常情况下，具备内部动机的学习者会表现为更有好奇心、喜欢挑战和钻研；而具备外部动机的学习者，就很容易出现学习倦怠——因为一旦达到目标，动机水平就会下降，不再愿意持续学习。

---

① 简妮·爱丽丝·奥姆罗德. 教育心理学精要：指导有效教学的主要理念［M］. 雷雳，郭菲，译. 北京：中国人民大学出版社，2013：83.

② 莉莎·博林，谢利尔·德温. 教育心理学：激发自主学习的兴趣［M］. 连榕，陈坚，译. 北京：机械工业出版社，2022：93.

美国的教育心理学家奥苏贝尔在学习动机的内外部维度划分基础上，进一步提出了认知内驱力、自我提高内驱力和附属内驱力三类学习动机①，并认为所有的学习者都具备这三种动机成分，但不同成分的比例会随着年龄增长而产生变化。

认知内驱力是一种要求了解和理解周围事物的需要，要求掌握知识的需要，以及系统阐述问题和解决问题的需要。在学习活动中，认知内驱力指向学习任务本身（为了获得知识），是一种重要的、稳定的动机。

自我提高内驱力是指个体由自己的学业成绩而获得相应的地位和威望的需要。它不直接指向知识和学习任务本身，而是把学业成绩看成是赢得地位和自尊的根源。比如在学习优秀同学之间产生的学业竞争行为，就是自我提高内驱力的体现。

附属内驱力是指学习者为了保持来自权威（家长、教师）或所处集体的赞许或认可，而表现出要把学习或工作做好的一种需要。这种动机特征在年幼儿童的学习活动中比较突出，表现为追求良好的学习成绩，目的就是要得到赞扬和认可。

【知识窗】

罗森塔尔效应

罗森塔尔效应，通常指一个人对另一个人行为的期望成为自我实现的预言的现象。最早由罗伯特·罗森塔尔与伊迪丝·雅各布森正式提出。

罗伯特·罗森塔尔与伊迪丝·雅各布森曾在一个名叫橡树小学的学校开展过一次教育学实验：该小学有6个年级，他们从每个年级中各选了3个班，宣称对这18个班的学生进行了一次发展潜能测试。但实际上，该测验并没有直接考查学生的知识水平与智力水平。他们也并没有参考测试结果，而是随机挑选出一些学生形成一份“最具备发展潜力学生”的名单，并交给相应班级的教师。随后，罗森塔尔又叮嘱教师们，不要把名单外传，自己知道就行，否则就会影响实验结果的可靠性。

八个月后，罗森塔尔和雅各布森又来到这所学校。他们惊奇地发现，凡是被列入名单的学生，考试成绩都有了显著的提高，而且性格变得更外向，自信心和求知欲都更强了。罗森塔尔认为，可能是研究者的“谎言”对教师产生了暗示，影响了教师对名单上学生的能力评价和教学互动方式。当教师发自内心地相信这些孩子未来不凡，孩子们也会强烈地感受到来自教师的喜爱和期望，变得更加自信，从而在各方面有了异乎寻常的进步。

这一效应启示我们，如果你对他人有所期待，可以通过以真诚的态度对待对方，给予其由衷的赞赏，从而调动其积极性，促使其朝着自己所期望的方向发展，这份期待或许就会成真。

二、学习思维

学习思维可以帮助我们更好的理解知识、解决问题。在学习中，训练科学严谨的学习思维也是一项重要的任务。本节将对三种大家常见的学习思维方式进行详细介绍。

（一）知识学习的迁移

学习是一个连续的过程，任何的学习都是在学习者已有的知识体系和经验基础之

① 莫雷. 教育心理学［M］. 北京：教育科学出版社，2007：65.

上进行的，新的学习内容又会对原有的知识经验产生影响，这种新旧学习之间相互影响的现象，就是学习的迁移。我们常会提到一个说法叫“举一反三”，说的就是知识学习的迁移。简单地说，其就是一种学习对另一种学习的影响，包括技能、知识的理解和态度的形成等方面。

学习的迁移的表现形式不同，存在着不同方向、不同效果和不同程度的迁移①等。

从不同效果上说，学习的迁移分为正向迁移和负向迁移，正向迁移的意思是，一种学习促进了另一种学习，之前的学习对新的学习打好了基础，做好了准备；而负向迁移，是新学的知识和之前的知识体系是差异较大甚至是冲突的，会起到负面影响。比如小学生学习数学的运算规则，先学习加减法，就比较容易理解乘除法，因为乘除法就是加减法的高阶运算，这种学习就是顺向迁移；小学生学习的数学范围属于自然数，而上初中后开始学习非自然数，引入了“负数”的概念，这就会让学习者产生疑惑，因为负数的概念和运算法则和自然数是相反的，需要去理解和适应后，才能习惯并掌握，这种学习就是负向迁移。

从不同方向上说，学习的迁移可以是顺向的，也可以是逆向的。当学习者能利用原有的知识和技能解决新的学习情境和问题时，我们称之为顺向迁移，比如掌握了钢琴的弹奏对学习手风琴，就是顺向迁移，因为两种乐器同属于弦乐，乐理是一致的；相反，如果学习者已有的知识技能不足以解决新的学习情境和问题时，就需要对原有知识进行补充和修正，这种情况就称之为逆向迁移。

从不同程度上说，学习的迁移分为近迁移和远迁移。近迁移是指新学的知识经验和先前学习情境比较类似，可以直接运用过来，比如先学会骑自行车，在学骑摩托车的时候就更容易上手；而远迁移指的是人们能将所学的知识经验迁移到和原初学习场景不同的其他情境中去，比如大家阅读《毛泽东选集》，选集中多是关于军事和治国理政的观点，但我们可以从中领会毛泽东思想，并运用到日常的学习、生活和工作中去。

由于迁移现象在学习中的普遍性和重要性，教育学家非常重视对知识学习迁移的研究，并提出了很多关于迁移的理论和解释，甚至教育界曾提出过“为迁移而教学”的口号。我们理解了迁移现象，认识到自身学习的迁移特点及规律，就能更有效地提升学习效果。

（二）问题与问题解决

爱因斯坦曾说过，“好的问题是解决问题的一半”。这句话生动地说明了问题的重要性。学习其实也是不断问问题、解决问题的过程。学会界定问题、理解问题，会对我们的学习起到事半功倍的效果。

人们在生活中提出的问题形式是非常复杂的，有些涉及概念的理解，如球形的面积和体积存在怎样的关系？有些关注事物或现象之间的联系，如良好的学习习惯和学习效果之间是怎样的关系？有些涉及推理或预测，是对尚未发生的事情的一种预期，比如，明天天气怎样……

虽然问题的形式和内容复杂多样，但多数教育学家和心理学家都认可下列对问题的界定：个体在面对一项任务时不能马上知道所需采取哪些行动才能完成，这样的情

---

① 冯忠良，伍新春，王健敏. 教育心理学［M］. 北京：人民教育出版社，2015：74-75.

境就是问题，比如医生给病人看病，设计师进行室内设计。每一个问题都必然包含四种成分：一是题干，指的是对问题初始状态的准确描述；二是目标，即对问题要达成的状态的描述；三是障碍，在问题的初始状态和完成状态中间，有哪些需要我们去发现和逐步解决的；四是方法，是个体用来解决问题的程序和步骤。

从以上我们对问题概念的界定可以看出，学习者在遇到问题时，可以尝试从题干的描述、目标的理解和障碍的分析三方面入手，最后才是尝试用合适的方法去解决。

接下来我们重点介绍两类问题：一是结构良好和结构不良问题，二是常规性问题和真实性问题①。

（1）按照对问题的组织程度，我们可以把问题划分为结构良好和结构不良问题。我们在进行日常学科学习时，遇到的绝大部分问题都是结构良好问题，其初始状态和目标都是非常明确的。具体表现在我们平时遇到的各种课后习题、考试题等，这些问题的编制是科学而严谨的，我们可以通过相应的知识来进行解决。但我们在实际生活中经常遇到的，是一些结构不良问题，初始状态不清楚、目标描述不客观，从而也没有办法去分析障碍，比如“我怎样才能让自己变得更优秀?”“我怎么改善我和室友之间的关系?”解决这类问题，就需要我们有更多的经验，从更多的维度去思考。从学习的角度来说，解决结构不良问题的价值更大，因为结构不良问题的解决方式往往不唯一，甚至答案也是开放式的。

（2）按照问题的范围，我们可以划分为常规性问题和真实性问题。常规性问题大多属于单学科或者跨学科问题，比如一根五米的木头，可以锯成几根一米长的木头?如果按照常规性问题的解决方式去思考，那这就是一道简单的除法算式，答案是五根；但在真实生活中，一根五米长的木头，能锯成几根一米的木头呢？未必是五根，因为实际的木工操作，要考虑木头的结构、切割技术、损耗等。这也是学校教育和现实生活解决问题之间的差异。这也启示着我们在学习中一定要多联系实际，尝试解决真实性问题，实践才能出真知。

（三）批判性思维

“批判”一词，最早源于古希腊语 kriticos，意思是具备提问、理解和分析的能力，即辨别和判断能力。批判性思维，就是可以运用一定的方法，经历一系列的过程，对思维对象做出反省性的思维活动和思维倾向。批判性思维不仅是批评和质疑，而是一种具有积极意义、建设性的思考过程。

批判性思维是学习者应当努力去提升的一种重要的心智工具，它可以促进我们理解和评估不同的观点，提高自我决策和判断力。批判性思维在生活和工作中也有着广泛的应用，一些网络热点事件，不乏有推手为了吸引眼球在背后炮制杜撰带节奏，如果缺乏批判性思维，我们会失去理性，充当了被流量裹挟的工具。一些多元化的思潮和观念，我们应该如何去看待？如果我们不能结合它产生的社会历史背景去理解，就会陷入唯心主义，甚至以猎奇心态图一乐。一些具体的学习和工作任务如何去完成?是完全不加思考按照他人的要求去做，还是因地制宜地做出自己的思考和回应。

批判性思维具有两大基本原则：一是开放性原则，要求学习者以一种包容的态度

① 全国十二所重点师范大学. 教育学基础［M］. 北京：教育科学出版社，2014：162.

去对待各种观点和意见，不先入为主地做出评判，而是进行充分的了解和分析；二是中立原则，在进行批判性思维时，学习者需要保持理性客观，不受个人情感、立场和精力的影响。

那么如何提升自己的批判性思维呢？一是要不断提升知识水平，了解和接纳多元化文化的价值，广泛阅读，增强对不同观念的理解和接纳；二是遇事要学会从多角度去思考，避免因为片面的信息而做出错误的判断，“兼听则明，偏听则暗”；三是要勤于思考并自我质疑，养成独立思考的习惯，尝试从反面提问，分析事物的优缺点及可能带来的影响。

三、学习与记忆

记忆是学习中非常重要的一步，我们所学的很多知识，都需要通过记忆来学习，尤其是人文社科类科目，很多同学会抱怨说，自己的记性不好，学起来很费力。真的是这样吗？其实人类的记忆，有它自己的规律和特点，掌握了这些规律和特点，你也能成为记忆达人。

（一）记忆的分类

记忆是指人脑对客观事物的信息进行编码、储存和提取的过程，也指存储信息的结构及其内容，包括识记、保持、再认。记忆是进行思维、想象等高级心理活动的基础，和人们的心理活动密切联系，是人类进行学习、工作和生活的基础。认知神经科学的研究发现，人类记忆与大脑的海马体结构、大脑内部的化学成分变化有关。

根据记忆的内容，我们可以把记忆分为四种①。

1. 形象记忆

以感知过的事物形象为内容的记忆叫形象记忆。这些具体形象可以是视觉的，也可以是听觉的、嗅觉的、触觉的或味觉的形象，如人们对看过的一幅画，听过的一首乐曲的记忆就是形象记忆。这类记忆的显著特点是保存事物的感性特征，具有典型的直观性。

2. 情绪记忆

情绪记忆是以过去体验过的情绪或情感为内容的记忆。如学生对接到大学录取通知书时的愉快心情的记忆等。人们在认识事物或与人交往的过程中，总会带有一定的情绪色彩或情感内容，这些情绪或情感也作为记忆的内容而被存贮进大脑，成为人的心理内容的一部分。情绪记忆往往是一次形成而经久不忘的，对人的行为具有较大的影响作用。如教师对某个学生的第一印象会在很大程度上影响对该生的态度、行为，就是因为这一印象是与情绪相连的。情绪记忆的映像有时比其他形式的记忆映像更持久，即使人们对引起某种情绪体验的事实早已忘记，但情绪体验仍然保持着。

3. 逻辑记忆

逻辑记忆是以思想、概念或命题等形式为内容的记忆。如对数学定理、公式、哲学命题等内容的记忆。这类记忆是以抽象逻辑思维为基础的，具有概括性、理解性和逻辑性等特点。

---

① 张厚粲，许燕. 心理学导论［M］. 北京：北京师范大学出版社，2020：215-217.

4. 动作记忆

动作记忆是以人们过去的操作性行为为内容的记忆。凡是人们头脑里所保持的做过的动作及动作模式，都属于动作记忆。如上体育课时的体操动作、武术套路，上实验课时的操作过程等都会在头脑中留下一定的痕迹。这类记忆对于人们动作的连贯性、精确性等具有重要意义，是动作技能形成的基础。

以上四种记忆形式既有区别，又紧密联系在一起。如动作记忆中具有鲜明的形象性。逻辑记忆如果没有情绪记忆，其内容是很难长久保持的。

根据记忆的保存时间，记忆可以分为以下三种：

（1）瞬时记忆

瞬时记忆又叫感觉记忆，这种记忆是指作用于人们的刺激停止后，刺激信息在感觉通道内的短暂保留。信息的保存时间很短，一般在 0.25~2 秒之间。瞬时记忆的内容只有经过注意才能被意识到，进入短时记忆。

（2）短时记忆

短时记忆是保持时间在 1 分钟之内的记忆。研究者发现，在没有复述的情况下，18 秒后回忆的正确率就下降到 10%左右。如不经复述该记忆在 1 分钟之内就会衰退或消失。有人认为，短时记忆也是工作记忆，是一种为当前动作服务的记忆，即人在工作状态下对所需记忆内容的短暂提取与保留。

短时记忆有三个特点：第一，容量有限，据米勒的研究为 7±2 个组块。“组块”就是记忆单位，组块的大小因人的知识经验等的不同而有所不同。组块可以是一个字、一个词、一个数字，也可以是一个短语、句子、字表等。二是短时记忆以听觉编码为主，兼有视觉编码。三是短时记忆的内容一般要经过复述才能进入长时记忆。

（3）长时记忆

长时记忆指信息经过充分的和有一定深度的加工后，在头脑中长时间保留下来的记忆。从时间上看，凡是在头脑中保留时间超过 1 分钟的记忆都是长时记忆。长时记忆的容量很大，所存贮的信息也都经过意义编码。我们平时常说的记忆好坏，主要是指长时记忆。

瞬时记忆系统、短时记忆系统和长时记忆系统虽各有自己的对信息加工的特点，但从时间衔接看是连续的，关系也是很密切的。

（二）常用的学习和记忆技巧

1. 记忆的研究及其规律

从公元前 6 世纪，人们就尝试去理解和认识记忆，古希腊人帕蒙尼德认为，人类的记忆由性质相反的物质构成，是一个混合体，如果混合体不被干扰或者破坏，那么记忆就能保持，如果遭到干扰和破坏，就会产生遗忘。在记忆问题上首先提出重要概念的是古希腊思想家柏拉图，他的理论被称为“蜡板假说”，柏拉图认为人们记忆的过程就像是一个有棱角的物体在蜡板上留下了印记，但随着时间流逝，印记会逐步消退，就像蜡板表面恢复了光滑一样，消退的过程就是遗忘。

第一个用现代实验科学的办法研究记忆的是德国著名心理学家艾宾浩斯，他对记忆进行了一系列的、系统的实验，提出了著名的“艾宾浩斯遗忘曲线”，向人们揭示了记忆内容和时间之间的规律（见图 7-2）①。

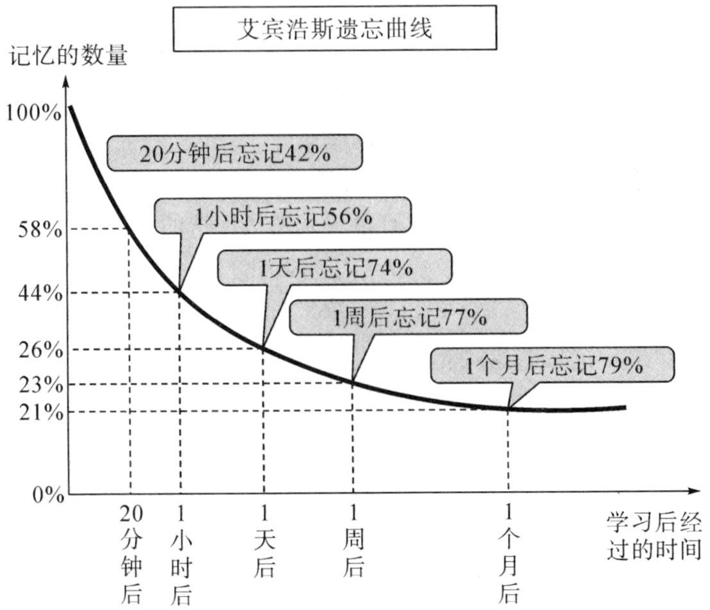

图 7-2　艾宾浩斯遗忘曲线

此外，记忆还有着抑制遗忘的效应，我们称之为前摄抑制和后摄抑制②。认知心理学家在对人们的学习进行观察研究时发现，学习材料因为学习的先后顺序会相互产生干扰作用，比如为什么大家在学习英语的音标的时候比较费劲，因为受到了之前学习汉语拼音的影响，这种先前学习材料对后来学习的影响，称为前摄抑制；同样地，后来的学习也可能对先前学习有影响，比如物理学中，我们学习了解了爱因斯坦的相对论后，就会对牛顿定律产生困惑。前摄抑制和后摄抑制，都是对我们学习产生遗忘的重要干扰效应。如何减少抑制效应呢？

一是采取集中学习的方法，把某个学习内容集中在某一个足够长的时段来进行，让大脑有足够的时间去巩固和记忆。为什么我们说一日之计在于晨？因为早上起来的时候大脑刚刚经过休息，比较清醒，这时记忆的效果就比较好。同样地，晚上睡觉前学习的内容记忆效果也会比较好，因为学习完后就睡觉了，没有其他的信息和事件来进行干扰。二是养成深度加工的习惯。现在很多人已经养成了随手刷短视频、刷微博的习惯，殊不知这样的行为会塑造你的大脑，让它变得不再愿意去深度思考，而往往我们的学习是需要系统而深入的思考的，所以尽量减少摄取碎片化信息，养成深入思考的好习惯。三是规律的作息。足够的休息才能让大脑保持好的状态。

2. 学习与记忆的技巧

美国的教育学家奥苏泊尔曾提出过一个重要的学习理论——有意义学习。他认为人们的学习可以根据学习形式分为接受学习（对已有经验的学习和掌握）和发现学习

① 张厚粲，许燕. 心理学导论［M］. 北京：北京师范大学出版社，2020：220.

② 黄希庭，郑涌. 心理学导论［M］. 北京：人民教育出版社，2015：136.

（利用线索和例证去研究质证，提出观点），还可以根据学习材料和学习者原有认知结构间的关系分为机械学习（在不理解材料意义的情况下进行的学习）和有意义学习（在理解材料意义的情况下进行的学习），并主张学生的学习主要是有意义的接受学习①。

在奥苏泊尔理论的影响下，人们对记忆方法的研究和开发，也建立在有意义学习的基础上，即加工学习材料便于理解，能和学习者已有的认知结构产生联结，联结越紧密，记忆效果就越好。以下介绍一些常用的记忆方法：

（1）联想记忆法。大家应该还记得学圆周率和化学元素表的时候，编故事、顺口溜去记忆的经历吧，这就是联想记忆法，即把原本无意义的材料，用自己能理解的方式去理解，进而识记。

（2）形象记忆法。研究者发现相对于文字信息，人们对图表的记忆效率要更高，所以我们完全可以通过图表的形式，将学习材料简练地呈现出来，以便于阅读和记忆。

（3）骨架记忆法。有经验的老师会在期末复习的时候，用树形图的方式去帮助同学们总结归纳要点。当我们用这样的方式去记忆的时候，一本厚厚的教材就变成了一张枝繁叶茂的树形图，变成了相互之间有逻辑、层层堆叠的枝叶，像这样按照一定的逻辑从整体到部分进行识记的效果比单纯识记零散的知识点要更好。

【课堂之外】

记忆宫殿②

看过英剧《神探夏洛克》的同学们，一定对主角夏洛克在剧中展现的超强记忆术——记忆宫殿印象深刻。现实中，记忆宫殿术是真实存在的，其最早可以追溯到古罗马时期，因为当时没有普及印刷术，很多知识需要用人脑记忆，于是产生了记忆宫殿术。到现在，很多现实中的记忆高手也会使用记忆宫殿术帮助自己在短时间内识记大量的信息。

记忆宫殿术听起来很神秘，但原理并不难，你也可以尝试着打造一座属于自己的记忆宫殿。首先记忆宫殿是一个比喻，代指我们熟悉的已知场景，比如自己家、办公室、教室等，把场景里布局设施回忆得越具体越好，然后利用场景里的线索，比如桌子、椅子、窗帘，甚至光线、气味等，一开始不需要太多，新手可以从20个左右的线索开始，把它们的特征和你想要识记的学习材料关联起来。这样，你的记忆宫殿就形成了。

但在这个过程中，学习者首先需要有强大的想象力和形象思维能力，能将学习材料和场景线索关联起来；其次还需要非常地集中注意力，最好在一个尽可能安静不受打扰的情况下进行；最后，还要经常性地进入记忆宫殿进行复习。

① 陈琦，刘儒德. 当代教育心理学［M］. 北京：北京师范大学出版社，2007：180.

② 石伟华. 记忆宫殿：从入门到精通［M］. 北京：中国纺织出版社，2022：3.

第三节 学习策略

“老师，不是总听说上了大学很轻松吗？我觉得大学学习一点也不轻松，甚至比中学的学习任务还要多。”

“老师，为什么大学老师上课上得这么快？一节课这么多内容我完全来不及了解啊。”

“老师，为什么要让我们小组完成作业？我明明自己一个人可以完成得很好。”

“老师，我好像有拖延症，没有办法完成自己的学习计划，怎么办啊？”

以上问题都是很多大学生面对学习时的困惑和烦恼。本节内容，我们就来尝试解决一下大学生的学习问题。

一、大学生常见的学习问题

（一）大学学习的特点

在深入探讨大学生学习问题的对策之前，我们要了解一下大学生学习的特点，其主要体现在学习方式、学习内容、学习形式和学习环境的适应四个方面。具体如下：

1. 学习方式

学习方式以自主学习和合作学习为主。自主学习是大学生应当具备的学习能力，即能够独立思考、自主探究，不依赖于他人的直接指导，并能制订学习计划，合理安排时间，掌握有效的学习方法等。合作学习是指在大学学习中，同学之间通过小组讨论、团队协作等方式互相交流思想、分享资源，共同解决问题，提高学习效率的学习形式。

2. 学习内容

学习内容具有专业性和实用性的特点。大学学习是以专业来区分的，不同专业的课程体系不一样。大学生需要建立扎实的专业知识基础；同时，也可以根据兴趣和职业规划，选择一些跨学科的课程，拓宽知识视野。实用性是指大学生的学习内容具有实用性和应用性的特点，是和专业趋势和社会需求密切相关的。大学生应当主动关注当前的行业发展和市场需求，学习那些对未来职业发展有帮助的知识和技能。

3. 学习形式

学习形式是灵活性和高效性并重。因为大学课程设置比较灵活，大学生可以根据自己的情况合理选择学习的形式，比如他们可以去图书馆、自习室等地方自主学习，也可以参加学习兴趣小组、社团活动或实习实践的形式学习。但同时在大学学习生活中，他们也会遇到一些紧要的学习任务，如在规定时间内完成学科竞赛任务、写一篇论文、做一份演示文稿等，所以大学生要学会合理分配时间，高效学习，同时保持良好的作息习惯，确保身体健康和精神状态良好。

4. 学习环境

一是适应新的学习环境和学习方式，积极融入集体，建立良好的人际关系。二是学会利用资源。大学拥有丰富的教育资源，包括图书馆、实验室、网络资源等，大学生应该充分利用这些资源，提高自己的学习效果和综合素质。

（二）大学生常见的学习问题

【案例链接】

小张是一名大一新生，来到大学后，宽松、自由的氛围让他感觉和中学的学习状态截然不同，一开始小张还能积极认真去上课，但发现大学课堂里有的老师讲课讲得很快，甚至有些知识涉及面也很广，会超越教科书的范围，他渐渐觉得有些跟不上。后来，小张听说大学里的考试都很简单，完全可以在临期末的时候好好复习然后通过考试，于是便一步步放松了自我管理和要求，经常性地逃课、旷课，每天晚睡晚起，室友们劝他好好学习，他还美其名曰自己在享受大学生活。很快期末就到了，小张发现自己毫无学习状态，拿起书来根本看不进去，复习效率非常低下，最后六门考试只勉强通过了一半。

这样的结果让小张悔恨不已，让他明白了大学学习，并非自己想当然的那么简单和轻松，他决定假期里认真看书学习，争取利用好开学补考的机会通过考试。

1. 学习认知失调

认知失调是一个心理学名词，最早是社会心理学家费斯廷格提出的一种态度改变理论。该理论认为，一般情况下，个体对于事物的认知以及认知和行为之间是协调一致的；当出现不一致时，个体就会产生认知不协调的状态，即认知失调，从而导致心理紧张[①]。为了解除这种紧张，个体通常会拒绝新认知，或者设法寻求更多信息以提高新认知的可信度，以便使新信息彻底取代旧认知，从而重新恢复心理上的平衡。学习的认知失调主要表现在以下三个方面：

（1）学习认知错位：主要表现在不适应从单一目标性学习调整为多目标、多形式的学习，大家在中学时期已经习惯了教和学都是以考试为导向，忽略了学习知识本身的规律和特征，也忽略了学习本身带来的思维训练和人格成长。大学生在大学里除了要完成课程结业考试，还有很多学习形式是诸如小组合作、实验探究、参加学科竞赛等，而且大学老师的授课内容也不再以备考为主，而是更为复杂多样。

（2）学习倦怠：学习倦怠是导致学业困难的主要成因，学习者在学习过程中可能因为客观上学习方法不当，学习努力程度不够等，从而导致畏难情绪和逃避退缩的行为，呈现出消极学习的状态。

（3）学习的高原现象：我们在复杂知识和技能的学习中，到了一定时期学习效果就会停滞不前，甚至会出现下降的现象，这种情况就叫“高原现象”。高原现象是我们追求提升学业上必经的阶段，我们只需要改进学习方法，适应新的知识体系和技能，就能逐步走出高原期，但很多同学认为自己的能力就止步于此，不愿再努力了，“行百里者半九十”说的就是这个道理。

① 威廉·冯特. 认知心理学［M］. 王彦，译. 南昌：百花洲文艺出版社，2018：74.

【案例链接】

小刘是一名大四同学，学习成绩很好，向来对自己要求很高，年年都能拿到奖学金，是老师和同学们欣赏的对象。很早她就决定要考研继续深造，希望在更大更高的平台去发展。她每天早出晚归，除了吃饭和睡觉，就是在看书刷题，非常刻苦。毕业季，班上的同学们都慢慢地找到了自己的出路，有的同学在外实习，有的同学经过大量的面试后终于找到了工作，有的同学和她一样在备考复习……渐渐地，小刘开始担忧，如果自己没有考上研究生，又错过了招聘机会，该怎么办？于是又随其他同学们参加了几场招聘会，投了一些单位的简历，但换来的也是石沉大海，这让小刘心态开始失衡——自己在班上也算是学习优秀的同学，为什么连一份像样的工作机会都得不到呢？越是这样想，她心里越急，越没有办法心平气和地看书复习。

2. 学习动机不当

学习动机不当包括学习动机不足和动机过强两个方面，这两个方面都会影响到学习的效果。前面的学习内容中提到的耶克斯—道德森定律，说的就是动机强度和学习效果之间的关系。适当的学习动机，才能发挥出好的学习效果。

学习动机不足主要表现为学习目标不明确，反映在学习者的行为上就是厌学、学习倦怠；学习动机过强则表现为功利化，比如重复选科刷绩点、过分追求排名争取奖学金等。

3. 学习习惯不良

学习习惯不良包括作息无规律无计划，注意力不集中，情绪不稳定，学习方法欠佳。

学习习惯不良的原因主要有：一是上了大学后，很多同学离开了父母的督促，自我管理能力差，养成晚睡晚起、甚至旷课逃课的习惯，极大地影响了正常的学习生活。二是学习过程中意志力差，注意力不集中，容易受到外界因素的干扰，持续学习的能力差。三是情绪不稳定，遇到一点学习困难或挫折就想放弃，甚至自我否定，心情不好就不学习，遇到不喜欢的老师、不喜欢的课程就不学习。四是学习方法欠佳，因为缺乏学习方法和技巧的训练，即使花费了时间和精力，但收效甚微。

4. 考试焦虑

考试焦虑是最常见的学习问题，表现为因为对考试压力过大而引发的异常心理和生理现象，比如出汗、记忆受阻、思维发呆、呼吸加快、手脚抖动等。轻微的紧张和焦虑，对个体有激励作用，有助于考试的发挥，但考试焦虑就会严重影响考试水平的发挥。国家心理健康机构研究表明，有60%的学生有不同程度的考试焦虑，其中26%是严重的考试焦虑，且女生患考试焦虑的数量是男生的两倍①。

（三）常见学习问题的应对方式

1. 调整学习认知

（1）改变学习态度，摆正心态。在进入学习状态前保持放松状态，不要过于紧张和焦虑。

---

① 马溪遥，李娜，刘泽．大学生考试焦虑影响因素及干预的研究进展［J］．职业与健康，2022-7-1.

（2）做好经受学习挫折的预心理期。在学习中遇到困难和问题时才是常态，要有面对和接纳一切的勇气和信心。

（3）积极寻求帮助。在大学阶段的学习，大部分时候是对已有知识和技能的学习，而非创新研究，我们可以寻求同学、老师的帮助从而更好地理解、掌握知识。

2. 养成良好的学习习惯

良好的学习习惯包括养成良好的作息、做好学习的准备和时间管理。

（1）良好的作息是开展学习活动的基础。研究发现，长期坚持规律的作息，大脑会更有活力、反应更机敏，规律的作息不仅需要休息时间充足，还需要每天保持相同的时间点睡眠。

（2）提前做好学习准备。在学习前选择适当的学习环境，尽量选择安静整洁、不易受打扰的环境，收拾准备好学习相关用品。

（3）做好时间管理。很多同学都认为自己有拖延症，其实就是时间管理没做好，在学习中容易受到其他因素干扰。要做好时间管理，首先要学会选择放弃，避免在不重要、琐碎的事情上花费精力，用碎片化时间去处理就好，把精力用在重要的事情上，抓大放小；然后是利用个人最优效率时间，优先处理最关键的任务，学会合理利用工具，让学习过程更加便利。

3. 缓解考试焦虑

考试除了是对学习者学习知识的检验，也是对心态的一次考验。首先我们应该认识到考试焦虑是很常见的，适度紧张感有助于考试水平的发挥，同时要认识到考试具有局限性和随机性，放低自己的期待。其次我们可以采取一些放松方法，比如呼吸放松法、肌肉放松法、听音乐冥想等，让自己考前尽量保持平静的状态。再次是适当运动。运动一方面可以提高人体免疫力，另一方面可以纾解情绪、释放压力。最后是多寻求帮助。我们可以多和同学、家长沟通，获取支持和关怀。

二、如何制定学习计划

（一）什么是计划

“计划”是一个管理学术语，意为对行为做出事前预测、安排和应变措施，目的是实现某一特定的目标。一个完整的计划应当包含已知状态分析，对实现目标的准确描述，时间范围以及预算（付出的资源和代价）、应变方案①。

计划具有针对性。计划的制订，一定是针对具体的情况和具体的任务制订的。计划还具有首要性和普遍性的特点。人们在面对复杂的工作任务时，通常都会先做出计划，即便没有形成书面的计划，也会首先想一下怎么样去做，这个心理过程，也是计划。计划还具有效率性和明确性的特点。计划的制订，是为了从时间和经济上更好地完成任务，所以效率是计划的制订重点。最后，一定要对任务的最终状态做出清晰的、客观的描述。

① 《管理学》编写组. 管理学［M］. 北京：高等教育出版社，2019：86-87.

（二）计划和学习效率

学习效率用来表示个体学习速度的快慢，指的是单位时间内学习者掌握知识的数量。如何提升学习效率，做一名高效的学习者，是很多人都关心的问题，也是教育学、心理学研究的一个热点。

大量的教学研究发现，学习效率与智力因素相关程度较低，更多与兴趣、自信心、意志力等学习品质即非智力因素相关。越来越多的研究者主张教师应当注重培养学生的学习习惯和学习品质。良好的学习习惯和优秀的学习品质，是提升学习效率的关键。

从学习者个人角度上说，其首先要评估自己的真实学习效率——也就是基于学习者的平均能力水平日常能稳定输出的状态，然后尽量去保持它，而并非凭借一时激情去盲目追求高效率。古人说“苟有恒，何必三更灯火五更鸡；最无益，只怕一日曝来十日寒”，就是这个道理。

（三）学习计划的制订

在现实生活中，很多同学会为自己制订各种计划，但最后往往难以坚持下去，为什么呢？因为很多同学并没有真正理解什么是计划并科学地制订它，往往忽略了对自己的真实能力、状态的评估，对所需要投入的时间和精力的评估，对最终目标的描述也不准确。制订计划的重点在于尽可能完成好每日计划，最终实现目标，而不是去追求计划本身看上去是否完整、精美，人也不能像机器那样不知疲惫、不带情绪地高效工作，而且在实现目标的过程中，很多预料之外的事情会发生。

所以制订计划的第一步，是要客观评估自己的起始状态，实事求是接纳自己真实的实力水平，不能眼高手低，计划才具有可操作性；第二步是计划应当足够全面，最好要包括自己的休息安排，不能把每天都安排得满满当当，要松弛有度，计划才具备可持续性；第三步是计划应当具有灵活性，我们能根据实际情况和进度，合理地调整，留有余地。

【案例链接】

很多同学想要锻炼身体，就给自己随意制订一个计划，每天完成五公里跑步。这对于有运动习惯的人来说并不困难，但很多同学并没有运动习惯，对于自己的耐力水平也缺乏评估，所以真正执行起来的时候，可能一两公里就开始体能跟不上想要放弃，即便勉强尽力完成，第二天也难以再坚持。

那么科学的运动计划应当怎样制定？我们可以尝试先每天走 2~3 公里，这个目标很容易达成，每天饭后绕着校园走两圈就达标，完成任务形成正向反馈，第二天也愿意继续坚持；然后再循序渐进，逐步增加自己的里程，最终达到每天跑五公里的目标。

三、学习方法介绍

在信息化时代，知识更新、技术进步的速度越来越快，人们越来越重视如何快速而高效地学习。掌握好的学习方法可以让我们的学习事半功倍。然而，学习方法并没有统一的规定，它因为学习者本身的能力素质、学习环境、学习条件等不一样，其所选择的方法也不一样。本节内容将介绍一些适用于大学生的学习方法。

（一）学习金字塔[①]

1946 年，美国著名的教育学家埃德加·戴尔和他的同事们在美国缅因州国家训练实验室里做了一场关于学习方式和学习内容平均留存率的实验，他们找了一群智力和学历水平相当的学习者，分别让他们以听讲、阅读、试听、演示、讨论、实践和教授给他人这七种学习方式进行学习，一段时间后测评学习内容的平均留存率。结果发现，听讲的方式平均留存率最低，仅有 5%，而教授给他人的学习方式，平均留存率达到惊人的 90%。这个实验结果出乎了所有人的预料，原来不同的学习方式竟然能产生如此大的学习差异。埃德加·戴尔根据学习内容平均留存率把它们排序组合成著名的学习金字塔（见图 7-3）。

图 7-3 学习金字塔

学习金字塔理论的提出，震动了教育界，极大地促进了教学改革，它对传统教学模式中的师生观提出了挑战：教师不一定是传授知识的，也可以是引导启发学生思考，向学生提出可探究性问题的；学生也可以不再是被动接受知识的，而是可以主动学习、主动发现的。

（二）费曼学习法[②]

在学习金字塔理论的启发下，诺贝尔物理学奖得主理查德·费曼提出了费曼学习法（见图 7-4）。学习者通过四个步骤：学习概念—教给他人—回顾内容—简化吸收，把知识传授给他人，在尝试教授他人的过程中，学习者要尝试回答和所教授知识点相关的问题，需要反复地去理解原理、推导过程，从而更加全面、准确地理解知识。这样，学习效果就会更好。

① 周岭. 认知觉醒：伴随一生的学习方法论（青少年学习版）［M］. 北京：人民邮电出版社，2022：148.

② 尹红心，李伟. 费曼学习法［M］. 江苏：江苏凤凰文艺出版社，2021：56.

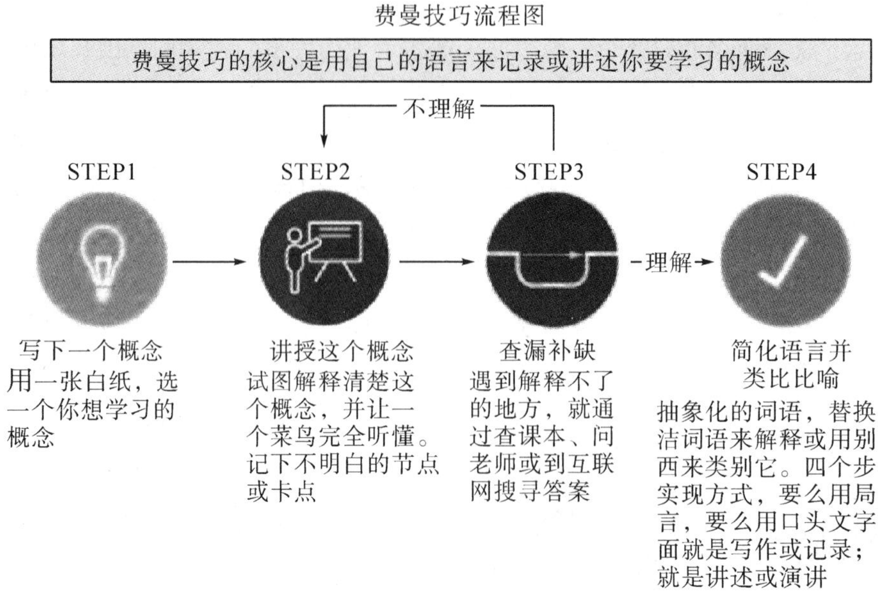

图 7-4　费曼技巧流程图

（三）SQ3R 读书法

SQ3R 读书法是由 Survey，Question，Read，Recite，Review 这五个英文单词的第一个字母组成的，分别代表“查阅、提问、阅读、再现、复习”五个学习阶段，所以又称为五步读书法（见图 7-5）。这种读书方法是由美国依阿华大学的罗宾森教授提出的，该方法可以指导学习者阅读书籍、研究材料。

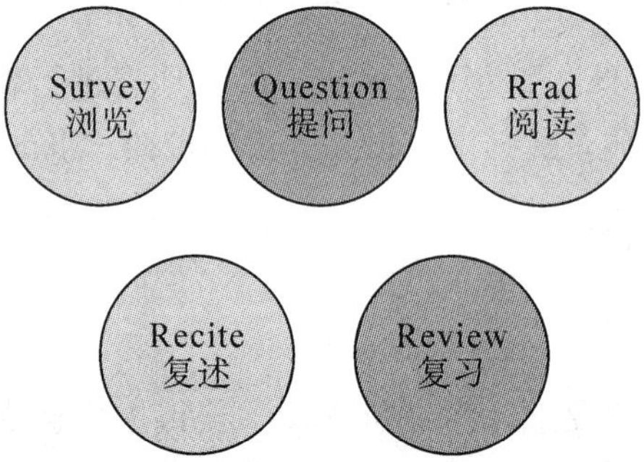

图 7-5　SQ3R 读书法

（1）查阅：在该阶段，学习者需要关注书的前言、内容提要、目录、正文中的大小标题以及注释、参考文献和索引等，形成对全书总的直觉印象，帮助学习者对书有大致理解。

（2）提问：这一阶段，学习者要读书中各章节的标题以及章节承上启下的内容，一边粗读一边提问。这样可以激发学习兴趣，促进自己的钻研。

（3）阅读：阅读就是从头到尾细读，对重要、难点部分反复读。在阅读过程中，学习者要做到眼到、口到、心到、手到，也就是边读、边思考、边圈点；要尽可能将自己原有的知识和新知识联结起来。

（4）再现：离开书本，回忆书中的内容，检验自己是否对问题拥有了正确的理解。这是自我检查学习效果的方法，也是巩固记忆的手段。

（5）复习：一般在复述后一二天内进行，隔一段时间再重复一次，可以巩固已有的知识，又能温故而知新，从中获得新的体会。

（四）康奈尔笔记法①

康奈尔笔记法也被称为 5R 笔记法，由康纳尔大学教授沃尔特·波克提出，该方法对笔记的做法进行了改进：在一页纸上分成笔记区、线索（问题）区、总结区。

笔记区位于页面右侧，用来记录学习内容上的新知识点和重要内容；左侧为线索区，用来记录和笔记区内容相关的思考和要点，便于课后进行关联性复习和反思；总结区在页面最底部，用来浓缩、归纳知识要点，便于理解和识记。三个分区的记录从不同方式对知识进行学习和理解，可以让学习更为高效。学习者在使用该笔记法进行学习时，可以参考以下步骤：

（1）记录：尽可能详细地记录学习内容的知识点和重要信息。

（2）线索：用来记录和学习内容相关的知识和要点，帮助学习者和之前的学习产生联结。

（3）复述：通过线索栏的内容，尝试背诵新学的知识点。

（4）思考：根据自己的消化和理解，写下自己的总结归纳。

（5）复习：定期翻看笔记，重复以上学习过程，加深理解和识记。

（五）番茄学习法②

番茄学习法的发明者是意大利人弗兰西斯科·西里洛，他是一个大型公司的首席执行官，每天需要处理的工作头绪很多，所以很容易在工作中分神分心，导致效率低下，所以他想了很多办法来改变这种现状。有一天他在厨房里找到了一个形似番茄的计时器，为自己定时，通过设定 25 分钟为一个时段，形成“学习—放松—学习”的循环，结果起到了意想不到的效果。

番茄学习法简单说就是事先列出今天需要完成的任务，按照重要性进行排序，然后设定好番茄钟（时间单元），时间单元可以根据个人的注意力水平来定，定好后就严格执行，闹钟响就休息，然后再继续下一个番茄钟，每个番茄钟之间休息 5~10 分钟，而每完成四个番茄钟就可以增加休息时长，比如 15~30 分钟，如此反复。这样，就把原本复杂的学习任务，用时段切割成一个个番茄钟，循序渐进地各个击破，另外因为中间留出了足够的休息时间，坚持下来，也不会觉得很累。

番茄学习法的优点非常明显，能帮助学习者迅速集中专注力和注意力，并合理制定规划学习任务，主动拒绝干扰，从而提升学习效率。如果你也正在经历拖延症和低效学习的困扰，那么不妨行动起来试试，低效学习一整天不如高效学习 25 分钟。

① 友荣方略. 康奈尔学习法：从记笔记开始，成就终身学习［M］. 北京：人民邮电出版社，2023：36.

② 史蒂夫·诺特伯格. 漫画番茄学习法［M］. 万物皆密，编绘. 北京：人民邮电出版社，2023.

参考文献

［1］陈琦，刘儒德. 当代教育心理学［M］. 北京：北京师范大学出版社，2007：110.

［2］张大均. 教育心理学［M］北京：人民教育出版社，2015：89-90.

［3］沈政，方方，杨炯炯. 认知神经科学导论［M］. 北京：北京大学出版社，2010：93

［4］田银，徐鹏. 脑电与认知神经科学［M］. 北京：科学出版社，2023：81.

［5］王红斌. 第二语言学习者语音感知能力的发展［M］. 北京：光明日报出版社，2020：76.

［6］莫雷. 教育心理学［M］. 北京：教育科学出版社，2007：133.

［7］卢家楣. 学习心理与教学理论和实践［M］. 3 版. 上海：上海教育出版社，2017：97.

［8］夏惠贤. 多元智力理论与个性化教学［M］. 上海：上海科技教育出版社，2003：34.

［9］伯纳德·J. 巴斯，尼科尔·M. 盖奇. 认知、大脑和意识：认知神经科学引论［M］. 王兆新，库逸轩，译. 上海：上海人民出版社，2015：65.

［10］R. 赖丁，S. 雷纳. 认知风格与学习策略：理解学习和行为中的风格差异［M］. 庞维国，译. 2003：53.

［11］简妮·爱丽丝·奥姆罗德. 教育心理学精要：指导有效教学的主要理念［M］. 雷雳，郭菲，译. 北京：中国人民大学出版社，2013：83，107，142.

［12］莉莎·博林，谢利尔·德温. 教育心理学：激发自主学习的兴趣［M］. 连榕，陈坚，译. 北京：机械工业出版社，2022：93.

［13］威廉·冯特. 认知心理学［M］. 王彦，译. 南昌：百花洲文艺出版社，2018：74.

［14］史蒂夫·诺特伯格. 漫画番茄学习法［M］. 万物皆密，编绘. 北京：人民邮电出版社，2023.

［15］马溪遥，李娜，刘泽. 大学生考试焦虑影响因素及干预的研究进展［J］. 职业与健康，2022，38（19）：2728-2731.

第八章 爱在心里口难开
——大学生恋爱与性

第一节　什么是爱情

古今中外，对于“什么是爱情”，众说纷纭。从心理学的视角来看，爱情是一个复杂而多维的现象，它涉及情感、认知、生理和社会等多个层面。

古人言：“问世间，情为何物，直教生死相许。”这体现了爱情中深沉的情感纽带和愿意为对方付出的精神。东西方文化虽对爱情的表达方式有所差异，但都强调了爱情在生活中的重要地位。无论是东方文化中的“执子之手，与子偕老”，还是西方文化中的“Love conquers all”，都体现了爱情对于人类精神的深刻影响。那我们从心理学角度来聊聊爱情这个隽永的主题吧。

一、心理学中的爱情理论

（一）爱情三角理论

爱情三角理论是由美国心理学家罗伯特·J. 斯腾伯格（Robert J. Sternberg）提出的，他认为爱情由激情、亲密和承诺三个基本成分组成。

（1）激情：激情是爱情中的性欲成分，表现为一种情绪上的着迷，常与浪漫、吸引力和性冲动相关。对于大学生而言，激情可能是最初推动两人走到一起的动力。在大学期间，你可能经历着对性的好奇和吸引力，这种激情让你想要与某个人建立更深的联系。

（2）亲密：亲密是指在爱情关系中能够引起的温暖体验，包括情感沟通、分享私密信息以及相互信任等。亲密是建立稳定关系的基础，通过分享思想、情感和经历，双方可以增进对彼此的了解和信任，从而加深彼此的感情。

（3）承诺：承诺指维持关系的决定期许或担保，是爱情中最理性的成分。它可能包括对未来共同生活的期望、对关系的投入和忠诚等。在大学阶段，虽然很多关系可能还没有达到婚姻或长期承诺的阶段，但承诺对于关系的稳定性和长期发展仍然非常重要。它可以帮助双方在面对困难和挑战时保持坚定和忠诚。

爱情三角理论认为，这三个成分以不同的方式组合，可以形成不同类型的爱情。例如，只有激情而没有亲密和承诺的爱情可能是短暂的；只有亲密和承诺而没有激情的爱情可能是平淡而稳定的；而同时包含激情、亲密和承诺的爱情则可能是最完整和最理想的。

因此，斯腾伯格将爱情分为七种类型（见图 8-1），每种类型都基于不同程度的激情、亲密和承诺的组合：

（1）喜欢式爱情（liking）：主要基于亲密，两人在一起感觉很舒服，但缺乏激情和承诺。例如，深厚的友谊可能表现出这种特点。

（2）迷恋式爱情（infatuated love）：以激情为主，表现为对对方强烈的吸引力，但缺乏亲密和承诺。这种爱情常见于初恋，因为此时的关系可能还不稳定，缺乏深入的了解和长期的承诺。

（3）空洞式爱情（empty love）：只有承诺，缺乏亲密和激情。这种爱情可能出现在为了某种目的（如结婚）而维持的关系中，双方可能缺乏真正的感情连接。

（4）浪漫式爱情（romantic love）：结合了亲密和激情，但缺乏承诺。这种爱情常见于热恋期，双方深深相爱，但可能还没有考虑到长期的承诺和责任。

（5）伴侣式爱情（companionate love）：基于亲密和承诺，但缺乏激情。这种爱情常见于长期伴侣或夫妻关系中，双方彼此了解、支持和承诺，但可能没有强烈的性吸引或激情。

（6）愚蠢式爱情（fatuous love）：结合了激情和承诺，但缺乏亲密。这种爱情可能出现在一见钟情或闪婚的情况下，双方可能充满激情和承诺，但缺乏深入的了解和亲密的关系。

（7）完美式爱情（consummate love）：同时具备激情、亲密和承诺，是爱情最理想的状态。这种爱情在长期关系中可能逐渐发展，需要双方的努力和投入。

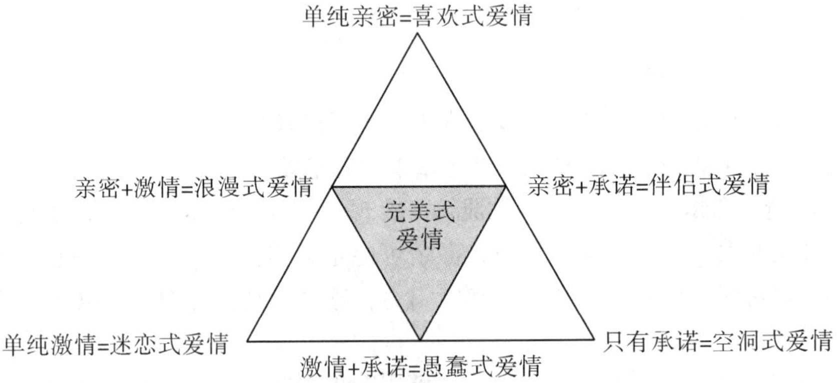

图 8-1　爱情的七种类型

每种类型的爱情都有其独特的特点和表现，而且一个人的爱情体验可能随着时间和情境的变化而发生变化。了解这些类型可以帮助我们更好地理解自己的爱情需求和关系状态。

现实中你自己或者身边人的爱情类型是以上哪几种呢？

（二）依恋关系理论

依恋关系理论是一种关于人际关系和情感连接的心理理论，它最初由英国精神病学家约翰·鲍尔比（John Bowlby）提出，并由玛丽·爱因斯沃斯（Mary Ainsworth）进行了重要的实证研究。该理论强调早期亲子关系对个体情感形成和发展的重要性，特别是与主要照顾者（如父母）之间的互动。这种模型会影响他们与他人的亲密关系，包括成年后的亲密关系。

根据依恋关系理论，人们可以将依恋分为不同的依恋类型，这些类型基于他们在早期与主要照顾者的互动中所形成的内部模型。主要的依恋类型包括安全型依恋、回避型依恋和焦虑-矛盾型依恋。这些类型会影响个体在亲密关系中的行为和情感需求。

（1）安全型依恋：在安全型依恋中，个体通常感到自己值得被爱，能够信任伴侣，并寻求与伴侣的亲密关系。这种类型的人往往能够更好地处理情感冲突，拥有更加健康稳定的爱情关系。

（2）回避型依恋：回避型依恋的个体通常对亲密关系感到不安，他们可能会避免与伴侣建立深层的情感联系。这种类型的人可能难以表达自己的情感需求，导致在爱情关系中出现问题。

（3）焦虑-矛盾型依恋：焦虑-矛盾型依恋的个体对亲密关系充满渴望，但又担心伴侣不会满足自己的需求。他们可能表现出过度的依赖和焦虑，导致在爱情关系中产生矛盾和冲突。

不难看出，依恋关系理论可以帮助我们理解为什么有些人能够建立健康稳定的关系，而有些人则经常陷入矛盾和冲突。通过了解自己和伴侣的依恋类型，我们可以更好地理解彼此在爱情关系中的行为和情感需求，从而更加主动地寻求满足这些需求的方式。

此外，依恋关系理论也强调了亲密关系中的情感支持和沟通的重要性。在安全型依恋中，个体通常能够更好地表达自己的情感需求，并与伴侣建立深层的情感联系。而如果你的恋人是回避型或者焦虑-矛盾型依恋，那要建立健康稳定的亲密关系就会有很多挑战，这时就更加需要彼此共同努力，掌握有效的沟通技巧和情绪管理能力来加强彼此之间的联系。当然，遇到情感方面的困扰，自己不能处理的时候，求助于心理咨询师也是一个不错的选择。

二、识别与表达爱意

（一）恋爱的自我觉察

判断是否陷入爱河，其实是一场内心的奇妙旅行。从心理学的角度来看，这个过程充满了趣味和深意。

首先，你可能会发现自己变得异常“多愁善感”，一首歌、一部电影或者一个简单的场景，都能让你联想到那个特别的人，心中涌起一股暖流。这其实是情感投射的表现，你的大脑在不知不觉中，将对方与各种美好的事物联系在一起。

其次，你会发现自己变得特别“啰嗦”，总是忍不住想跟对方分享生活的点滴，从早餐吃了什么，到工作中遇到的小插曲，事无巨细都想说给对方听。这其实是情感依赖的表现，你渴望与对方建立更深的联系，分享彼此的生活。

再次，你会发现自己变得特别“敏感”，对方的一举一动、一言一行都能影响到你的心情。对方的一个微笑，能让你开心一整天；而对方的一句不经意的话，又可能让你整夜辗转反侧。这其实是情感投射和理想化的结果，你在心中将对方塑造得近乎完美，因此对方的任何行为都会被放大。

最后，如果开始为对方规划未来，考虑如何在生活中给对方更多的关心和照顾，那么恭喜你，你已经深深地陷入爱河了。因为爱，就是愿意为对方付出，愿意与对方携手共度未来的点点滴滴。

有心理学家从神经科学的角度去试图一探究竟。研究者对招募的热恋中的大学生进行对照测试的时候发现，报告自己处于高水平浪漫爱情中的被试在注视爱人的照片时，构成大脑主要奖赏和激励中心的脑区激活程度会显著增高，该区域富含神经递质多巴胺。赌徒或者其他成瘾行为有类似的活跃机制。因此，当人们形容恋爱“让人成瘾”或“像中彩票似的”时，他们是正确的①。

【知识窗】

如何区分友情与爱情

友情和爱情在人际关系中各自扮演着不同的角色，它们有各自独有的特征和界限。

关于友情，心理学家基思·戴维斯和迈克尔·托德曾提出，真正的友情需要具备六大要素：彼此接纳、信任、尊重、保密、理解和自发主动性。这些要素共同构成了友情的稳固基础。友情通常表现为一种无私、无条件的关系，它强调的是共享兴趣、相互支持和情感慰藉。友情可以在同性或异性之间发展，具有广泛性和交叉性的特点。

而爱情，则是一种基于相互吸引、情感投入和承诺的复杂关系。美国心理学教授罗伯特·斯滕博格提出的爱情三角理论指出，爱情由三个要素构成：亲密、激情和承诺。亲密指的是双方之间的情感联系和相互理解；激情则是指性吸引和浪漫情感；承诺则是指双方对关系的长期投入和决定。这三个要素共同构成了爱情的基础，缺一不可。

在区分友情与爱情时，我们可以从以下四个方面进行考量：

(1) 亲密程度：友情和爱情都包含亲密的成分，但爱情的亲密程度通常更深。在爱情中，双方会分享更多的内心世界，包括想法、感受、梦想等。

(2) 排他性：爱情具有排他性，通常只能在一对男女之间发展，并且不容许第三者的插足。而友情则更加广泛和包容，可以在多人之间共享。

(3) 承诺和责任感：爱情通常伴随着承诺和责任感，双方会对关系进行长期的投入和维护。而友情则可能更加灵活和随和，不需要承担过多的责任和义务。

(4) 情感波动：恋爱关系中的情感波动通常更加剧烈和频繁，因为双方的情感投入更深。而友情则可能更加稳定和持久，因为双方之间没有过多的情感纠葛。

值得注意的是，友情和爱情并不是完全独立的两种关系，它们之间有时会发生重叠和交融。在某些情况下，友情可能会逐渐发展成为爱情；而在另一些情况下，爱情

---

① 埃略特·阿伦森，提摩太·D. 威尔逊，罗宾 M. 埃克特. 社会心理学［M］. 10版. 侯玉波，曹毅，等译. 北京：人民邮电出版社，2023：324.

也可能会因为时间的流逝而逐渐转化为深厚的友情。因此，在区分友情与爱情时，我们需要综合考虑多个方面的因素，并尊重每个人的感受和选择。

（二）勇敢表达：如何向对方表达你的心意

如果你已经确定坠入爱河了，那我们不妨聊一个既甜蜜又有点害羞的话题——如何向心仪的人表达爱意。

从心理动力学角度看，“爱在心里口难开”可能涉及多种心理因素。可能是因为内心存在恐惧，比如害怕被拒绝、害怕破坏现有的关系平衡；也可能是由于自我认知的问题，对自己表达爱的能力不够自信；或者是成长环境中缺乏情感表达的榜样和鼓励，导致不善于直接表达情感。此外，性格内向、害羞等个性特点也可能造成这种情况。

因此，你可以先尝试自我接纳，接受自己有这样的状态，减少自我批判带来的压力；学习掌握一些放松训练，如深呼吸、冥想等，让自己在面对表达时能更放松；平时可以多写日记或信件来梳理自己的情感，这也是一种间接的表达练习；给自己设定一些小目标，比如先和对方多交流一些日常话题，增加熟悉度和亲近感；也可以寻找一些合适的时机和场合，让表达变得更自然和容易被接受；还可以多观察他人是如何表达爱的，从中学习经验。

【心灵点悟】

爱一个人是否应该轰轰烈烈的表达？

很遗憾，由于每个人的性格、价值观和情感需求都是不同的，所以这个问题没有标准答案。

首先，我们要认识到每个人对于爱情的表达方式有着不同的偏好和接受度。有些人喜欢热烈、浪漫的表达方式，认为这样才能真正体现爱情的深度和热烈；而有些人则更倾向于温和、细腻的表达，他们可能更注重日常的陪伴和默契。因此，在表达爱意时，你需要考虑对方的喜好和需求，选择一种适合双方的方式来表达。

其次，轰轰烈烈地表达爱意有时可能会给对方带来压力或不适。过于强烈的情感表达可能会让对方感到束缚或无法回应，甚至可能破坏彼此之间的关系。因此，在表达爱意时，你需要保持适度的节制，尊重对方的感受，避免给对方带来不必要的负担。

再次，爱情的表达应该是真诚和持久的，而不仅仅是短暂的热烈。你可以通过日常的关心、理解和支持来表达爱意，让对方感受到你的温暖和陪伴。大学里很多因为兴趣爱好或者人生目标一致走到一起的伴侣，他们的相处模式很平淡，日常就是一起学习、吃饭、散步，但他们彼此关心、支持，感情也很深厚。这种持久的表达方式往往更能打动人心，让爱情更加稳固和长久。

最后，无论选择何种方式表达爱意，最重要的是保持真实的自我。爱情是建立在相互理解和接纳的基础上的，你可以勇敢地表达自己的感受和需求，同时也接纳对方的真实面貌。只有在真实的基础上，恋人们才能建立起健康、稳定的爱情关系。

第二节 爱情中的自由与依赖

在爱情里，自由与依赖，就像是天平的两端，需要恋人们去精心地平衡。自由，是每个人内心的渴望，是恋人们保持独立和个性的重要基石。而依赖，则是爱情中不可或缺的一种情感纽带，它让我们感受到对方的温暖和支持。

但话说回来，自由过了头，可能就会变成冷漠和疏离；而依赖过了度，又可能变成束缚和压抑。所以，如何在爱情中找到自由与依赖的平衡点，就成了恋人们需要好好思考的问题。

爱情中的自由与依赖，就像是一场精心编排的舞蹈，我们得用心去跳，用心去感受。只有这样，我们才能在爱情中找到真正的幸福和满足。

一、恋爱中的个性保持

（一）保持个人空间的重要性

个人空间就像是我们心灵的一片净土，是我们在忙碌和纷扰中得以喘息和放松的地方。想想看，我们每个人都有自己的小天地，有自己的喜好、习惯和追求。这些东西，虽然不一定能被别人完全理解，但却构成了我们独特的个性。保持个人空间，就是为了让我们能够在这个小天地里自由呼吸，自由发展，不受任何束缚。

并且，保持个人空间还能让我们在恋爱中更加独立和自信。我们都知道，恋爱中的两个人很容易陷入一种相互依赖的状态，但过度的依赖往往会让人失去自我。保持一定的个人空间，就能让我们在恋爱中保持清醒和独立，不会轻易迷失方向。

现实中的确有部分大学生在恋爱中放弃了自己的兴趣、爱好、目标，甚至过往的人际圈，当恋情告急时突然发现自己付出了太多，一无所有，因而情绪崩溃。其实一段健康的亲密关系不应该是“爱你让我弄丢了自己”，而是“爱你让我成为了更好的自己”。

保持个人空间，其实就是为了更好地实现自我，让我们能够按照自己的意愿和节奏去生活。只有这样，我们才能真正感受到内心的满足和幸福。

（二）个性与共同成长的平衡

谈到恋爱过程中的个性与共同成长的平衡，其实每个人的一生都在为了个性化而努力——确定你与自己以及与世界的关系[①]。那么，如何在保持个性的同时，实现与对方的共同成长呢?

其实所谓的个性并不是要与对方格格不入，而是要在相互尊重的基础上，保留自己的独特之处。成熟的爱是在保持自己的尊严和个性的条件下的结合[②]。它能让双方在关系中保持自我，拥有独立的思考和行为能力。每个人都是独立的个体，保持个性可

---

① 贺兰特·凯查杜里安. 性学观止［M］. 胡颖翀，译. 北京：世界图书出版社，2009：325.

② 埃里希·弗洛姆. 爱的艺术［M］. 刘福堂，译. 北京：人民文学出版社，2018：24.

以使恋爱关系更加丰富多彩，避免一方完全失去自我而变得依赖或迷失。同时，双方不同的个性也可以相互补充和促进，带来新的体验和成长。比如有这么一对恋人，一方喜欢安静阅读，另一方喜欢户外运动，他们尊重彼此的爱好，各自保持着自己的个性，反而让他们的恋爱生活更加有趣和充实。

而说到共同成长，我们就得提到一个非常重要的点，那就是相互理解和包容。在恋爱中，我们要学会站在对方的角度思考问题，理解对方的想法和感受。同时，我们也要包容对方的不足和缺点，毕竟，每个人都不是完美的。共同成长并不意味着要放弃自己的追求和梦想。相反，我们要在恋爱中相互激励，一起努力，实现自己的目标。因为恋爱不仅仅是情感的交流，更是一种生活态度的共享。“爱不是相互凝视，而是一起朝着同一个方向眺望。”①

二、恋爱过程中的依赖与自我价值

美国心理学家亚伯拉罕·马斯洛（Abraham H. Maslow）提出了需求层次理论，他认为人的需求从基本的生理需求到更高层次的精神需求是逐渐递进的。在恋爱中，我们既要满足自己的情感需求，又要保持独立和自主，追求自我价值的实现。对于大学生来说，其正处在感情观、价值观逐渐成熟的阶段，这个话题就更值得探讨了。

英国文学家莎士比亚也曾经说过：“不要只因一次挫败，就忘记你原先决定想达到的远方。”无论恋爱中遇到什么困难，我们都不能忘记自己的目标和价值。恋爱只是生活的一部分，我们要时刻保持清醒的头脑，不被恋爱中的依赖所迷惑，坚持追求自我价值。

（一）识别与处理过度依赖

提到恋爱中的过度依赖，你会想到什么？社会新闻中因为失恋而寻死觅活的当事人，恋爱脑的小伙伴，还是被 PUA 情感操纵和精神控制的受害人？那么我们一起来聊聊这个话题，看看能不能找到一些解决的办法。

首先，恋爱中的依赖是很正常的，毕竟两个人在一起，总希望有个依靠，有个能让自己感到安心的人。但是，如果这种依赖变得过度，那就可能会影响到你们的关系，甚至影响到你自己的成长和独立。而前文我们提到的依恋理论中，回避型依恋和焦虑-矛盾型依恋的恋人都容易出现过度依恋的情况。

那么，怎么识别过度依赖呢？其实，过度依赖的表现有很多种。比如，你可能会觉得离开对方就无法生活，或者总是需要对方不断地确认对你的爱。一旦出现对方没有接你的电话，或者消息没有秒回，你就坐立不安。你还可能会失去自己的兴趣爱好，把全部的精力都放在对方身上，甚至“一日不见如隔三秋”。这些都可能是过度依赖的现象。

那么，怎么处理这种过度依赖呢？首先，你得学会独立思考和行动，不要总是依赖对方来为你做决定，或者安排你的生活。你可以尝试自己去做一些决定，去尝试一些新的事物，这样不仅能提升你的自信心和对生活的掌控感，也能让你更加独立。

其次，保持自己的社交圈子也是很重要的。不要因为恋爱就放弃了和朋友、家人

① 安东尼·德·圣埃克苏佩里. 小王子［M］. 马振骋，译. 北京：人民文学出版社，2003.

的联系。他们也是你生活中的重要支持，他们的存在能帮你保持对生活的热爱和兴趣。

最后，关注自己的内心世界也很重要。你可以发展自己的兴趣爱好，并找寻相关的小圈子。你还可以尝试通过写日记、画画、听音乐等方式来了解自己的情绪和需求，找到自己的价值感。这样，你就不会因为过度依赖对方而失去自我。

美国心理学家埃里希·弗洛姆认为，爱主要是“给予”，而不是“接受”[①]。真正的爱情应该是建立在独立和平等的基础上的。我们不能因为恋爱就失去了自我，也不能把对方当作生活的全部。我们要在恋爱中保持独立和自主，同时也要学会给予和接受。

【知识窗】

防止“恋爱脑”小贴士

1. 保持理性思考

在恋爱中，情绪容易波动，但要学会保持冷静和理性。

在做出决定或承诺之前，多思考、多权衡利弊。

2. 了解自我

清晰认识自己的价值观、兴趣和目标。

不要为了迎合对方而改变自己，保持真实的自我。

3. 建立健康的恋爱观

恋爱不是生活的全部，不要让它占据你所有的时间和精力。

健康的恋爱应该是互相尊重、理解和支持的。

4. 设定界限

在恋爱关系中，设定清晰的个人界限，包括时间、空间和情感上的界限。

尊重对方的界限，避免过度依赖或侵犯。

5. 保持独立

恋爱中保持一定的独立性，不要完全依赖对方。

继续追求自己的兴趣、梦想和目标。

6. 沟通是关键

建立开放、诚实和尊重的沟通方式。

及时表达自己的感受和需求，也倾听对方的想法。

7. 学会放手

如果发现恋爱关系不再健康或不再适合自己，勇敢放手。

不要因为害怕孤独或面子问题而勉强维持。

8. 寻求支持

如果感到困惑或无法处理恋爱中的问题，寻求朋友、家人或专业人士的支持和建议。

9. 保持积极心态

恋爱中遇到挫折和困难时，保持积极的心态和信心。

---

① 埃里希·弗洛姆. 爱的艺术［M］. 刘福堂，译. 北京：人民文学出版社，2018：25.

相信自己有能力解决问题，并找到更好的恋爱关系。

10. 保持学习

恋爱也是一种学习和成长的过程。从每段恋爱经历中吸取经验教训，不断完善自己的恋爱观和人际交往能力。

记住，恋爱是人生中的一部分，但不是唯一的部分。保持平衡、健康和积极的心态，享受恋爱的美好同时也不要失去自我。

（二）强化自我价值感的途径

要强化个人的自我价值感，首先得明白，自我价值感并不是别人给予的，而是来源于自己内心的认知和肯定。你得相信，自己是有价值的，是独一无二的。这种信念会让你在恋爱中更有底气，不会轻易因为对方的某些行为而怀疑自己的价值。

具体怎么做呢？你可以试着多参与一些能提升自己能力和技能的活动，比如学习一门新语言、参加社团活动或者进行体育锻炼。当你在这些方面取得进步时，你会感到自己的价值在不断提升，这种成就感会转化为自信，让你在恋爱中更加从容。

此外，与优秀的人为伍也是个不错的办法。与那些有才华、有能力、有追求的人交往，你会受到他们的启发和激励，也会不自觉地提升自己的标准和要求。这样，你就会更加珍惜自己，更加重视自己的价值。

当然，恋爱中的过度依赖往往也与我们的心理需求有关。心理学家马斯洛提出的需求层次理论告诉我们，每个人都渴望得到归属感和认同感。但过度依赖对方来满足这些需求，往往会让我们失去自我。所以，我们要学会从内心寻找归属感和认同感，而不是过分依赖对方。

英国文学家弗吉尼亚·伍尔夫（Virginia Woolf）也曾经说过："一个人一旦有了自我认识，也就有了独立人格；而一旦有了独立人格，也就不再浑浑噩噩，虚度年华了。"① 当面对一个因为失恋而来咨询的来访者时，心理咨询师除了处理失恋给来访者带来的情绪困扰，有很多时间会与来访者讨论自我认知的话题。认识自己、悦纳自己，我们才能在恋爱中保持独立和自信，避免过度依赖。

所以，强化个人的自我价值感并不是一蹴而就的事情，它需要我们在日常生活中不断积累和实践。但只要你愿意去尝试，去努力，就一定能够找到那个属于自己的平衡点，在恋爱中既能享受甜蜜，又能保持独立和自信。

第三节 恋人间的沟通桥梁

恋人间的沟通，不仅仅是说话那么简单。它更是一种情感的交流、思想的碰撞，是我们在爱情中相互理解、相互成长的关键。有时候，一个简单的眼神、一个温暖的拥抱，就能胜过千言万语，让我们感受到对方的心意。

---

① 佛吉尼亚·伍尔夫. 伍尔夫读书随笔［M］. 刘文荣，译. 文汇出版社，2012：84.

但沟通也不总是一帆风顺的。有时候，我们可能会因为一些小事起争执，甚至会因为沟通不畅而产生误会。这时候，我们就得学会换位思考，试着去理解对方的想法和感受。同时，我们也要学会表达自己的内心，让对方了解我们的需求和期待。

恋人间的沟通，需要我们用心去倾听、用心去表达。只有这样，我们才能建立起一座坚固的沟通桥梁，让爱情在我们之间流淌得更加顺畅、更加美好。

一、恋爱中的倾听与表达

"如果有人倾听你，不对你评头论足，不替你担惊受怕，也不想改变你，这多美好啊……每当我得到人们的倾听和理解，我就可以用新的眼光看世界，并继续前进。"①

——卡尔·罗杰斯

恋爱中的倾听与表达，其实就是一种深入的沟通和理解。通过倾听，我们理解对方；通过表达，我们让对方理解我们。这样，我们的恋爱关系才能更加和谐、更加美好。

（一）有效的倾听技巧

倾听，不仅仅是耳朵在听，更是心灵在感受。当我们真正用心去倾听恋人的话语时，我们就能够更深入地理解他们的想法、感受和需求。这种深入的理解，是建立健康、稳定恋爱关系的基础。

怎么才能算是好的倾听呢？首先，我们要保持开放的心态，不要预设立场，不要急于打断对方。让对方能够自由地表达自己的想法和感受，这是对他们的尊重，也是对自己感情的负责。

其次，我们要学会用身体语言来表达自己的关注。比如，保持眼神交流，点头示意，这些都是在告诉对方："我在听，我在乎你。"这样的身体语言，能够让对方感受到我们的真诚和关心。

最后，在倾听的过程中，我们也要注意自己的情绪和态度。不要因为对方的言论而轻易产生反感或抵触情绪，更不要因为自己的观点与对方不同而急于反驳。记住，恋爱中的谈话，不是为了赢得争论，而是为了增进了解，加深感情。

与之对应的，无效倾听却像是一道屏障，阻隔了恋人之间的心灵交流。无效倾听有很多种表现形式，比如表面上的点头应付、只关注自己感兴趣的话题，或者对对方的话语充耳不闻，即所谓"人在心不在"。这样的倾听方式，不仅无法让对方感受到被重视和被理解，反而可能让对方感到被忽视和不被尊重。长期下来，这样的倾听方式可能会对恋爱关系造成负面影响，让彼此之间的距离越来越远。

美国心理学家弗洛姆认为，"所有形式的爱常常包含着共同的基本要素：关心、责任、尊重和了解。"② 倾听，是我们了解对方的途径。而在倾听中保持关心、责任和尊重，才能做到有效倾听，从而让我们能够更好地了解对方，更好地维系我们的恋爱关系。

---

① 马歇尔·卢森堡. 非暴力沟通［M］. 阮胤华，译. 北京：华夏出版社有限公司，2009：161.

② 埃里希·弗洛姆. 爱的艺术［M］. 刘福堂，译. 北京：人民文学出版社，2018：29.

（二）表达情感的策略与方法

“Woh~ Woh~ Yeah~，I love you more than I can say…”杰瑞·埃利森（Jerry Allison）和桑尼·库尔梯斯（Sonny Curtis）创作的*More Than I Can Say*这首歌直白地演绎了恋上一个人时的纠结。其实，恋人间表达情感这事儿，还真得讲究点策略和方法呢。

首先，表达情感不是简单地说一句“我爱你”就完事了。真正的情感表达，是要让对方能够感受到你内心的真挚和温暖。所以，你得学会用对方觉得合适的方式，把心里的话说出来。

一个有效的策略就是，找到适合双方的沟通方式。有的人喜欢直接坦白，有的人则更喜欢委婉含蓄。你得观察你的恋人更喜欢哪种方式，然后调整自己的表达方式。比如，如果你的恋人更喜欢听甜言蜜语，那你就可以多说说那些温暖人心的话；如果你的恋人更注重实际行动，那你就可以通过行动来表达你的爱意。

其次，表达情感的时候，一定要注意语气和态度。语气要温柔，态度要真诚。不要让对方觉得你是在敷衍或者应付。要用心去感受对方的情感，然后用同样的方式去回应对方。

最后，有时候我们可能会因为害羞或者紧张而说不出话来。这时候，你可以借助一些外部的帮助，比如试着要到对方的微信给他写一小段留言，或者准备一个小礼物试试对方的反应。表达情感这事儿，没有固定的模板和套路。每次去和每个人的每段恋爱都是独特的，所以你得根据实际情况去灵活应对。只要你用心去爱，用心去表达，你就一定能找到属于你们自己的情感表达方式。

我们经常犯的错误是，认为对一个人独占的情感可以证明爱的强度和纯度，用弗洛姆的话来说，这种爱是“共生的爱”或者“过度膨胀的自我中心”。欠缺对他人的关心，必然导致这种爱的自毁①。

二、恋爱中的冲突

恋爱这事儿啊，总是充满了甜蜜与温馨，但偶尔也会出现一些冲突和矛盾。这很正常，毕竟两个人来自不同的背景，有着不同的性格和习惯。那么，我们该如何看待恋爱中的冲突呢？

关于冲突的处理，德国心理学家西格蒙德·弗洛伊德（Sigmund Freud）曾经说过：“爱情和工作都能激发人的潜能，但爱情中的冲突，更能让人成长。”也就是说冲突并不可怕，只要我们能够正确处理，它就能成为我们成长的契机。

（一）冲突的正面意义

冲突就像是恋爱关系中的一面镜子，能反映出我们内心深处的想法、需求和期待。

如果没有冲突，我们可能会一直沉浸在恋爱的甜蜜中，忽略了那些潜在的问题。但冲突一旦出现，它就会像一股清流，冲刷掉那些积淀在关系中的尘埃和杂质，让我们的关系更加清澈透明。

冲突还能促进我们个人和关系的成长。每当我们面对冲突时，我们都会学会如何更好地沟通、如何理解对方、如何控制自己的情绪。这些技能在恋爱中非常重要，也

① 欧文·D 亚隆. 存在主义心理治疗［M］. 黄峥，张怡玲，沈东郁，译. 北京：商务印书馆，2015：573.

能在其他方面的人生中发挥作用。

心理学家布鲁诺·贝特尔海姆认为，冲突是人际关系中不可避免的一部分，但正是通过解决冲突，我们才能建立起更加真实和深入的关系。他还说，冲突能帮助我们认识自己，了解自己的需求和界限，从而成为更加完整的人。

电影《纯洁心灵的永恒阳光》中内向沉稳的约尔·巴瑞斯（金·凯瑞 饰）与克莱门汀·克罗斯基（凯特·温丝莱特 饰）二人是一对情侣。和普通的情侣一样，他们的日子也在甜蜜和争吵中度过。直到有一天矛盾似乎无法调和，两个人先后到“忘情诊所”，请求医生消除关于彼此的记忆。然而当记忆清除程序开始启动，约尔在自己的记忆中游走，他发现和克莱斯汀一起度过的那些时光，无论是痛苦还是甜蜜，都弥足珍贵，他并不想忘记这个自己深爱的女人。但是，程序一旦启动就无法逆转，约尔只能想尽办法把克莱斯汀藏到记忆最深的地方，那些现实中克莱斯汀本来没有出现过的时间角落，以保存这份爱情。最终两人决定直面冲突，选择用对彼此的爱化解亲密关系中的危机，这展现了恋爱中冲突的正向转化过程。他们的冲突最终促使他们更加深入地了解彼此，然后彼此携手，迎难而上。

（二）如何解决恋爱中的冲突

恋爱中的冲突，就像是一道难解的谜题，有时候让我们感到困惑和不安。但别担心，其实处理冲突也是有技巧和方法的。

首先，面对冲突时，我们要学会保持冷静和理智。情绪化的反应往往会让我们做出错误的决定，甚至可能加剧矛盾。所以，当冲突发生时，我们要先让自己冷静下来，深呼吸，试着从对方的角度去理解问题。这样，我们才能更客观地看待问题，找到更好的解决方案。所以从这个角度出发，冲突的双方短暂分开冷静一下的确是一个不错的方案，但是记住，只是“短暂的分开”，否则就变成冷战了。

其次，沟通是处理冲突的关键。我们要勇敢地表达自己的想法和感受，同时也要倾听对方的意见。在沟通过程中，尽量使用温和的语气和措辞，避免使用攻击性的言语。记住，沟通的目的是解决问题，而不是制造更多的矛盾。

最后，妥协和包容也是处理冲突的重要方面。恋爱中，两个人难免会有不同的想法和习惯。我们要学会在尊重对方的基础上，做出一些妥协和让步；同时，也要学会包容对方的不足和缺点，毕竟每个人都有自己的优点和缺点嘛。

心理学家约翰·戈特曼的观点认为，处理冲突的关键在于建立一种“情感联结”，也就是通过理解和尊重对方的感受，来增进彼此之间的亲密和信任。这样，即使面对冲突，我们也能保持一种积极、健康的关系。

【知识窗】

萨提亚：五种沟通姿态

美国首位家庭治疗专家维琴尼亚·萨提亚（Virginia Satir）认为，生活中有五种沟通姿态，其中出现更多的沟通姿态是指责型、讨好型、超理智型和打岔型。这四种沟通姿态，都很容易给彼此带来不好的沟通体验，甚至引发不满和争吵。而一致型沟通，比较能给人以好的沟通体验。

（1）讨好型：这种模式下的个体常常过于迎合他人，忽视自己的感受和需求，以避免冲突和获得他人的认可。然而，长期讨好可能导致自我价值感降低，对亲密关系产生负面影响。

（2）指责型：指责型的人往往将责任归咎于他人，强调自己的正确性和无辜。这种沟通方式容易引发冲突和伤害对方的情感，对亲密关系造成破坏。

（3）超理智型：超理智型的人过度强调逻辑和理性，忽视情感因素。他们可能用复杂的词汇和理论来支持自己的观点，但缺乏情感共鸣，会使亲密关系变得冷漠。

（4）打岔型：打岔型的人常常回避问题，不愿意直接面对冲突。他们可能用幽默、转移话题等方式来避免直接沟通，但这种行为可能使问题得不到解决，影响亲密关系的稳定性。

（5）一致型：一致性沟通模式强调自我、他人和情境三者的和谐统一。在一致性沟通中，你需要首先觉察自己的感受、观点和期待，清晰地知道自己内心的状态；然后是向对方坦诚地表达这些，表达时要注意语气和方式，避免指责和攻击；接着是倾听对方的回应，给予对方充分表达的机会；最后是共同探讨可能的解决方案，以达成双方都能接受的结果。这种沟通方式有助于建立健康、平等的亲密关系。

了解萨提亚的沟通模式对改善亲密关系中的沟通模式具有重要意义。讨好型的人要学会关注自己的需求和感受，适当表达；指责型的人要学会控制情绪，多一些理解和包容；超理智型的人要增加情感表达；打岔型的人要学会专注于问题本身。而一致型沟通则需要在表达自己时保持真诚和尊重，倾听对方并给予回应。比如，当与伴侣有分歧时，先觉察自己的状态和情绪，然后坦诚地表达自己的想法和感受，同时认真倾听对方的观点，共同探讨解决方案。

第三节　建立健康的性观念

性观念并不仅仅是关于性的行为和态度，它更是一个人对自我、他人以及性行为的全面理解和认知。一个健康的性观念，能够让我们在恋爱关系中更加成熟、理智和尊重对方。

希腊文化充满了爱与美，它天才地将肉欲理想与最高的美学及道德理想结合起来。性是艺术的一部分，就像它是生命的一部分一样①。本章我们将简单聊聊性这个令很多大学生好奇又困惑的主题。

一、性的教育

（一）性健康基础知识

首先，我们要明白性是一个复杂而多面的概念。它不仅仅涉及生理层面的性器官、性功能和性行为，还包括心理、情感和社会层面的内容。因此，了解性的基础知识，对于我们建立健康的性观念、维护良好的恋爱关系以及预防性问题具有重要意义。

① 贺兰特·凯查杜里安. 性学观止［M］. 胡颖翀，译. 北京：世界图书出版社，2009：654.

在性的生理基础知识方面，我们需要了解人体的性器官、性功能和性反应等基本知识。这些知识可以帮助我们更好地了解自己的身体，以及在恋爱关系中如何保护自己和他人。同时，我们也要认识到每个人的性器官和性功能都是独特的，不应该用刻板的标准去评判或比较。

除了生理层面的知识，我们还要了解性的心理和社会层面。性心理涉及我们的性偏好、性取向和性身份等方面。每个人都有自己独特的性心理特征，我们应该尊重并理解这些差异。同时，我们也要认识到性行为不仅仅是满足生理需求的方式，更是一种表达情感、建立亲密关系的方式。因此，在恋爱关系中，我们应该注重彼此的情感需求和沟通，以建立健康、和谐的性关系。

此外，性的社会层面也是我们需要关注的内容。在不同的文化和社会背景下，人们对性的态度和观念可能存在差异。我们应该以开放和包容的心态去了解这些差异，并尊重不同文化和社会背景下的性观念和性行为。同时，我们也要认识到社会对于性的规范和价值观可能会影响我们的恋爱关系和性行为，因此我们需要学会独立思考和做出适合自己的选择。

美国性学家阿尔弗雷德·金西（Alfred Kinsey）作为一位性学研究的先驱者，通过大量的调查和实证研究，对人类的性行为进行了深入的探索。他提出，人类的性行为是多样且复杂的，不应该受到刻板的道德评判或限制。他主张以一种开放、科学和尊重的态度来对待性行为和性观念。

金西的研究告诉我们，每个人的性行为和性观念都是独特的，我们应该尊重这些差异，而不是用统一的标准去衡量。同时，他也强调了性教育和性健康的重要性，认为通过科学的性教育可以帮助人们更好地了解自己的身体和心理需求，从而建立健康的性关系。在这个过程中，你可能会遇到困惑、疑虑甚至恐惧。但你不要害怕去寻求帮助或与跟你关系密切的人讨论你的感受。无论是与亲密的朋友交流、向专业的心理咨询师求助，还是通过阅读相关的书籍和文章来自我学习，都是不错的途径。

请记住，性是可以说的秘密。与其他知识的学习和探索一样，保持对性的好奇和探索精神，你会发现自己更加了解自己的身体和心灵，也会更加珍惜和尊重与他人的亲密关系。性是一个自然而美好的事物，无论是恋爱关系中的性行为，还是个人对性的理解和探索，只要是建立在尊重、理解和爱的基础上，个体就能真正享受性带来的快乐和满足。

（二）性与情感的关联

性与情感，这两者看似独立，实则紧密相连。它们在我们的生活中扮演着不可或缺的角色，尤其是在我们大学生活的这个阶段。性，是生理的需求，是我们身体的一种本能；而情感，则是我们内心的体验，是我们在与他人交往中产生的情感纽带。

那么，如何看待这两者的关联呢？德国心理学家西格蒙德·弗洛伊德（Sigmund Freud）的观点认为，性与情感是密不可分的，性的满足往往需要情感的参与和支持。同时，他也强调，健康的性关系应该建立在相互尊重、理解和信任的基础上，这样才能真正实现性与情感的和谐统一。

性不仅仅是生理行为，更是情感和心理上的连接。亲密关系中的性应该建立在双方自愿、平等、尊重和安全的基础上。它可以增进彼此之间的情感纽带，但绝不是亲密关系的全部。亲密关系还包括信任、理解、支持、沟通等多个方面。

性是一种表达爱的方式，但不是唯一的方式。那些帮助建立和维持性亲密关系的特征——关心和分享的能力，善解人意和温柔，信任，承诺，尤其是爱——与促进性诱惑力是密不可分的①。在大学阶段，我们要树立正确的性观念，明白性是严肃且需要慎重对待的；要学会保护自己和他人的身心健康，不将性作为获取某种利益或满足私欲的手段。

二、性的自主

性的自主意味着个体能够自主地决定自己在性方面的行为和选择。这包括能够根据自己的意愿、价值观和情感来决定是否参与性活动，与谁发生性活动，以及在何种情况下进行。

性自主强调个体对自己身体和性的掌控权，不受他人强迫、威胁或不当影响；同时，也意味着要对自己的选择负责，充分考虑到行为可能带来的后果。性自主需要建立在对性有正确认知、有足够的自我保护意识和能力的基础上。

当然，性的自主并不意味着我们可以随心所欲，忽视他人的感受或社会规范。相反，它要求我们更加成熟、理智地处理与性有关的问题。我们需要学会尊重自己和他人的意愿，理解并接受性行为的后果和责任。

在大学这个特殊的环境中，我们面临着更多的诱惑和挑战。有时候，我们可能会因为寂寞、好奇或追求刺激而做出一些冲动的决定。比如有的大学生在恋爱关系中，面对伴侣提出的性要求，即使自己内心并不愿意，但因为害怕拒绝会导致关系破裂而勉强同意，这就是缺乏性自主意识的表现。还有些学生可能在受到他人言语或行为上的性暗示时，不懂得明确拒绝或表明自己的态度，而处于一种被动或模糊的状态。另外，有的学生可能会因为社会舆论或他人的看法，而违背自己的真实意愿去参与一些性活动，这也是性自主意识不足的体现。请记住，真正的性的自主意味着我们要有足够的智慧和勇气，去抵制那些可能损害我们身心健康的行为。

（一）性的界限的设定与沟通——性同意

性自主是性同意的基础，性自主强调个体对自己性行为的决定权和掌控权。而性同意则是在具体情境中对某一性行为表示明确的许可或接受。有性自主意识的人才能真正做到理性地给予或拒绝性同意。性同意必须是自愿的、明确的、持续的，不能在受到强迫、威胁、欺骗等情况下做出。如果一个人没有真正的性自主，那么其所谓的性同意可能也不是真实有效的。

性同意包括对特定性行为在特定时间、特定情境下明确的许可。它意味着清晰地表达愿意参与某种具体的性活动，比如同意发生性行为、同意特定的性接触方式等。我国性学专家李银河老师强调了性同意的重要性和核心原则，指出性同意应该是明确的、自愿的、积极的表达。她认为在任何性互动中，都必须确保双方都真正自愿且明确地给予同意，而不是在压力、强迫、欺骗等情况下做出的所谓“同意”。同时，她也倡导人们树立正确的性观念，尊重彼此在性方面的意愿和边界。

① 贺兰特·凯查杜里安. 性学观止［M］. 胡颖翀，译. 北京：世界图书出版社，2009：512.

还有一点需要强调的是，性同意不是一次性的，而是在整个过程中都需要保持，任何时候一方表示不愿意或改变主意，都应该立即停止。

比如有个学生在一段关系中，开始时可能因为某些原因勉强同意了性行为，但后来发现自己其实内心并不愿意，这就说明其在当时并没有真正实现性自主，从而导致对性同意的判断出现偏差。

在恋爱关系中，性的界限设定和沟通是非常关键的。这不仅关乎我们个人的身心健康，也关乎我们与伴侣之间的情感连接和相互尊重。性的界限，简单来说，就是我们在性方面所能接受和不能接受的底线。这个底线是因人而异的，每个人都有自己的舒适区和需求。

（二）性自主权与相互尊重

每个人都有权自主决定自己的性行为、性对象以及与性相关的各种选择。这包括是否发生性行为、与谁发生、在什么情况下发生等。性的自主权强调尊重个体的意愿和选择，不受到他人的强迫、威胁或不当影响。比如，一个人有权决定自己是否愿意进行婚前性行为，或者在一段关系中何时以及如何表达自己的性需求。

性自主权是每个人在恋爱关系中都应该享有的基本权利。它意味着我们有权决定自己的身体、情感和性关系，不受他人的强迫或干涉。同时，相互尊重则是建立健康恋爱关系的重要基石。只有当我们尊重彼此的选择和决定，我们才能真正实现性自主权的和谐共生。

心理学家弗洛姆认为，真正的爱情需要建立在平等和尊重的基础上，每个人都应该被看作是一个独立的个体，拥有自己的权利和选择。在恋爱关系中，我们应该尊重对方的性自主权，不强迫、不干涉，而是给予彼此足够的空间和支持。

（三）大学生常见性困扰

在大学生中，性心理问题是一个不容忽视且颇具复杂性的领域。

性观念的困惑常常困扰着大家。我们生活在一个传统观念与现代思潮激烈碰撞的时代。有的同学可能在面对恋爱中的性问题时，内心充满了纠结。他们既受到传统道德观念的影响，强调矜持和保守，又受到现代社会中相对开放的态度的冲击，对于如何在恋爱中处理性问题感到迷茫。比如，有人可能会对是否应该在恋爱初期就有亲密行为犹豫不决，或者对于不同恋爱阶段的性接触程度感到困惑。解决这些问题，需要我们树立全面、正确的性观念。正如前面谈到的，性是人类生活中自然而美好的一部分，但必须建立在双方自愿、平等、尊重以及安全的基础之上。同时，我们也要尊重自己的感受，并且尊重他人的意愿和边界。

性焦虑是大学生另一个常见的性困扰。面对性焦虑，我们需要学习补充一些性生理和性心理的科学知识，了解性存在的多样性和个体差异，认识到每个人都有自己独特的节奏和方式，不存在绝对的标准。性学家李银河在给《性存在》一书的序言中提到的性的多元论认为，人类的性欲是多样的，而不是单一的，许多不同的生活方式都可以是好的，所有的人的生活方式都可以是好的[①]。另外，我们可以通过心理疏导和放

---

① 韦罗妮克·莫捷. 性存在［M］. 刘露，译. 北京：译林出版社，2015：序言.

松技巧的训练，如深呼吸、冥想等，来帮助自己缓解焦虑情绪，让我们能够以更加轻松和自信的心态面对性。如果性焦虑严重影响到你的生活质量，你也可以考虑寻求有相关资质和工作经验的专业心理咨询或治疗的帮助。

性压抑在我们这个群体中也并非罕见。由于学业的压力、社会规范以及自身性格等多种因素，一部分同学可能会将自己的性需求和情感深深压抑起来。然而，长期的性压抑可能会引发一系列心理问题，如抑郁、烦躁、情绪不稳定等。压抑并不是解决问题的最佳方式。其实，学校提供了丰富多样的活动和平台，我们可以积极参与各种社会实践活动，是能够帮助自己拓展人际关系，进而释放相关的压力的，比如参与体育活动、艺术创作、社交聚会等。我们要学会正确处理自己的情绪和欲望，通过健康的方式来满足自己的心理需求。

总之，我们的性心理问题是一个需要我们高度重视和认真对待的领域。只有通过正确的引导和处理，我们才能建立健康、积极的性心理，促进我们的身心健康和全面发展，让我们在青春的道路上更加从容自信地前行。

【课堂之外】

“恋爱与性”主题的科普类书单

1.《性心理学》

作者：哈夫洛克·霭理士（英）。

简介：这本书是霭理士的巨著《研究录》的“普及本”，深入探讨了性的生物学基础、性冲动的性质、求爱的生物学等，逻辑清晰，行文优美，是一本兼具科学性与艺术性的性心理百科全书。

2.《亲密关系》

作者：莎伦·布雷姆、丹尼尔·珀尔曼、罗兰·米勒、苏珊·坎贝尔（美）。

简介：本书从人际关系视角探讨了亲密关系的建立、维持和发展，并提供了丰富的实证研究和实用建议，有助于读者更好地理解和处理恋爱关系。

3.《爱的五种语言》

作者：盖瑞·查普曼（美）。

简介：本书介绍了五种表达爱的方式，帮助读者识别自己和伴侣爱的语言，从而更有效地沟通和表达爱意，适用于所有类型的人际关系。

4.《海蒂性学报告》

作者：雪儿·海蒂（英）。

简介：这本书以其直白和未加修饰的语言风格而著称，详细探讨了人类的性行为和性关系，提供了大量真实案例，为读者提供了深入了解性学的窗口。

5.《非暴力沟通》

作者：马歇尔·卢森堡（美）。

简介：本书介绍了一种以和平和尊重为基础的沟通方式，有助于读者在恋爱和性关系中更有效地沟通和解决冲突。

6.《幸福的方法》

作者：泰勒·本-沙哈尔（美）。

简介：本书探讨了如何寻找和创造幸福，提供了实用的方法和建议，有助于读者在恋爱和性关系中建立积极、健康的生活态度。

参考文献

[1] 埃略特·阿伦森，提摩太·D. 威尔逊，罗宾·M. 埃克特. 社会心理学［M］. 10版. 侯玉波，曹毅，等译. 北京：人民邮电出版社，2023.

[2] 贺兰特·凯查杜里安. 性学观止［M］. 胡颖翀，译. 北京：世界图书出版社，2009.

[3] 埃里希·弗洛姆. 爱的艺术［M］. 刘福堂，译. 北京：人民文学出版社，2018.

[4] 安东尼·德·圣-埃克苏佩里. 小王子［M］. 马振骋，译. 北京：人民文学出版社，2003.

[5] 佛吉尼亚·伍尔夫. 伍尔夫读书随笔［M］. 刘文荣，译. 文汇出版社，2012.

[6] 马歇尔·卢森堡. 非暴力沟通［M］. 阮胤华，译. 北京：华夏出版社有限公司，2009.

[7] 欧文·D. 亚隆. 存在主义心理治疗［M］. 黄峥，张怡玲，沈东郁，译. 商务印书馆，2015.

[8] 韦罗妮克·莫捷. 性存在［M］. 刘露，译. 北京：译林出版社，2015.

第九章 倾听内心的声音
——心理问题与心理咨询

第一节 心理问题的界定

一、什么是心理问题

心理问题并不罕见，事实上，它们是人类心灵复杂性的自然反映。从焦虑到抑郁，再到人格障碍，心理问题是广泛的，每个人都有可能受到影响。有专家统计过，大约三分之一的人在一生中至少发生一次很严重的心理或情绪问题①。

那么，我们谈论的心理问题究竟是什么呢？

我们的大脑和情感有点儿复杂，你可以把心理问题想象成是大脑里不同程度的故障或者混乱，就像电脑软件的bug（漏洞）一样。有时候，你可能会感觉情绪波动有点大，比如一到考试就会特别焦虑，就像一群细胞在大脑里“抗议”，让你感觉很不舒服；有时候，你可能会因为压力太大而突然失去了动力，只能停在原地哭泣，就像大脑里的“电路”有点超载。这些都是心理问题的表现。

心理问题其实就是我们大脑处理生活中的事件时出现的一些不同程度的故障或者混乱，会让我们感觉不太好。这些问题可以表现为情绪、行为和认知方面的不适，比如，有些人可能长时间感到忧虑、沮丧或恐惧，另一些人可能会表现出自我孤立、易怒或冲动的行为，还有一些人可能会有难以集中注意力、自我否定等认知方面的不适感。

如果你曾经或者正在经历这样的一些体验，你也不必过于担心。要知道，我们的心理是会生病的，就像我们的身体会生病一样。我们的这些消极体验和不适感是我们心理的信号灯，其实是在提醒我们需要关注和照顾自己的心理健康，就像我们照顾身体健康一样。

因此，当我们在谈论心理问题时，其实是在谈论人类情感、思维和行为的各种变

---

① 黄希庭，郑涌. 心理学十五讲［M］. 北京：北京大学出版社，2020：363.

化与困扰。这些问题可能涉及情绪、认知、社交、人际关系等方面，往往会对个体的生活质量和日常功能带来一定的影响。但我们也需要知道，心理问题是可以被修复的，正确认识心理问题并且愿意主动改变是心理问题得到疗愈的前提。修复和解决心理问题就像是给心灵进行一次“升级”，这样可以让它变得更健康，也更强大。

二、人为什么会产生心理问题

（一）生物学的解释

对心理问题的生物学解释，是建立在医学模型之上的。生物学取向的研究者认为，心理问题的产生是源于大脑结构、人体内部的生物化学过程以及遗传等因素的影响。

大脑是一个复杂的器官，其中的元素相互作用，维持着一种精密的平衡。大脑中神经化学物质如神经递质的微妙变化，可能会带来一个人心理状态的显著变化；遗传因素如特定的基因，可能也会影响一个人的心理健康，比如某些基因可能会与压力应对能力相关，导致有些人更容易出现焦虑或抑郁等心理问题；脑损伤、感染等生物致病因素也有可能是心理问题的来源，其可能导致情绪异常、行为异常等。

随着神经生物学的发展，如今我们可以通过一些先进的科学技术手段，如脑成像技术等，不用手术就能看到大脑内部的结构及其特定的生物化学过程。运用这些技术，生物学取向的研究者们正在逐渐揭示心理问题与特定脑变异之间的联系。然而，无论神经科学在未来会有怎样的突破，对于心理问题的产生，生物学都永远无法解释全部。事实上，我们的思想和行为总是先天与后天（即生物学因素与后天经验）相互作用的产物。

【案例链接】

1848 年 9 月的某天，美国佛蒙特州的一名铁路工人菲尼亚斯·盖奇（Phineas Gage）正在工地上进行一项爆破岩石的任务，在准备过程中，他用了一根长 1.1 米，重 5 千克左右的铁棍来压实火药。不幸的是，一颗火星意外点燃了火药，引发了爆炸，这根铁棍从他左脸颊下方刺入，穿过他的颅骨，从头顶飞了出去。

令人难以置信的是，盖奇并没有当场死亡，他只是眩晕了几秒，然后从地上爬了起来，拦下一辆马车将自己送往了医院。两个月后，盖奇带着铁棍回到了自己的家中，除了左眼失明、头上多了个洞，其他地方看起来一切正常。等到体力逐渐恢复，盖奇也重新回到了工地，但工友们逐渐发现，盖奇的性情与之前相比发生了巨大的变化。事故前，盖奇被认为是一个勤奋、负责、性格温和的人，但事故后，他变得冲动易怒、顽固、粗鲁无礼、缺乏耐心和计划能力，他的朋友和同事都说他“不再是那个盖奇了”。后来，因为古怪的性情，他被公司辞退了，他在生活中也处处碰壁。盖奇在受伤后继续生活了 12 年才去世。后来征得他姐姐的同意，人们打开了他的墓穴，取出他的头骨供研究用。目前盖奇的头骨保存在哈佛大学的医学博物馆。

盖奇的事件给科学家们提供了宝贵的研究材料。通过研究他的大脑，科学家们第一次明确地认识到不同脑区对应着不同的心理功能。盖奇受伤的前额叶皮层与情绪调节、社会行为和决策能力密切相关。这一发现极大地推动了神经科学的发展，让我们知道了脑损伤对一个人行为和人格的影响。盖奇的病例至今仍在心理学、医学和神经科学的教材中被广泛引用，帮助我们理解心理问题的生物学原因。

（二）心理学的解释

从心理学视角上看，心理或社会的因素在心理问题的产生中起到了决定性的作用。心理学视角主要包含：认知模型、发展模型、社会文化模型。

认知模型强调心理过程，如思维、感觉、知觉、记忆等，它关注的是人们如何感知或思考自己以及他们与其他人和环境之间的关系①，比如在遇到特定的情境时，一个人如何解释这件事，他是否相信自己具有应对事件的能力，他如何面对压力或威胁等。认知模型认为心理问题是对现实情境的歪曲感知、错误推理以及不良的问题解决方式。来自童年的消极信念、生活中的挫折和痛苦经验、负面的思维模式、过度的自我批评、对自己和他人的过高期望等都会影响一个人的认知，从而使他产生心理问题的风险更高。

发展模型认为，个体的心理发展是一个连续的、逐步演化的过程，在不同的人生发展阶段，个体的认知、情感和社会功能会有一些相应的特征和表现。发展模型聚焦于寻找偏离预期的心理发展模式，认为心理问题是一个人在心理发展过程中出现的异常或困难。比如，发展模型可能会探讨：一个儿童的依恋感是否得到了正常发展？一个青少年在人际交往中是否能够正确理解别人的想法和意图？一个经常情绪失控的人，他的情绪控制能力是否符合他的年龄？一个无法和他人建立亲密感的成年人在成长过程中经历了什么？等等。

社会文化模型强调社会环境、文化环境在心理问题形成中的作用。社会和文化的氛围、规范、价值观、期待等都会对个体的行为、思维和情感产生影响，比如，生活在一个充满竞争的环境里，可能会给一个人带来巨大的压力，那么他产生焦虑和抑郁等心理问题的可能性就会更大。又比如，在一个过度强调以瘦为美的社会环境中，一个人更有可能出现容貌焦虑或身材焦虑，严重者可能会因为过度在意自己的外貌以满足社会期待而发展成进食障碍症患者。此外，社会学习也可能是导致心理问题的原因。比如，你经常听到周围人谈论“社恐”，你周围也都是一些不擅长社交的“i 人”，那么你的行为就很可能会受到他们的影响，再加上你正好经历了一次糟糕的社交体验，比如遭到霸凌，你就很容易对人际关系产生焦虑和恐惧，进而演变成真正的社交恐惧症（或称社交焦虑障碍）。

【案例链接】

小芸是一个大二学生，某天她主动预约了学校的心理咨询，她自述在社交方面有很大的困难，很多年来都害怕和人接触、打交道，平时上下课都会刻意避开人多的地方，哪怕有时候和室友走在一起，她也会感觉紧张、呼吸不畅，甚至还会出现身体僵硬等躯体化症状。通过和她交谈，心理咨询师得知，小芸在上高一时，有一次老师调

① 理查德·格里格，非利普·津巴多. 心理学与生活［M］. 王垒，王甦，译. 北京：人民邮电出版社，2003：422.

座位，她正好和班里一个比较受女生欢迎的男同学做了同桌，这引起了班里一些女生的不满，一些女生私下给她写纸条警告她，让她离那个男生远一点，或者当面说了一些很难听的话。一开始小芸觉得很委屈，慢慢地，她开始有一种强烈的羞耻感，当她回家将自己的遭遇告诉父母时，妈妈并没有安慰她，反而笃定地认为一定是她有什么地方做得不合适别人才会说她的闲话，这让小芸很失望，并且产生了自我怀疑和否定。一学期后，老师重新调整了座位，小芸已经不再和该男生做同桌了，但她的状态一点也没有好起来，她甚至害怕去学校，害怕与人接触，坐在教室里身体就会不自觉地感到僵硬，上课完全听不进去，学习退步严重，后来只能办理了休学。

现在小芸已经脱离了高中时的环境，但她的症状却保留了下来。如果我们用心理学的解释来梳理小芸的心理问题，就会发现，她的问题主要源于高中时的班级环境和氛围给她带来的压力，试想一下，如果她处在一个包容、和谐的班级氛围中，周围的同学没有对她恶语相向，那么她很可能会像绝大多数青春期的孩子一样，发展出正常的与异性交往的方式。然而一个充满敌意和压力的人际环境，以及家庭支持系统的缺乏，使得这个青春期少女产生了对现实情境的歪曲感知，她出现了羞耻感以及自我否定的认知，并且从行为上开始回避所有的人际关系。这样一来，她的心理发展就出现了异常，她在人际交往模式方面的发展偏离了正常预期。

第二节　心理障碍的识别

一、心理正常与异常

遇到情绪困扰或陷入某种麻烦，你可能会自问：我这种想法或表现是否正常？看到某人的行为表现和大多数人不一样、偏离常规，你可能会小心猜想：他（或她）是不是心理异常……要知道，害怕自己存在异常是一种很正常的现象，特别是你在思考与心理问题相关的内容时。不过，存在异常同样也是很正常的现象。我们所有人都可能遇到难以应对的问题，而且我们通常并不清楚“正常”问题何时会演变成“异常”问题[①]。正常和异常之间的差别，是一个人的行为与社会公认的异常标准符合程度的差别。人们常用来区分行为“异常”的七个指标：①经受痛苦或影响生活正常运转；②适应不良；③非理性；④不可预测性；⑤违反社会规范或统计上显著反常；⑥令他人不适；⑦违反道德或理想标准[②]。某个行为符合上述指标越多，我们越有可能将其标为异常。事实上，从心理健康到精神疾患是一个连续体，如图 9-1 所示，并没有泾渭分明的分界线。

① 卡罗尔·韦德，卡罗尔·塔佛瑞斯，塞缪尔·R. 萨默斯，丽莎·M. 申. 心理学［M］. 白学军，等译. 北京：中国人民大学出版社，2023：556.

② 理查德·格里格. 心理学与生活［M］. 王垒，等译. 北京：人民邮电出版社，2023：444.

健康人格	心理冲突	心理异常或障碍	精神疾患
服务人员	心理咨询师	心理咨询师或精神科医生	精神科医生
服务模式	心理咨询模式	医学心理学模式	医学模式

图 9-1　心理健康维度

我们正常人都会遇到发展性问题或突发的负性事件，前者如青春期自我同一性困惑，后者如重要考试失败、亲人突然去世、失恋等，产生的困惑、失望、难过、悲伤等情绪感受都是正常的。有的情绪问题我们自己能够处理（纯白到浅灰的区域），有的时候我们处理不了，就需要找心理咨询师一起探讨处理。如果发展到中度或重度心理问题（深灰区域），就需要找精神科医生做诊断，运用医学心理学模式。一旦医生建议服药，就要遵医嘱，不能擅自停药。早发现早治疗，不讳疾忌医，服药依从性好，都有助于患者早日康复。心理学研究结果表明，有些疾病如抑郁症、强迫症等心理治疗结合药物治疗，疗效更好，复发率更低。精神疾患（纯黑区域）者发作期没有自知力，必须找精神科医生做药物治疗。心理治疗主要用在康复期，帮助他们进行一些回归社会的训练。

二、心理障碍的主要类型

（一）焦虑障碍

我们每个人可能都体验过焦虑不安，有时是担心不好的事情即将发生，有时是当众演讲或参加重要的某场面试，有时是置身于某种陌生或危险的场景……焦虑给我们带来的好处是，我们会未雨绸缪、解决问题，或精心准备求职成功，或者保护自己、远离危险。不过，有时候焦虑程度和实际的危险程度不匹配，或者危险与不确定性已经过去了，令人痛苦的负性感觉依然存在，影响到人们有效工作或享受生活的能力。根据焦虑的严重程度、诱发焦虑的情境、持久性等因素，焦虑障碍可以分为各种焦虑症，这里主要介绍以下三种：

1. 广泛性焦虑障碍

广泛性焦虑障碍是指过度的、无法控制的焦虑或担忧（预期焦虑）持续 6 个月及以上，该症状不是由躯体疾病或药物、酒精、咖啡等物质引起的。焦虑就像背景幕布一样，随时随地存在于患者的生活中。可能这段时间多一些，另一段时间少一些，但不会很明显地一段时间里完全不忧虑任何事情。忧虑的主题每天都在变化，变化的内容取决于患者当天不同的生活场景，想到什么就担心什么。基本内容是对未发生事情的担心和害怕，但这种担心和害怕没有事实依据。此外，做出广泛性焦虑障碍的诊断还要有至少三种其他症状，躁动、紧张或坐立不安，肌肉紧张，扫视环境威胁、易疲劳，易怒，难以集中注意力或失神，睡眠障碍等。其中，无法控制的过度忧虑、肌肉紧张、扫视环境威胁是区分广泛性焦虑障碍与其他焦虑障碍的关键症状。

【案例链接】

求助者，女，大二学生，因焦虑不安求助。

自述：在教室自习时，想到“室友会不会觉得我太卷了？是不是真的把我当朋友？是不是觉得和我相处时我太不自然、不活泼？”这样的想法就一直盘旋在我的脑海。和同学打招呼对方反应平淡时，我就会想“她是不是不喜欢我，不想和我相处？”心情陷入失落、难过。陌生人看我的眼神冷漠、严肃时，我觉得大脑一片空白，胸闷，头上仿佛乌云环绕，好像随时随地被这双带有评价性的眼睛盯着，似乎它能看到你所有的缺点。看高中同学发一条朋友圈，想到高中班主任评价说“太安静、放不开”，同学说“你话怎么这么少”觉得高中的自己太糟糕、太透明、没有存在感、没有人喜欢和我相处，因此陷入失落、难过。自习时，如果想到旁边的人“会不会觉得我好看”“这个男生会不会对我有好感?”自己的行为就会不受控制、很拘谨。做任何事都感觉大家在看着我，手、脚等身体部位很僵硬、有点儿不受自己的控制。

我不想承认这些想法的存在，但是越反抗越严重，感觉置身于一个封闭环境，像摄像机镜头对准我那样，周围的空气都有点儿往我身上压迫。

【知识窗】

当察觉到自己陷入负性情绪后，我们可以在心里把这种消极情绪用“你”来代替。找一个安静的、不被打扰的地方，闭上眼睛，一边深呼吸，一边在心里默念四句话：

深深地吸一口气，憋住它：我看到“你”的出现。

慢慢地吐出来：我允许“你”的出现。

再深深地吸一口气：我接受“你”的出现。

慢慢地吐出去：我现在愿意释放“你”。

“看到、允许、接受、释放”是一轮过程，通常情况下，反复进行几轮后，负性情绪就会得到缓解。坚持练习，慢慢地这个负性情绪会得到化解，我们最终可以恢复内心的平静。

2. 惊恐障碍

周期性经历意外惊恐发作的人会产生惊恐障碍。惊恐发作是一种强烈恐惧或不适的急剧发作，并在几分钟内达到巅峰状态。在此期间患者会出现以下症状中的四种及以上：心悸、心跳加速或心率加快；出汗；颤动或抖动；感觉气短或窒息；胸部疼痛或不适；恶心或腹痛；头晕、不稳定、眩晕或无力；感到寒冷或发热；感觉异常（麻木或刺痛感）；现实解体（非真实感）或去人性化（脱离自我）；害怕自我失控或发疯；害怕死亡。在众多惊恐发作中，至少有一次后，当事人在随后一个月或更长时间里会持续担心或忧虑更多的惊恐发作及其后果，或将引起回避行为。

【案例链接】

求助者，男，大四学生，觉得自己“不正常”求助。

自述：本科期间我在学习方面竭尽全力，认识我的老师同学都认为我是学霸、优秀、完美，尤其最近考上了某985院校的法律硕士，大家都来祝贺我。我觉得很讽刺，只有我自己知道真实的自己有多不堪。高考时我太紧张了，考场上大脑空白了几分钟，全身发抖出汗、喘不过来气，觉得自己快要死了，事后我才发现自己尿裤子了……这几年总会有那么几次，没有固定时间。去了很多医院检查，泌尿科、神经科、心内科都说没问题。你能想象我一个成年人，穿着成人纸尿裤上研究生入学考试的考场有多丢人吗？平时没问题，遇到重要场合、重大事情我会提前上厕所排尿，两个小时内没问题，时间再长就不行了。我特别在意这件事，所以每天花很多时间去上厕所。

3. 创伤后应激障碍

个体经历创伤性的或威胁到生命的事件，如强奸、虐待、亲人突然去世、恐怖袭击、抢劫、车祸或经历地震、龙卷风、洪水等自然灾害后，出现做噩梦、闯入性记忆、失眠、闪回、生理唤醒增强等症状，时间持续在一个月以上，并且开始损害当事人的社会功能，就意味着当事人可能患上了创伤后应激障碍（PTSD）。无论是创伤的受害者，还是目睹他人受到创伤的人都有可能患上创伤后应激障碍。创伤后应激障碍的症状包括闯入性记忆、再体验创伤、闪回、做噩梦；回避与创伤相关的场所或谈话；产生与他人的疏离感、失去对日常活动的兴趣；生理唤醒增强，表现为失眠、易怒、高度警觉和注意损伤等。

【案例链接】

小刘，某部队驾驶士官，驾驶技术娴熟。某次野外驻训演练，遇到山体滑坡，多名靠窗的战士受伤。小刘很自责，觉得战友受伤是自己造成的。此后不愿再驾驶车辆，找各种理由回避野外驻训任务，见到那天受伤的战士会刻意绕行，经常做噩梦，梦到山体滑坡他驾驶的大巴车被掩埋，同车战友全部牺牲。性格原本沉稳冷静，现在遇到稍大的动静就会一惊一乍、疑神疑鬼，表现出明显的焦虑情绪。症状持续两个多月，严重影响到他的正常工作和训练①。

（二）心境障碍

生活中，我们每个人都有过非常消极悲观或快乐无比的时候，但是，对有些人来说，这种极端情绪会打乱正常的生活体验。心境障碍是以显著而持久的情感或心境改变为主要特征的一组疾病。临床上主要表现为情感高涨或低落，伴有相应的认知和行为改变和有幻觉妄想等精神病性症状。多数患者有反复发作倾向，每次发作多可缓解，部分可有残留症状或转为慢性。本章将探讨两种主要的心境障碍：抑郁症和双相情感障碍。

1. 抑郁症

相信每个人都曾经有过“抑郁”“郁闷”或是“emo”的时候。抑郁本身是一种情

① 杨群，施旺红，刘旭峰. 异常心理学［M］. 西安：西北大学出版社，2023：198.

绪，它被形容为“心理病理中的普通感冒”，既因为它出现频繁，也因为我们每个人一生中某个时段或多或少都体会过这种情绪。情绪的起起落落本来就正常，如今年轻人常常用“我 emo 了”“太丧了”来代替“颓废”“不开心”“伤感”等感受。什么情况下需要引起重视呢？如果这种抑郁情绪持续 2 周以上，当事人在一天中的不同时间段或几乎每一天都处于这种状态下，已经妨碍到正常的学习生活，那可能就属于抑郁症的症状了。

抑郁症是以显著而持久的、抑郁悲观为主要特征的心理障碍。经历抑郁症的人心境低落、思维迟缓、意志活动减退（俗称“三低”），丧失兴趣或愉快感，逐渐回避或退出社交活动。他们可能会经历食欲、体重、睡眠等方面的剧烈变化，比如会选择不吃或吃得过饱，以弥补自己的悲伤情绪；早醒但无法起床，或精力不济、嗜睡；“缓慢”感或无法聚集身体的力量，一动不动躺在沙发上或床上几小时，被动上网或睡大觉；容易自罪自责、自我否定，对超出自己控制范围的事情负责任。重度抑郁症最严重的症状是反复出现死亡的念头，反复出现没有特定计划的自杀意念或自杀企图，或做出伤害自己的致命尝试。

【知识窗】

抑郁症患者的世界

安德鲁·所罗门是美国作家和心理学家，他曾经是一名重度抑郁症患者，最终通过心理治疗和抗抑郁药物治疗得以康复。在他的《忧郁》一书中，他描述了自己抑郁发作时的状态①：

“我还记得，我四肢僵硬地躺在床上哭泣，因为太害怕而无法起来洗澡，但同时，心里又知道洗澡其实没什么可害怕的。我在心里复述着一连串动作：起身然后把脚放到地上，站起来，走到浴室，打开浴室门，走到浴缸旁边，打开水龙头，站到水下，用肥皂抹身体，冲洗干净，站出来，擦干，走到床边。十二个步骤，对我来说就像耶稣受难记一样困难。但是理智上我很清楚，洗澡是件再简单不过的事了。”

“我用全身的力气坐起来，转身，把脚放到地上，但是之后觉得万念俱灰，害怕得又转过身躺回床上，但脚却还在地上。然后我又开始哭泣，不仅因为我没办法完成日常生活中最简单的事，而且还因为这样让我觉得自己愚蠢无比。全世界的人都会洗澡，为什么我就不行？”

由此可见，抑郁症患者并非不愿意或者不想过正常的生活，而是他暂时陷入了一种困境中，似乎能量和活力都被剥夺了，使得他无法完成生活中那些看起来平常又简单的小事。对抑郁症患者来说，抑郁的感觉就像藏在床底下的怪物，你永远不知道它什么时候会爬出来。尽管很难，但如果有家人或朋友，在你生命中最黑暗的时刻支持着你，会是一件令人欣慰的事情。

【知识窗】

微笑型抑郁

你知道吗，有一类抑郁症患者表面看起来很乐观、积极，甚至常常面带笑容，但

---

① 安德鲁·所罗门. 忧郁［M］. 李凤翔，译. 重庆：重庆出版社，2006：34-35.

实际上他的内心却深深地被抑郁、痛苦和无助的感受困扰，这叫作“微笑型抑郁”。然而由于这类患者的外在表现很正常，周围的人通常不会意识到他们的问题，甚至会误以为他们是乐观向上的。这种情况可能有一些原因，比如想要隐藏自己的痛苦、不希望别人担心自己，或者感到必须保持一个“正常”的形象等。

让我们来看一看微笑抑郁者的内心世界：

1. 每天维持“正常生活”让人筋疲力尽

“我成绩不错，人际关系和谐，老师、同学和家人都很爱我。童年没有留守经历，没有被校园霸凌，父母也没有离婚……同学们都无法理解，像我这样的人怎么会不快乐！”“不抑郁的人无法理解我们起床、走出宿舍、坚持每日三餐好好吃饭、洗澡需要付出多大的努力。”

2. 难以开口求助

当你一整天都在假装活得很好、很开心的时候，想要集中精力寻求帮助是非常困难的——尽管你的情绪一直很低落，也没有动力去完成任务。有时候也曾想过寻求帮助，但是不知道如何去做，就一直拖着，一直假装自己过得很好。

3. 内心感受和实际行为并不相符

当心情不好时，我只想一个人躺着，但是，我是班干部、是父母的主心骨、是外婆的骄傲、是家族里弟弟妹妹的榜样，我只能努力学习、帮助别人、关心别人，评上奖学金，感觉自己活得很假，好像在演戏，真的很累。

4. 批评每个人，包括自己

有时候觉得自己是个失败者，男朋友是有史以来最讨厌的人，生活简直无法忍受。有些消极的想法一直在脑海中盘旋，不断地怀疑自己之前做出的重要选择，怀疑自己是否处在正确的关系中。内心会谴责自己、他人和整个世界。

5. 周围人不相信：你怎么会“抑郁”

尽管平均学分绩点在整个年级名列前茅，做事有计划有条理，完成每天待办事项清单上的所有事情，但她大部分时间感到自卑、绝望和沮丧。“我的成绩好，可能是因为运气好，或者我只擅长学习，是书呆子，其他方面一无是处。”朋友常常说：“你不可能抑郁，看看你做得有多好。”

6. 做不到自我关怀

他们很少优先考虑自己，感觉照顾自己是一件苦差事。由于抑郁，他们感觉不到自己的价值。“下雨的时候，我会打电话给室友，问她们是否需要送伞。如果她们需要，不管多远，我都会给她们送。早上她们不想起床，我会主动给她们买早餐。有时候想到她们从来没给我打过电话、从来没关心过我是否需要送伞，也会觉得很伤心。为什么不管在家里还是学校，从来都是我照顾别人，关心别人？但下一次还会主动给她们打电话……好像自己想到她们的需求，不去提供帮助就显得自己很自私。”

7. 没有成就感

能很好地完成待办事项，但没有成就感，感觉不到快乐，即使完成的是那些曾经能给自己带来快乐的活动。“拿到奖状，朋友们、父母都为我高兴，我也觉得我应该高兴，可我就是高兴不起来，只是完成了一件事而已，只想躺着，却又睡不着……很少有成就感。”

8. 人际关系很难维持

当和你在一起的人试图安慰你时，会引发一种羞耻感。“我从来都不想让我的朋友或家人失望，当他们督促我运动、吃药、看我是否好转时，我会觉得有压力，会责怪自己怎么没快点好起来。那些没有抑郁症的人不明白我的懒散、躺平是一种本能反应。”

9. 隐藏自己的真实状态

朋友圈：一边吃爆米花，一边看剧的周末结束了，满血复活。

事实：整个周末都躺在沙发上自怨自艾，看电视，吃垃圾食品。今天是周一，我要假装积极向上。

长期的微笑抑郁如果得不到适当的关注和治疗，可能会导致严重的心理问题，甚至会增加自杀的风险。因此，及时识别和处理微笑抑郁症非常重要。如果你或你身边的人有这样的情况，鼓励他们寻求专业的心理帮助是很关键的。

【知识窗】

抑郁症与自杀

尽管大多数抑郁症患者不会自杀，但许多企图自杀的人患有抑郁症、双相情感障碍或其他精神障碍。世界卫生组织（WHO）统计，全球约10亿人正在遭受精神障碍困扰，每40秒就有一人因自杀而失去生命，低收入和中等收入国家的自杀人数占全球自杀人数的77%。截至2023年年底，我国患抑郁症的人约有9 500万人。每年大约有28万人自杀，其中40%患有抑郁症。大学生轻度抑郁风险是16.54%，重度抑郁风险是4.94%。每一次自杀成功的背后，可能会有多达8至20次的自杀尝试。大部分青少年自杀者都曾与别人谈过自己的自杀意图，或者写下过自己的这些想法。无望和孤独的感觉及消极的自我概念，也和自杀风险有关。我们应学习心理危机干预技能和知识，敏锐地察觉自杀意图的信号，做周围人的生命守门人。

2. 双相情感障碍

双相情感障碍又叫作躁郁症，其特征是抑郁和躁狂发作交替出现，就像在坐情绪过山车。抑郁发作的时候，就跟抑郁症的表现一样；而当躁狂发作时，个体常体验到一种膨胀的自尊或不现实的信念，认为自己拥有特殊能力或权力，认为自己能做一些不可能做到的事情。当事人感觉自己需要的睡眠时间急剧减少，会积极投身额外的工作、过度参加社交或娱乐活动，会疯狂购物、进行愚蠢的投资或高速驾驶，表现出毫无根据的乐观，冒不必要的风险，随便做出承诺，并可能会放弃一切。双相情感障碍者的心境紊乱持续时间和频率因人而异，一些人经历长时间的正常功能期，偶尔会有短暂的躁狂或抑郁发作；一些人从躁狂到抑郁，再返回躁狂，如此循环反复。著名作家马克·吐温就患有双相情感障碍，他将自己的状态描述为“情绪周期性的、突然的变化……从深沉的忧郁到半疯狂再到飓风般的癫狂状态”。

（三）人格障碍

人格障碍是一种长期（慢性）的、僵化的、适应不良的感知、思维或行为模式。人格障碍通常是由于个体早年的不良生活环境或经历导致其人格的某一方面过于突出，并带来了牢固和持久的适应不良，这些模式会给个体造成极大的困扰，严重损害其社交或其他与人相处的能力，也会给周围的人带来许多负面的感受和影响。诊断人格障碍的两个核心要素缺一不可：行为明显偏离正常；行为已经根深蒂固。这里重点介绍以下四种人格障碍：

1. 偏执型人格障碍

置身一个陌生的环境或面对一个“不怀好意”的陌生人，我们会言行谨慎、害怕自己受到伤害。然而，偏执型人格障碍是对别人存在普遍的不信任和猜疑，即使熟悉的人也是如此。他们经常从中性事件中解读出有害意图，并做出最坏打算。如：无端猜测别人在剥削、伤害或欺骗自己；无端怀疑朋友、同事的忠诚和信任；持久地心怀怨恨。患有偏执型人格障碍的人可能思维非常僵硬、具有控制欲、吹毛求疵、常责备和嫉妒别人。因为充满敌意、好辩、尖酸刻薄而不好相处，容易陷入一些冗长、激烈的法律纠纷。

2. 表演型人格障碍

你是否认识一些总想成为人们关注中心的人？有的人因为出众的颜值、有趣的言谈成为人群中的聚光点，表演型人格障碍的人则以一种过度情绪化的、不恰当的亲密行为最大限度地寻求别人的注意。自己不能成为关注中心，就会感到不舒服；与人交往时往往带有不恰当的性诱惑或挑逗行为，言语缺乏细节，具有自我戏剧化、舞台化或夸张的情绪表达；认为和别人的关系比实际上更亲密。表演型人格障碍者在恋爱和交友方面存在困难，他们难以在对注意力和亲密度的强烈需求与现实之间找到平衡，对爱和欲望有着强烈需求，并为此采用各种手段。

3. 自恋型人格障碍

你是否认识喋喋不休、大肆谈论自己成就的人？有的人看上去有点儿过度自信，但其实不是一种病。真正的自恋型人格障碍者认为自己如此独特，只能被其他同样“特殊”或地位高的人（或机构）所理解或与之交往。他们会因为过度夸大自己的重要性、幻想无限成功、需要过度赞美且缺乏共情而给自己带来很多问题。这类人似乎有很高的自信心和自尊心，但实际上很容易感知威胁。如果受到挑战，他们可能会表达愤怒或进行报复。他们常常妒忌别人，或认为别人妒忌自己。他们不能容忍批评或失败，当别人不再表达对自己的赞美或嫉妒时，他们就会结束这段关系。

4. 反社会型人格障碍

反社会型人格障碍的特征是：长期存在违反社会规范的不良行为或违法乱纪行为。青春期前多次出现品行障碍行为，且随着年龄增长，这些行为的危害性呈现增加的态势。说谎、偷窃和打架是常见行为，他们通常也不会对自己的行为感到羞耻或懊悔。其特征是高度攻击性、无羞愧感、行为无计划性、社会适应不良。

（四）精神分裂症

精神分裂症是一种以妄想、幻觉、言语紊乱、行为不当和认知障碍为特征的精神障碍，患者的人格支离破碎、思维和知觉扭曲、情感迟钝。在精神分裂症患者中，妄想是一种很常见的症状，尽管有明显相反的证据存在，患者仍然坚持错误或非理性的信念，比如一个患者可能认为政府特工正在跟踪他，并会对他做些可怕的事情。电影《美丽心灵》中约翰·纳什认为他能从杂志和报纸上找到前苏联的秘密代码就是一种妄想，而看到实际上不存在的室友和小女孩是幻觉。言语紊乱是指患者所讲内容混乱、不连贯、话说了一半儿忘记接下来该说什么、自己编造一些词语"语词杂拌"让听者不知所云。行为不当是指患者举止古怪，比如收集垃圾或对着一棵树、一堆土豆喃喃自语。有的患者完全退缩到个人世界，对周围环境完全没意识，一动不动地坐上几个小时，这种情况被称为紧张性木僵。

心理学家将分裂症状分为阳性和阴性两种。在精神分裂症的急性期或活跃期，幻觉、妄想、语言不连贯、行为紊乱等阳性症状较为突出。其他时候，社交退缩和情感淡漠等阴性症状变得更明显。有些人经历了一个或几个精神分裂症的急性期之后就恢复了正常生活。还有一些慢性病患者，要么反复地经历急性期，伴有短期的阴性症状；要么偶尔经历急性期，同时伴有长期的阴性症状。即使最严重的病人，也不会一直处于急性状态。

在临床诊断中，精神分裂症根据 DSM-IV 分为 5 类，分别是：

1. 偏执型

偏执型是精神分裂症中比较常见的类型。起病缓慢，发病年龄多在青壮年和中年。患者最初表现为敏感多疑，逐渐发展成妄想，妄想内容以关系妄想、被害妄想居多，病人总觉得周围发生的一切现象都与自己相关。妄想的内容最初具有逻辑性，随着病程的发展，结构会变得松散，内容也更荒谬和不固定。此类患者多存在幻觉，以言语性幻听最常见，也可能出现幻视、幻嗅等，内容多对自己不利。受幻觉、妄想的影响，患者常有愤怒和敌视的表情，有时候也表现为疑惑或惶恐不安。但不涉及妄想症状时，其言行、思维无明显异常，日常生活能自理，因此发病后很长一段时间内，患者可以维持日常学习生活等社会功能，预后较好。

【案例链接】

某大三男生，成绩优异，连续两年平均学分绩点年级第一。她花很多时间在学习上，晚上还要挑灯夜战，孤僻内向，不爱与人交往。母亲有精神疾病史。

某次课堂上老师提醒同学们不仅要重视理论学习，而且要多做实验、培养动手能力。患者认为该老师针对他、辱骂他，扬言要找校领导反映。随后到学院、学生处反映所在班级评选奖学金不合理，辅导员偏袒其他同学。出现幻觉，看到有人在男厕所往外掏枪瞄准他。打电话给父亲，提醒其关好门窗，说他知道有人要去他家偷东西。他站在天桥上看到马路上某辆车打开两个前车灯，暗想："有种的你把所有车灯都打开!"那辆车的车灯果然全部亮了。很害怕，觉得自己的想法被司机洞悉。不想和宿管阿姨打招呼，下次路过时发现阿姨没在，觉得自己有超能力，可以控制宿管阿姨让她不出现。经常心情紧张、惶恐不安，自述宿舍的桌椅板凳都长了嘴巴，会说话。觉得任课老师、室友、同学都想迫害他。

2. 紧张型

患者多在青壮年起病，早期表现精神萎靡、食欲不振、怠惰少动、快感缺失、情绪低落。随着病情发展，有紧张性木僵和紧张性兴奋综合征状出现。紧张性木僵主要症状是言语动作明显减少。患者以一种僵直的姿势维持不动，有时相同的姿势可以维持几个小时甚至几天，双目紧闭或凝视，表情呆滞，针刺皮肤也无反应。病人也可能出现运动缓慢、少语少动的情况（亚木僵状态）。紧张性木僵可能与紧张性兴奋交替出现。紧张性兴奋时，病人行为冲动，可能大声谈话、叫喊，无目的地抽打或砸东西，或自杀自伤，或攻击并试图伤害他人。此状态维持几小时或几天后缓解，部分患者再次进入木僵状态。

处于木僵状态的患者并没丧失意识，相反，他们可能对周围发生的一切非常敏感，症状缓解后能够描述木僵期间别人对他的言行。也有患者表现出违拗行为，即要求他们做的事不但不做，还会故意去做相反的事。

3. 单纯型

患者大多在青少年期起病，起病缓慢，早期可能出现与神经衰弱相似的症状，如头昏头痛、易疲劳、软弱无力、失眠、注意力涣散、工作效率下降等。随后性格逐渐改变，表现为孤僻被动、言语贫乏、意志缺乏、社会退缩、生活懒散和情感淡漠，对任何事都不感兴趣，学习成绩下降，自由散漫，得过且过。病情严重时与外界完全不联系。患者发病早期常不被注意，等亲友怀疑其有病时，已经变得很严重了。

4. 青春型

发病多在青春期，发病可急可缓，患者最初表现为孤僻、情绪不稳，追究一些荒谬或无意义的问题，或发表空洞无物的言论。随着病情发展，其忽而大笑，忽而大哭，忽而无故发脾气，令人捉摸不定；对周围的人、事情感情淡漠，言语杂乱、不连贯，并伴随思维中断；有时喃喃自语；思考内容荒谬，情感不协调，表情矫揉造作，行为愚蠢幼稚，做鬼脸，傻笑，常有兴奋冲动行为和本能（主要是食欲和性欲）意向亢进，如追逐异性等。患者幻觉妄想变化多端，社会退缩行为特别严重，病程发展快，饮食起居不能自理，是所有分裂症中最符合一般人对“疯子”的印象。

5. 未分化型

患者的精神症状符合精神分裂症的诊断标准，有明显的精神症状，如妄想、幻觉等严重的行为紊乱等。然而，这些症状难以归入上述四种类型中的任何一种，因此被称为精神分裂症未分化型。

第三节　心理咨询知多少

一、心理咨询是什么

（一）心理咨询不是你想的那样

心理咨询不是你想的那样。它既不是对某种疾病的治疗，也不是向一个睿智的顾问寻求指导；它既不是好朋友之间的倾心分享，也不是关于深奥知识的学习；它既不是对一个人的错误的揭露，也不是寻找一种新的信仰。心理咨询和你想的不一样[①]。

你可能会感到很惊讶，如果以上这些都不是心理咨询，那它到底是什么呢？在我

① 詹姆斯·F. T. 布根塔尔. 心理咨询不是你想的那样［M］. 王光伟，王甜，董晓苏，译. 北京：机械工业出版社，2022：1.

们搞清楚这个问题之前，先问自己一个问题：想到心理咨询，你会有什么想法？

有的人第一反应可能是不信任，是拒绝，因为要向一个陌生人暴露自己的内心，是一件令人不安的事；有的人可能会不屑一顾，也不想接受任何帮助，但其实对自己当下的状态并不满意；有的人可能会感到怀疑，觉得这不过是聊聊天，怎么就会让一个人感觉更好呢……

你是不是也这样想呢？

心理咨询不是关于你“想了什么”，而是关于你“怎么想”。当你有某种想法的时候，你可能也没有意识到自己内心经历了什么样的过程，心理咨询可以帮助你区分你所想的内容和你这样想的原因，以及这个过程中你所体验到的情绪，它帮助你去探索你的想法和行为背后的意义。对心理咨询师来说，来访者讲述故事的过程以及来访者与故事的关系，永远比故事本身的内容更重要，内容是糖霜，而过程是蛋糕[①]。现在，问一问自己：当我拒绝接受帮助的时候，我真正想要的是什么？当我对一件事情不屑一顾的时候，我感受到了什么？当我对他人表现出不信任的时候，这让我回忆起了什么？

心理咨询不同于普通的面谈，所以请先放下对于建议、评价或是答案的期待。它是来访者和咨询师两个生命在特定时空的相遇。一个人生活在这个世界上，总会遇到这样或那样的困扰，能够度过一生而从不感到孤独、疑惑与失望的人太少了。你可以把心理咨询看作是一个在咨询师的陪伴下去认识自己、接纳自己的过程，在心理咨询中，你会了解到你是如何与自己共处的，通过聚焦你的感受、认知、态度、情绪和表达等，咨询师引导你寻找和欣赏自己内心深处的永恒之光。关于心理咨询是什么，人本主义心理学家卡尔·罗杰斯曾这样说：心理咨询是一个过程，期间咨询师与当事人的关系能给予后者一种安全感，使其可以从容地开放自己，甚至可以正视自己过去曾否定的经验，然后将那些经验融合于已经转变了的自己，做出统合。

心理咨询不是洪水猛兽。人人都有内心困顿的时候。然而，许多人并不明白自己为什么会感觉不好，他们想要感觉好一些，但又不知道如何去做。如果你也是这样，不妨尝试接受心理咨询，这可以让你多一种社会支持系统的选择，帮你渡过难关。坐在咨询室的沙发上，安心踏上一段旅程，有一位包容、耐心、专业的咨询师相伴，也许你会因此走向一片新的天地。

（二）心理咨询师是如何工作的

现在我们来揭秘一下，心理咨询师是如何工作的。

首先，想象一下，你来到了一间温馨舒适的心理咨询室。房间布置得简洁而温暖，柔和的灯光让人感到放松。在开始咨询之前，心理咨询师会先与你打个招呼，让你在合适的座位上坐下，并和你签订一份咨询协议，叫作《心理咨询知情同意书》，承诺你的问题和隐私将受到最严格的保密（当然，当你的问题涉及生命危机或法律责任等情况时，是属于保密例外的）。

整个咨询过程中，心理咨询师最重要的工作之一就是倾听。他会以专注而真诚的态度，耐心聆听你的故事、烦恼和困惑。他不会随意打断你，也不会妄加评判，而是

---

① 菲莉帕·佩里. 沙发上的心理学［M］. 钟歆，译. 北京：中信出版集团，2021：19.

用心倾听，帮助你理清思绪和情绪。

心理咨询师不仅仅是个听众，也是一位专家。他会运用自己丰富的心理知识和技巧，和你一道深入探索问题的根源，鼓励你寻找新的观点和解决方案。他不会把自己的意见强加给你，而是通过引导和启发，帮助你自助和成长。

除了倾听和对话，心理咨询师还可能借助各种媒介来促进沟通和理解。他可能会使用心理测试，让你更好地了解自己的特质和需求；他也可能会运用绘画、沙盘游戏等辅助方法，让你通过创造性的方式表达内心的感受和困惑。

心理咨询师会为你营造一个安全的心理环境。他就像一个容器一样，涵容你的各种情绪，你会感受到他的真诚、积极关注和高度的同理心。他会给予你支持和鼓励，使你的内心逐渐生发出积极的力量。有时他也会给你提供一些实用的技巧和练习，让你在日常生活中更好地应对困境。他不会为你解决问题，但能够帮助你找到解决问题的勇气和潜力。

现在，你应该对心理咨询师的工作有了更多的了解。他们是陪伴你面对挑战、疗愈伤痛、获得心灵成长的重要伙伴，无论你遇到什么困难，他们都会和你一同走过。

【知识窗】

心理咨询五问

1. 我不觉得自己有“心理问题”，也可以做心理咨询吗？

没有“心理问题”也是可以做心理咨询的。与自我成长、关系探索、情绪困扰等有关的各种问题，都可以进行心理咨询。有时候你会遇到一些突发的情况，让你陷入心理困扰当中，这时候心理咨询可以成为你的缓冲器，让你避免被卷入情绪的洪流中。在另一些情况下，我们注意到，许多人在寻求心理咨询师的帮助之前，已经做了许多努力来改善自己长期面临的困境，但效果可能并不尽如人意。这些人一直在与自己的问题较劲，一路跌跌撞撞，却总在同一个地方跌倒、爬起来，跌倒、又爬起来，似乎已经遍体鳞伤。而心理咨询可以提供另一个路径，你可以把它当作一种新的尝试，借助一点外力，去看清自己内心的真正需求和愿望，去理解自己进而接纳自己，打破习惯性的自我设限，找到明确的目标，再一点一点在行动中把自己的状态调整得越来越舒适。

2. 找心理咨询师聊和找朋友、家人聊，有什么不一样？

大多数时候，我们在朋友面前还是会顾及自己的形象的，你或许可以找朋友吐槽生活中的一些人和事，但你可能很难在朋友面前无所顾忌地撒泼打滚、爆粗口、嚎啕大哭或者吐露你心中最难以启齿的秘密，你甚至会觉得有的事情总在朋友面前说，是在给别人添堵，是在浪费别人的时间，你还会担心朋友会因此对自己另眼相看。而找家人聊，他们可能会因为和你的关系太亲近而难以保持客观，有时候他们可能就是问题的一部分。基于这些原因，我们有必要寻求接受过专业训练的心理咨询师的帮助，在咨询师那里，你的所有“不堪”和“不可理喻”都可以被接纳，有时候咨询师还会鼓励你表达得更充分一点。你也不用担心自己霸占了咨询师的时间，在约定好的咨询时间里，为你提供理解与支持就是咨询师的工作。咨询师会站在客观和中立的立场上去倾听你、陪伴你、共情你，这些是你很难从朋友或家人那里得到的。

3. 心理咨询需要做几次呢？

关于咨询目标和咨询时长，是由来访者和咨询师共同探讨决定的，并且是“动态”

的。有经验的咨询师会根据咨询进程，适时邀请来访者对此重新探讨和制定。心理咨询的次数是因人而异的，它取决于个人的情况和需要，通常来说，问题的严重程度、咨询目标的设定、个人的态度和投入程度等都会影响心理咨询的次数。比如当一个人遇到突发的心理应激事件（如考试失败）来寻求心理咨询师的帮助，他的目标是要从打击中恢复过来，那么最快可能一次就能达到效果；但如果是长年累月形成的复杂而深层次的心理问题，或是希望通过心理咨询获得个人成长，这就需要更多次数和更长时间的咨询才能起效。

4. 是不是我心里想什么，心理咨询师都知道？

一个人在成为一名合格的心理咨询师之前，要学习和训练很多技术，但唯独没有"读心术"，他们不会像超能力者一样知道你心里在想什么。但一个好的心理咨询师因其专业的受训背景和丰富的咨询经验，通常具有较好的共情能力，他可以通过你的言语、动作、表情等来感受你的情绪，理解你的问题。这就是为什么来访者常常会觉得咨询师能够"感应"到自己内心，能够完全想到自己的所想所感，而咨询师适当的回应和反馈又会让来访者有种"被击中"的感觉，从而促进来访者进一步积极投入和改变。然而，我们永远都无法确定是否能够了解一个人完全真实的那部分，因为咨询师和来访者毕竟是两个不同的个体，但咨询师会在咨询过程中，努力去发掘来访者那个真实的部分。

5. 如果感觉与现在的心理咨询师不合拍，可以更换咨询师吗？

答案是，当然可以。这就好比你在一家餐厅吃东西，如果发现菜品不合口味，你可以换一道菜或者去另一家餐厅。心理咨询也是一样的，不同的咨询师有不同的风格和专长，有些可能更适合你的需求，找到与自己相匹配的咨询师对于咨询效果非常重要。有的人可能比较在意咨询师的性别或者年龄，如果是这样，你可以在预约心理咨询的时候提前告知心理中心工作人员你的诉求。咨询师是你心理咨询旅程中的合作伙伴，如果在咨询过程中你发现与现在的咨询师无法建立起良好的信任和沟通，或者你觉得他的风格不适合你，你应该坦诚地告诉他你的想法，然后，你可以与他一起探讨是否有其他更适合你的咨询师，或者与心理中心的工作人员联系更换咨询师。记住，你的心理健康一定是心理咨询的优先事项，选择合适的心理咨询师可以帮助你更好地改善问题、实现成长。

二、心理咨询的设置

（一）心理咨询设置的意义

设置的英文单词为 setting 或者 frame，意为框架。如果把心理咨询工作比作一幅画的话，这幅画就需要一个画框将之区别于周围环境，而心理咨询的设置就好比这个画框，心理咨询中的一切都必须在这个设置的框架里面发生。这样做有几个目的：首先，能够确保心理咨询的过程和内容得到有效的保护和隔离，让来访者可以在安全、私密的环境中自由地表达自己的情感和想法，而不必担心被外界所干扰或评判。其次，明确了一个边界，这个边界为咨询师和来访者之间建立了一种清晰的关系，让双方知道在咨询过程中可以做什么，以及不能做什么。具体来说，这种边界可以帮助咨询师和来访者明确彼此的角色和责任，咨询师知道自己应该提供什么样的帮助和支持，而来访者也知道自己可以期待什么样的服务和指导。这样一来，咨询过程中的交流就不会超出专业范围，避免了可能的误解或不适。

（二）心理咨询的基本设置

大学心理咨询中有一些基本的设置，包括以下方面：

（1）咨询室环境：提供一个安静、私密、舒适的环境，让来访学生感到放松和舒适。

（2）专业资质：咨询师具有心理学或相关专业的专业资质和认证，拥有丰富的咨询经验。

（3）保密性保障：严格保护来访学生的隐私，咨询内容不会泄露给第三方。

（4）时间安排：根据学生的需求和空闲时间安排咨询，通常每次咨询时长为50分钟。

（5）预约系统：建立有效的心理咨询预约系统，方便学生预约心理咨询，避免长时间等待或冲突。

（6）咨询费用：通常大学心理咨询中心会为本校的在校大学生提供免费的心理咨询服务。

在大学里，这些基本设置可以保障学生接受到专业、安全、便捷的心理咨询服务。

【知识窗】

心理咨询中除了一些基本的设置外，还有一些情况也与设置有关。比如下面几种情况：

1. 咨询师能将私人联系方式告知来访者吗？

在心理咨询中，咨询师的私人电话或社交账号等是不能随意告知来访者的，因为这不仅会对咨询师的私人生活会造成影响和困扰，也会影响咨询过程的有效性和专业性。在大学里，来访学生一般是通过学校心理中心提供的咨询预约方式进行心理咨询的预约和安排。

心理咨询师是一项专业的工作，如果咨询师将私人联系方式告知来访者，有的来访者可能会误解这个举动，认为咨询师愿意在咨询之外提供额外的支持或交流途径，因此他们可能会在非咨询时间或非正式场合频繁地联系咨询师，希望得到及时的回应或建议。而这样一来，个人生活和心理咨询之间的边界就会模糊，如果咨询师是随时可以联络的，那么来访者在遇到问题时可能就会第一时间想到联系咨询师寻求帮助，而不是主动去解决问题，更糟糕的是，如果咨询师没能及时接听电话或回复消息，有的来访者可能还会感到被抛弃、受伤害。

2. 来访者能与咨询师建立咨询以外的关系吗？

心理咨询是否成功，最关键的因素是来访者的积极参与、开放的态度、不断获益的体验和希望的达成，其次是来访者和咨询师之间的良好关系①。然而，来访者和咨询师之间只能有一种关系，就是咨访关系。如果来访者和咨询师之间还存在着咨询外的其他关系，则称为双重关系。心理咨询应该尽量避免双重关系。对于来访者而言，如

① 菲莉帕·佩里. 沙发上的心理学［M］. 钟歆，译. 北京：中信出版集团，2021：10.

果咨询师是自己熟人圈里的人，可能会影响到他们在咨询中进行真实而开放的表达。比如在大学里，有的辅导员可能会担任心理中心的兼职咨询师，那么他就不能够给自己的学生做心理咨询。另外，有的来访者可能会希望和咨询师在生活中成为朋友，甚至爱上了自己的咨询师，希望在咨询外也能与咨询师之间产生联结。而实际上，这是一种破坏边界的做法，会影响到咨询的中立和客观，也会干扰来访者和咨询师双方的利益以及咨询过程的有效性。

3. 咨询师能接受来访者的礼物吗？

一般来说，咨询师应尽量不接受来访者的礼物。首先，从某种程度上说，接受礼物会模糊咨询师和来访者之间的边界，一些来访者可能会因此误解咨询师的角色，不再视其为专业的咨询师，而是不自觉地认为和咨询师之间的关系变得更像是朋友或者亲人，而这对于咨访关系其实是一种损害。其次，接受礼物可能会让来访者产生一种咨询师对自己有所偏袒的感觉，这会导致一些来访者对咨询师产生过度依赖。最后，从咨询师的角度来看，接受了来访者的礼物可能会影响其后续在咨询中的客观和中立。俗话说“吃人嘴软，拿人手短”，如果咨询师收取了来访者的礼物，那么在今后遇到一些需要严格按照规则去处理的情况时，可能会畏首畏尾、犹豫不决，而这对于来访者和咨询效果而言是非常不利的。

来访者向咨询师赠送礼物，通常有以下几种情况。一种情况是来访者因为生活中遇到了重要的日子或者事件，比如生日、谈恋爱了、考上了研究生、即将毕业等，向咨询师赠送一些并不贵重的小礼物，目的是分享快乐或者表达感谢。另一种情况是来访者因为关心咨询师而赠送礼物，比如来访者观察到咨询师近期可能有点疲惫，因此主动赠送咨询师一些调理身体的食物或者药物，表达自己的关心和善意。对于这两种情况，咨询师都需要在咨询中与来访者探讨特定礼物背后的意义，以及送礼物这种行为意味着什么，然后再视情况决定是否接受来访者的礼物。如果来访者的礼物非常贵重，那么咨询师一般是不应该接受的，并且要在咨询中和来访者去讨论为什么会送如此贵重的礼物。

（三）心理咨询室的功能

对很多人来说，心理咨询室是一个有点神秘的存在。你也许会好奇，为什么心理咨询要在专门的心理咨询室里进行呢？这是一个好问题，让我们一起来看看心理咨询室都有些什么功能吧！

首先，心理咨询室是一个特殊的空间，大学里的心理咨询室通常设在校园里人流量较小、相对安静的区域，每一间咨询室都是独立的，房间四壁将咨询空间和周围环境隔离开来，目的是为来访者提供一个安全、隐秘和舒适的环境。想象一下，如果我们在喧闹的咖啡馆或走廊上进行心理咨询，你可能会无法真正专注于自己的问题。所以你可以把心理咨询室想象成一个安全的港湾，当你走进去时，你会感受到心灵是受到尊重和保护的。在这个房间里，你可以专注于自己的内心世界，可以在这里吐露自己的心事与秘密而不用担心被他人评判或者泄露出去。

其次，心理咨询室就像一个魔法盒子，在这个魔法盒子里，迷雾一般的困惑会逐渐清晰起来，如同拨云见日，而你的问题也可以找到新的解释空间。咨询师会与你一起深入探讨问题的本质，帮助你从不同的角度去看待和理解问题。他们可能会提出一些有趣的问题或者同你分享一些故事，用以激发你的思考和感受。通过这个过程，你可以拓宽对问题的认识，收获新的理解和感悟，并找到灵活而富有创造性的解决方法。

最后，心理咨询室也是一个情绪的花园，在这里，你可以在咨询师的陪伴下，探索情绪的奇妙世界。你可能时常陷入沮丧、愤怒或焦躁的情绪中，很难摆脱。别担心！心理咨询师会和你一起挑战情绪过山车，鼓励你体验和表达自己的情绪。你会发现，当情绪得到合理的表达和宣泄之后，你会有一种如释重负的轻松感。你的每一分变化，就像是给情绪花园里播下一颗种子，渐渐地，你的花园里会开出越来越多美丽的花朵。而回到日常生活中，你会发现自己会更容易感受到平静和愉悦，对周围一切的感知也都会发生一些奇妙的变化。

无论你面临什么样的痛苦、困境或挑战，大学里的心理咨询室都是一个温暖而专业的场所。只要你需要，它就一直在那里，为你敞开大门。

【知识窗】

心理咨询中的保密原则

心理咨询中有一句话："你可能无法让你的来访者变得更好，但是，你不应该让他比见你之前更差。"如果打破了保密原则，就可能会让来访者比见咨询师前更差①。因此，所有心理咨询谈话的文本、影像等记录都应该妥善保存。

那么，是不是所有的咨询资料都必须要保密呢？答案是否定的。在心理咨询中，有些情况是不能遵守保密原则的，这些保密例外的情况在首次咨询前，咨询师就要告知来访者。通常情况下，首次咨询前咨询师会和来访学生共同签订一份知情同意书，其中会明确说明一些保密例外的情况。以下是一份某大学心理咨询中心《心理咨询知情同意书》的样本：

心理咨询知情同意书

为切实贯彻“以人为本，助人自助”的原则，维护来访学生和咨询老师的利益，保证心理咨询的顺利进行，就心理咨询基本原则、来访学生和咨询老师的责任和义务作如下说明：

（一）咨询说明

（1）咨询保密原则：保密是心理咨询的工作原则之一，也是心理咨询师职业道德的集中体现。来访学生的个人信息及咨询的相关问题不会被随意谈论，来访学生的信息登记表不会被带出咨询室之外的任何地方。一般来说，来访学生是否接受过咨询以及咨询的内容都不会被透漏给中心以外的非专业人员。

但下述几种情况除外（保密例外）：

①来访学生出现自我伤害或伤害他人的倾向。

②来访学生的问题涉及法律责任。

③为了能更好地帮助来访学生，咨询老师提出个案讨论或申请督导，但仅限专业场合，同时须隐去来访学生的个人化信息。

（2）为了方便后续的跟踪咨询服务，需要把来访学生的真实姓名、所在系、专业、

① 黄乾坤. 心理咨询的设置［M］. 沈阳：沈阳出版社，2019：72.

班级、联系方式及紧急联系人登记在案，这些个人资料只用于心理咨询中的管理，不会透漏给其他任何单位和个人。

（3）如果咨询中心或咨询老师需要对会谈进行录音或录像，则需征得来访学生同意。

（4）会谈时间一般为 50 分钟/次。会谈次数由来访学生和咨询老师协商，双方严格遵守。

（5）在校学生的心理咨询不产生任何费用（免费咨询）。

（二）来访学生的权利和义务

（1）以积极的态度对待咨询，坦诚地向咨询老师表露自己，不掩饰或伪装。

（2）自愿。来访学生有权决定中止或结束咨询，可以自主选择咨询老师，与老师协商修正咨询的方向及方法。

（3）自主。努力实现自我成长，为咨询负责，不期待咨询老师帮你做决定。

（4）尊重咨询老师。

（5）坚持接受咨询。咨询是需要有一个过程的，不要希望一次咨询就“根治”。

（6）遵守约定的咨询时间。

（7）有义务提供由专业医疗机构做出的精神疾病相关诊断，不能隐瞒精神疾病的相关病史。

（8）有义务按照咨询老师提出的要求到专门医疗机构进行重症精神疾病的鉴别诊断。

（三）咨询老师的权利和义务

（1）真诚。热情诚恳地接待每一位求助的同学，耐心倾听，建立互相信任的咨询关系。

（2）保密。对来访学生的咨询访谈内容严格保密，对有关资料妥善保管，不在咨询室以外的地方随便谈论来访学生的事情。

（3）尊重。尊重来访学生的思想和意愿，接受来访学生的情绪情感。

（4）避免双重关系。咨询老师不得接受来访学生的礼物，且不在咨询之外与学生进行咨询性质的面谈。

（四）双方承诺

我已经读完本《心理咨询知情同意书》，愿意与咨询老师/来访学生建立咨询关系，咨询过程中履行相应的权利和义务。

来访学生：__________ 日期：__________

咨询老师：__________ 日期：__________

三、心理咨询的理论与方法

（一）精神分析理论与方法

精神分析是由奥地利精神病医生、心理学家西格蒙德·弗洛伊德创立的。精神分析学派非常强调早期经验对人的影响，认为心理问题和症状是由于个体在成长过程中压抑了自己内心的冲突而导致的，因此心理问题隐藏在一个人潜意识的深处，而要治疗或化解心理问题或精神障碍，就需要深入个体的潜意识，将那些被压抑的想法带入现实层面，带到意识中来。

我们来看一个例子：一个女孩可能对后出生的妹妹有敌意，因为妹妹分走了父母的一部分爱，而这份爱曾经只属于她一个人。如果父母忽视或者否认了这个女孩的情感，那么为了赢得父母的关注和爱，她就会将自己的需求压抑到潜意识里，而意识层面上，她可能就会表现出对妹妹的敌对行为。这样一种情感可能会影响到这个女孩长大后与其他人之间的关系，或许她在生活中也常常会用嫉妒和竞争的方式与他人相处，但因为原先的需求和内心冲突被压抑，她是觉察不到自己这些情绪和行为的来源的。那么这种情况要如何破解呢？精神分析学派的咨询师认为，只有通过回溯这个女孩的早年家庭关系，让她“看到”潜意识里的那些情感和需要，通过对情感进行修复，才能够使她获得现实生活中关系的改善。

在传统的精神分析咨询或治疗中，有一些常用的方法：

（1）自由联想。精神分析学派的咨询师鼓励来访者将心里的一切说出来，他们会让来访者舒服地坐在咨询室的沙发上或者躺在长椅上，头脑处于自由放松的状态，把头脑中出现的任何想法、愿望、想象以及身体的感觉等说出来。咨询师鼓励来访者的一切表达，他们会和来访者一起探索这些联想的来源，找到来访者的行为反应模式。

（2）释梦。精神分析学派相信梦是一个人潜意识内容的重要来源。当人们睡着时，意识的戒备就会减弱，而潜意识会慢慢浮现，因此那些在清醒时不能表达的动机、冲动、愿望等就可能会以梦的形式表达出来。很多时候，精神分析学派的咨询师都会在咨询中让来访者去讲述自己的梦，但许多梦具有很强的伪装性，所以为了揭示梦的真正含义，咨询师就要采用一些特定的释梦技术，来帮助来访者发现他们那些潜在的心理内容。

（3）移情。在精神分析中，来访者对咨询师的态度和情感被视为咨询中的一个重要部分。有时来访者会对咨询师产生某种情绪反应，但事实上，来访者是把实际生活中对其他人的情绪反应转移到了咨询师身上，这种情绪的转移就叫作移情。移情分为正移情和负移情，也就是说，它可能是正向的、友好的，也可能是负性的、敌对的，比如，对咨询师产生了崇拜或爱恋之情，或是对咨询师产生了嫉妒或愤怒之情。精神分析学派的咨询师会在咨询中关注和捕捉来访者的移情反应，并和他们一起探讨这种移情反应的意义。

（4）阻抗。在咨询中，有时候会出现来访者不愿意或没办法讨论某些想法、意愿或经历的情况，在精神分析中这叫作阻抗，它被认为是来访者的无意识和意识之间的障碍。阻抗常常是由于来访者潜意识里有被压抑的事件或情感，比如对父母的憎恶之情、难以启齿的性问题等。在这些问题被说出来之前，意识层面上来访者一般都会说这些事物是无关紧要的、荒谬的、令人不快所以不想谈及的，等等，然而精神分析学派的咨询师相信，这些信息恰恰才是最有用的、可以为咨询带来突破性进展的。所以，精神分析学派的咨询师会特别关注来访者的阻抗反应，他们认为阻抗产生之处就是症结所在之处，因此剖析来访者的阻抗，可以使来访者心中积压的矛盾和冲突得以化解。

（二）行为主义理论与方法

行为主义理论是由美国心理学家华生（J. B. Watson）创立的，他认为，人类的行为都是后天习得的，环境决定了一个人的行为模式，无论是正常行为还是病态行为都是经过学习强化而获得的，因此要想改变问题行为，只需要改变环境刺激就可以了。

因此行为主义理论下的心理咨询和治疗，核心是通过控制环境来改变人的行为表现，使其建立新的行为模式。行为主义认为，心理咨询的目标要明确和具体，对来访者的问题采取就事论事的处理方法，不用去探讨一个人的意识，更不用去深入挖掘潜意识、本能欲望等心理原因对行为带来的影响[①]。

最早使用行为主义疗法的是一个叫作玛丽·科夫·琼斯（Mary Cover Jones）的心理学家，她对一个叫彼得的3岁男孩进行治疗，这个孩子不明原因地对毛茸茸的东西感到恐惧。治疗的几周时间里，玛丽将小兔子逐渐地、一步一步地放在接近彼得的地方，直到最后，彼得不再害怕兔子，且能够让兔子站在他的腿上并抚摸它[②]。在玛丽的工作基础上，行为主义学派的咨询师和治疗师们发展出了若干技术来开展工作，这些常用的技术包括系统脱敏法、暴露疗法、厌恶疗法等。

（1）系统脱敏法。咨询师和来访者确认引发其焦虑的刺激，并将这些刺激按照引发焦虑的程度由弱到强进行等级排列。比如一个人害怕演讲，他可能将引起焦虑的等级排列为从观看他人演讲的图片（最弱焦虑）到在一大群人面前发表即兴演讲（最强焦虑）。在系统脱敏过程中，咨询师会教来访者做放松训练，在放松的状态下引导来访者从焦虑程度最弱的刺激开始进行想象，如果来访者能够在想象中不再对该刺激感到不安，则开始对较高一级的焦虑刺激进行想象和处理，直到来访者可以对最高等级的刺激不再感到焦虑。

（2）暴露疗法。这是一种和系统脱敏法相反的方法，咨询师一开始就让来访者暴露于令他最恐惧或最焦虑的场景当中，而不是让他一步一步逐渐接近这种刺激。这种方法分为实景暴露和想象暴露。咨询师不给来访者做任何的放松训练，让他想象或者直接暴露于自己最恐惧、最焦虑、最担心的情境当中，用以迅速矫正来访者对于自己恐惧、焦虑或担心的错误看法，并且消除由这些刺激引发的焦虑和恐惧情绪。它的原理是，当这种情境不断出现时，就会渐渐失去引发强烈情绪反应的作用了。近年来，暴露疗法也可以通过高科技手段得以实施，比如通过计算机生成恐怖场景，让来访者在知道自己安全的虚拟现实环境中探索和消除自己的恐惧或焦虑感。

（3）厌恶疗法。系统脱敏和暴露疗法都可以帮助来访者应对他们想要避免的刺激，这些刺激通常不会带来实质性的伤害，然而有时候，来访者是因为被一些有害刺激吸引才来寻求心理咨询或治疗的帮助，比如药物成瘾、性成瘾、无法控制的暴力等。那么，有什么方法可以帮助来访者摆脱这些有害刺激呢？厌恶疗法提供了一种解决途径，其将引发不良行为的诱因刺激物与强烈的、令人不快的刺激（如电击或服用让人生理上产生恶心感的药物）同时配对呈现给被试，反复多次以后，被试逐渐产生了对原先具有吸引力的刺激的厌恶反应，即用厌恶感替代了喜爱感。这种疗法看起来像是对人的折磨，但为什么还会使用这种方法呢？首先，令人不快的刺激通常不会对身体产生真正的伤害；其次，来访者认识到坚持原有的行为模式可能会带来的长期和严重后果，因此将这种疗法当作一次改变的机会；最后，接受这种疗法的人有些可能属于强制性管制人群，比如在监狱中服刑的某些罪犯，会在强制要求下接受这种治疗。

---

① 黄希庭，郑涌. 大学生心理健康与咨询［M］. 北京：高等教育出版社，2000：29-30.

② 菲利普·津巴多，等. 津巴多普通心理学［M］. 王佳艺，译. 北京：人民邮电出版社，208：489.

（三）认知理论与方法

认知理论认为，一个人出现心理方面的问题，是由于他拥有错误的思维，因此主张通过改变来访者的某些特定思维方式来改变他们的问题行为和情绪困扰。认知学派的咨询师将咨询的重点放在改变来访者的认知模式和认知过程上，着力于重建来访者的认知。

下面是认知学派的创始人艾伦·贝克（Aaron Beck）与一名大学生的对话①：

来访者：当事情出错时我会感到沮丧，就像我考试不及格一样。

咨询师：考试不及格为什么会使你感到沮丧?

来访者：如果我考试失败，就永远也不能进入法学院了。

咨询师：你解释考试结果的方式会影响你，你认同这一点吗？你可能会感到沮丧、无法入睡、食欲不振，甚至可能会考虑是否该放弃这门课。

来访者：是的，我同意。我一直在想，我不会成功。

咨询师：现在考试失败意味着什么?

来访者：我不够聪明。

咨询师：还有吗?

来访者：我永远都不会开心。

咨询师：这些想法会让你感觉怎样?

来访者：很不开心。

咨询师：因此，考试不及格的意义是会让你很不开心。实际上，相信自己永远无法开心是造成你不开心的重要因素。因为，你掉进了一个陷阱里——它的定义是，不能进入法学院等同于“我永远不会开心”。

在上面这个例子中，可以看到咨询师在引导来访者去直面破坏性的认知和思维方式。

认知疗法中最有名的是理性情绪疗法，由美国心理学家阿尔伯特·艾利斯（Albert Ellis）创立，他认为如果一个人总是体验到负面情绪或者总是有适应不良的行为和感受，那是因为这个人把生活建立在了一系列非理性的信念之上。比如一个大学生认为在大学里必须谈 次恋爱，人学生活才能是完整和令人满意的，否则就是不完整的、失败的。在这样一种信念下，如果他不巧在大学四年里都没有遇到合适的恋爱对象，他就可能会产生强烈的自我否定情绪。理性情绪疗法的咨询师会教来访者如何去辨认自己的那些“必须”和“应该”，以及种种不切实际的价值观，使他们明白这些不合理的要求一直控制着他们的行为，阻碍他们对生活的自由选择，通过让来访者逐渐挣脱这些阻碍个人发展的不良信念体系，帮助他们实现自我成长。

（四）人本主义理论与方法

人本主义理论强调人的主观性，认为一个人的感受是他自身感知世界的结果。当一个人发怒的时候，他总是有怒而发的，并不仅仅是激素分泌的后果；当一个人产生爱意的时候，也总是有所爱而爱的②，并不是盲目趋向某个客体。人本主义有一个假

① 菲利普·津巴多，等. 津巴多普通心理学［M］. 王佳艺，译. 北京：人民邮电出版社，208：487.

② 钱铭怡. 心理咨询与心理治疗［M］. 北京：北京大学出版社，1994：214.

设，认为所有人都有一种趋向于自我实现的倾向，即人的成长有自发性。在不受外界干扰的情况下，个体总会朝向健康、独立自主和自我潜能充分实现的方向发展。因此，人本主义的基本目标就是促进个体的心理健康成长。

人本主义咨询师相信，人在本质上是理性的、善良的和值得信赖的，某些“恶”是出于防御的结果而并非一个人的本性。来访者中心疗法是人本主义中使用最广泛的一种方法，由美国心理学家卡尔·罗杰斯（Carl Rogers）创立。这种疗法认为，人的健康发展可能会被错误的学习方式阻碍，也就是说，一个人可能把别人的价值观错误地认同成了自己的价值观，从而导致了积极自我意象和消极外部评判之间的冲突，使得自己总是体验到焦虑、不幸福感、低自我价值感等。因此，来访者中心疗法的咨询师会致力于营造一个良好的咨询氛围，这种氛围是具有滋养性的，咨询师承认、接受和澄清来访者的感受，他们强调对来访者的真诚、共情和无条件积极关注，而不会对来访者作任何的价值评判，他们将来访者看作一个在个人成长和发展过程中需要帮助的人，而自己的任务是同来访者一道清除那些限制他们自然积极发展的障碍，从而提升来访者的自尊，并使其获得自我实现。

参考文献

[1] 黄希庭，郑涌. 心理学十五讲［M］. 北京：北京大学出版社，2020.

[2] 理查德·格里格，菲利普·津巴多. 心理学与生活［M］. 王垒，王甦，译. 北京：人民邮电出版社，2003.

[3] 卡罗尔·韦德，卡罗尔·塔佛瑞斯，塞缪尔·R. 萨默斯，等. 心理学［M］. 白学军，等译. 北京：中国人民大学出版社，2023.

[4] 安德鲁·所罗门. 忧郁［M］. 李凤翔，译. 重庆：重庆出版社，2006.

[5] 詹姆斯·F. T. 布根塔尔. 心理咨询不是你想的那样［M］. 王光伟，王甜，董晓苏，译. 北京：机械工业出版社，2022.

[6] 菲莉帕·佩里. 沙发上的心理学［M］. 钟歆，译. 北京：中信出版集团，2021.

[7] 黄乾坤. 心理咨询的设置［M］. 沈阳：沈阳出版社，2019.

[8] 黄希庭，郑涌. 大学生心理健康与咨询［M］. 北京：高等教育出版社，2000.

[9] 菲利普·津巴多，等. 津巴多普通心理学［M］. 王佳艺，译. 北京：人民邮电出版社，2008.

[10] 钱铭怡. 心理咨询与心理治疗［M］. 北京：北京大学出版社，1994.

第十章 追寻人生的意义
——大学生生命教育

【知识窗】

从《寻梦环游记》谈生命

《寻梦环游记》是一部2017年上映的动画电影，讲述了一个名叫米格尔的墨西哥小男孩在“亡灵节”期间不小心闯入了神秘的亡灵世界，由此展开了一段充满冒险与感动的故事，这部作品用充满想象力和活泼轻松的表达为我们呈现了创作者对生命与死亡的思考。

影片以墨西哥传统节日“亡灵节”为背景，传递了家庭、亲情、传承和梦想的主题。在我们的文化传统里，我们总认为谈论生死很不吉利，其甚至成为我们文化中的禁忌。这部动画片从死亡的视角与我们谈论生命的意义，也为我们对生命的思考提供了多视角的参考。

电影中提到人的一生有三次死亡。

第一次是心跳停止，呼吸消失，是生物学上的死亡。

第二次是亲朋好友来参加葬礼，从此在社会关系网里悄然离去。

第三次是世界上最后一个记得你的人把你忘掉，整个宇宙都将和你无关，是真正的死亡。

这些都提醒我们活着的时候要珍惜那份爱，逝去的时候不忘曾经。在电影中，现实世界的人和亡灵世界的人因死亡而被阻隔，却因为爱而被联结在一起。即使身边的亲人朋友离开，他们也不是真的走了。在记忆里，你为他们留了一扇窗。当熟悉的画面再次浮现，就说明他还时常出现在你的生活里。死亡并不是生命的终结，而是生命周期的一部分。

第一节　生命的意义

一、什么是生命

（一）我从哪里来——生命是什么

“我是谁，我从哪里来，我要到哪里去”，这想必是每个个体都曾面临过的“哲学三问”。事实上，在我们的生命旅途中，每个人生阶段似乎也都不可避免地会遭遇困顿、陷入迷惑、误入歧途。我是谁，我从哪里来，我要到哪里去，成为了我们可能一生都在不断思索与探寻的终极问题。

然而生命是什么呢？生命是一个通过不断克服一切因困顿、威胁、艰辛、磨难而产生的痛苦，积极地坚守与肯定的过程。生命通过不断超越停止或退缩状态而去实现生命力的壮大与强盛，生命以这种永不停歇的、积极向上的勇气创造不断增强的生命力量，人生境界也因此不断提升①。

从生物学上来看，生命泛指有机物和水构成的一个或多个细胞组成的一类具有稳定物质和能量代谢现象、能回应刺激、能进行自我复制（繁殖）的半开放物质系统。生命个体通常都要经历出生、成长和死亡②。然而，心理学意义上的生命内涵远远比生物学上对生命的理解丰富。

人是一个复杂的生命体，生命具有独一无二的特质，生命具有唯一性。如果认真观察过自然界现象，你会发现世界上真的没有两片完全一样的树叶，同样，我们也不可能找到两个完全一模一样的人。因为遗传与基因决定了生命的唯一性，个体的人生经历、人生体验，以及不同甚至相同经历带给个体对生命的感受也是不一样的。最为重要的是，人的心理是独特的，每个个体的智力、性格、才情，对生命的态度等都是不同的。有时，我们会听到有人感叹，自己是茫茫宇宙中的一粒尘埃，普通得不能再普通，但是其实对于生命而言，它就是独一无二的。对于每个个体而言，来到这个世界很不容易，生命的诞生，本身就是一个奇迹。生命，是属于我们自己的幸运，生命对每个人来说都是重要的，生命意味着我们是活着的状态，我们可以去感受风、聆听雨，可以去体味人生百态，可以用生命不断迸发的力量，去享受人生的多元与对抗人生的庸常。如果你再去仔细体察生命，你还会发现，漫漫人生路，我们的生命是不可逆的。这种生命的不可逆性，意味着我们的生命是不能重复的，不管昨日我们的生命体验到的是快乐也好，感受到的是悲伤也罢，都已过去，这种不可逆性，就如流动的水，只能往前走，不能向后退。无穷的宇宙与无尽的时间里，人的生命却是有限的，我们每个人的生命最终都不可避免地会走向死亡，我们不得不面对一个事实，那就是，死亡也是我们生命的一部分。若在你的生命成长旅途中，你没有经历过死亡的威胁，

---

① 程从柱. 尼采的生命教育观［M］. 太原：山西人民出版社，2018：186.

② 夏翠翠. 大学生心理健康教育：慕课版［M］. 北京：人民邮电出版社，2015：169.

也没有目睹生命的突发与不可控，你感觉你一路走来，足以顺遂，你可能自然地会认为生命赠与我们能量与活力，具备无限的时间去感知。按照存在主义的观点，人类潜意识中有着对死亡的焦虑①。

生命如同一朵玫瑰，如此美丽，却带有锋芒。

（二）我要到哪里去——生命意义的困惑

每个人都在追寻自己生活、生命及人生的意义和价值，这是我们固有的本能。一方面，它是我们幸福感的来源。另一方面，它可能同样会给我们带来焦虑和痛苦。我要到哪里去，涉及选择，选择就会产生意义，选择的过程中，就会构建起生命的方向感、意义感与价值感。

对于“生命意义”的困惑的思考与探讨，如，你为什么而活？你的生命意义是什么？不同的个体对生命的意义有不同的理解。有的人认为生命的意义就是没有意义；有的人认为生命的意义就是生命的延续；有的人认为生命的意义是生命本没有意义，意义是由我们自己赋予的；有的人认为生命的意义就是在有限的生命中，尽情去爱，去生活，去体验；还有的人认为生命的意义就是只要心在有节奏地、稳健地跳动着，你就有机会感受到许许多多心弦为之一动的时刻，这些时刻，名曰我们眷恋人世的理由……

生命意义的困惑，是很多人都曾在人生的某个阶段思考过的难以回答的问题，你会发现，每个生命个体都在努力活着，去努力完成每个人生发展阶段的人生议题，用心感受着每个人生发展阶段的酸辣苦甜。你也会发现，每个生命个体都在认真地对待有限的一生，对自己的人生进行整体大方向的规划，让自己有限的生命更充实，更丰盈，更有价值。也正是因为我们觉察到生命是有限的，我们不可能违背自然规律，去改变生命的长度，所以我们也会发现生命迸发出的毅力，通过明晰自己是谁，从哪里来，到哪里去，去重振对生命的信心，去扩展生命的宽度。许多时候，当我们经历了重大的丧失、不可控的灾难，才能真正意识到什么对自己才是最重要的，也才能意识到生命其实是需要呵护与认真对待的。

【案例链接】

美国一名叫博朗尼·迈尔的临终关怀护士总结了当人们生命走到尽头时最后悔的五件事：

第一件，“希望当初我有勇气过自己真正想要的生活”。

第二件，“希望当初我没有花这么多精力在工作上，错过了关注孩子成长的乐趣，错过了爱人温暖的陪伴”。

第三件，“希望当初能有勇气表达我的感受，而不是长期压抑愤怒与消极情绪”。

第四件，“希望当初我能和朋友保持联系，而没有因忙碌的生活忽略了曾经闪亮的友情”。

第五件，“希望当初我能让自己活得开心点，而不是习惯了掩饰，在人前堆起笑脸”。

---

① 夏翠翠. 大学生心理健康教育：慕课版［M］. 北京：人民邮电出版社，2015：170.

二、认识生命的意义

（一）生命的四个维度

人生就是一场旅途，每个人的生命的四个维度依次为：生命的长度、生命的宽度、生命的高度、生命的厚度。

1. 生命的长度

第一维度是指归属感，归属感是生命的长度。我们要不断去探寻生活给予我们的感受，不断去体验日常的经历，感受自己对于生活的接纳与融合，感受爱与被爱。归属感的获得来源于关系，一种你与他人在本质上彼此是否相互珍惜的关系，“没有人是一座孤岛，可以自全”，我们每个人都活在林林总总的关系里面。在我们与外界形成的关系网中，我们体会到被爱，被珍重，被照料，这些感受可以满足我们归属与爱的需要。当你在生命中做出选择或决定时，总能得到支持或赞成，至少不会被拒绝；当你努力付出时，总有人表示欣赏和感激，这是一种让人感觉到被支持、被滋养的人际互动，这类互动会提升我们的自我价值感。鲁迅说，人类的悲欢并不相通。人际互动中无法达到完全的理解或所谓的“懂得”，但是，若在关系中，感受到被深深地理解、不会被轻易否定，也可以增强在人际关系中的归属感。

2. 生命的宽度

超然的体验是生命的宽度，这是一种你可以沉浸其中，享受过程带给你的乐趣。这种体验不同于浑浑噩噩地打发时间，也不是硬逼着自己硬撑与折腾，而是你不自觉地就会被带入的情境，是高山流水的知音难觅，也是群山大海的巍峨壮阔；是细碎生活的用心经营，也是艺术人生的灵感萌动。比如我们可以在繁忙的工作与学习过后，培养一项自己可以长期坚持的爱好。不要小看“爱好”，爱好是我们与世界的连接，是一个人最生动的部分。爱好，可以在我们漫长的岁月中，滋养我们，尤其在我们倍感压力的时候，爱好，就像一个管道，给我们源源不断地输送氧气。同时，爱好也可以降低我们对生活中压力的感受权重，当我们没有爱好的时候，我们对生活中“痛苦”的感受权重，就几乎占据了100%，而爱好的存在，可以降低我们对现实生活中的痛苦的感受权重。

3. 生命的高度

生命的第三个维度是指生命可以到达的高度。生命的高度，展现出的是一种积极进取、勇攀高峰的人生态度，它体现在个体对生命意义的追求、成长和自我价值的实现上。这包括但不限于个人的理想、信仰、奉献精神以及在面对生死时的勇气。生命的高度不仅是一种人生态度的形容词，也是一种境界和追求的体现。生命的高度是一种，你想要去达成，想要运用自己的力量，不仅服务于自己，也服务于他人，服务于社会的动力，不局限于自己，而是在成长中看到自己的价值，更是不断去提升自己的价值的过程。文天祥通过他的诗句“人生自古谁无死，留取丹心照汗青”展现了他对生命的深刻理解和高度。袁隆平通过他的农民身份和为中国的粮食安全所做的贡献，展现了生命的高度。他以朴素的身份和脚下的黄土地，向世人证明生命的价值在于为国家和人民的福祉而奋斗。

4. 生命的厚度

如果说生命的长度是指活的时间的长段的话，比如有活到 50 岁的，有活到 80 岁的。那么，生命的厚度其实可以理解成生命的质量，比如说在这么长的生命里做了多少事情，对社会做出了多少贡献，这是从社会的角度来理解的；从个人的角度来理解的话，生命的厚度可以看作完成了自己的多少梦想，在自己选择的道路上走了多远。

创造和表达自己的故事其实就是生命的厚度。用你人生中的事件来创造一个故事，它能协助你了解你是怎么变成你的。但我们通常发现，我们故事的作者就是我们自己，且我们可以改变说故事的方式。你不可能一夜就改变你的故事，过程可能要花好几年，且很痛苦。毕竟，我们都曾受过苦，也都在挣扎。但拥抱那些痛苦的记忆，能带来新的洞见与智慧，让你能找到那支撑着你的信念。而这些故事，无论悲喜，无论苦乐，都能成为我们生命中最有色彩的印迹。

生命的长度决定着一个人的时间；生命的宽度体现着一个人的视野；而生命的高度标志着一个人的境界；生命的厚度丰盈着一个人的体验。

（二）发现生命意义的途径

如何才能发现生命的意义呢？可能我们终其一生都在思考与追寻。美国临床心理学家维克多·弗兰克认为，每个人的生命都有独特的意义。我们可以通过三个途径去发现生命意义。

1. 创造和工作

根据国际劳工组织的统计数据，在人的一生中，从毕业开始工作到退休总共时间为 40 年。按照一天八小时，一周五个工作日，平均每周的工作时间为 40 小时，职业生涯中的总工作时间将达到 80 000 小时，一个人一生中，很大部分的时间、精力都是在职场工作环境里度过的。著名心理学家马斯洛提出的马斯洛需要层次理论，把个体的需求分成生理需求、安全需求、归属与爱的需求、尊重的需求、自我实现的需要，依次由较低层次到较高层次排列，五种需要形成了著名的需要金字塔理论。自我实现的需要是最高层次的需要，是指实现个人理想、抱负，发挥个人的能力到最大程度。达到自我实现境界的人，接受自己也接受他人，解决问题能力增强，自觉性提高，善于独立处事，要求不受打扰地独处，完成与自己的能力相称的一切事情。也就是说，人必须要有一份可以让其实现自我价值的工作，这样才会使他们感受到最大的快乐。马斯洛提出，为满足自我实现需要所采取的途径是因人而异的。自我实现的需要使个体努力实现自己的潜力，使个体越来越成为自己所期望的人。

我们每个人都应该赋予工作以意义，认真对待自己所从事的工作，就像打游戏闯关一样，通关再通关，然后玩更高难度的游戏，获得成就感。同时，我们也需要不断在工作中创造，开拓新的眼界与视角，不断激发自己产生自我效能感，不断刺激我们产生心流体验。创造本身也可以成为快乐的源泉，给生命带来更扎实的快乐，也让我们去发现生命的意义。

2. 体验

生命的意义存在于体验当中，体验是我们与世界发生联结的过程。在体验的过程中，我们不断感受着自己，用体验来理解自己、理解生命，体验会让生命更为丰富，如体验自然、体验文化，体验爱、体验真善美。弗兰克尔在书中说：“只有通过爱，才能使你所爱的人实现他的全部潜能。通过使他认识到自己的所能和所为，他就会实现自己的潜能。”这种爱，无论是亲情、友情还是爱情，都可以激发人的潜能，也可以带给人巨大的力量和鼓舞。

电影《美丽人生》中，男主人公是个犹太人，他和儿子被送进了纳粹集中营，深爱的妻子也义无反顾地跟了去。在那个不见天日的人间地狱，男主人公跟儿子扯谎说这只不过是一个游戏，游戏的奖励是一辆崭新的坦克。于是，他的儿子便有了足够的勇气，熬过那段艰难的岁月。对挚爱的妻子，他冒着生命危险，在集中营的广播里呼喊妻子的名字，又寻找机会，为妻子播放他们定情之夜的歌曲，给妻子带去安慰。正是带着一种深深的爱，就算了无希望，就算死亡近在眼前，他们一家人，仍能鼓起勇气面对最艰难最黑暗的日子。他用自己的生命和智慧，保护了儿子的童心，保护了妻儿的生命，也诠释了什么是爱，什么是生命的意义。生命的意义，就是在有限的生命中，去体验与感受体验本身带给我们的感受，这就是体验带来的发现生命的途径。

3. 经历苦难

一天，一位患了严重抑郁症的年老全科医生来找弗兰克尔。两年前他深爱的妻子死了，之后他无法克服丧妻的沮丧。弗兰克尔问他：“如果您先离世，而尊夫人继续活着，那会是怎样的情景呢？”医生答道：“哦！对她来说是怎样的痛苦啊！”于是，弗兰克尔说：“您看，现在她免除了这痛苦，那是因为您，才使她免除的。而现在您必须付出代价来偿付您心爱的人免除痛苦的代价。”医生一言不发地紧紧握住弗兰克尔的手，然后静静地离开了。当你发现苦难的意义时，苦难就不再是苦难了。

人的一生会历经各种各样的苦难，但苦难本身并没有意义。真正有意义的事，是如何面对苦难。我们通过调整自身对于苦难的反应，为苦难赋予意义。《肖申克的救赎》里，安迪虽身处监狱，却依然保持自尊，从没有忘记自己作为一个人的尊严，为狱友建设图书馆、播放音乐、争取啤酒，让犯人们体会另一种生活。《活着》中的富贵，面对被骗、战争、亲人离去等接踵而至的打击，擦干眼泪，挺直腰杆，继续在土地上劳作。著名励志演讲家尼克·胡哲天生没有四肢，却学会了骑马、游泳、踢足球等，样样皆能。他向世人宣告，逆境更能激发人们创造价值。

带着克服苦难的勇气与胆量，去爱、去体验，生命的意义就存在于这些经历中。

三、认识与直面生命的丧失

今天我们要讨论的主题就像太阳一样，它一直存在着，是命运中的一种注定，直视它不免带来痛楚，但躲避并不能让它自动消失，没错，就是生命的丧失。一直以来，我国国民对于生命中的丧失的态度都更倾向于“逃避”，避而不谈，相关的不吉利的话会“呸呸呸”规避禁忌，以寻找吉利。在面对小孩提出的关于生命的消失时的困惑时，大人们会用“变成星星了”“飞到天上去生活了”来解释。确实，这是一个很多人都会刻意避讳的话题，也正是因为秉承着这样的哲学观点，存在主义心理治疗大师欧文·亚隆写下了《直视骄阳：征服死亡焦虑》的书。书中写到，直视生命的丧失如同直视骄阳，会给你带来痛楚。但在直面深刻的反思之痛后，你会获得内心的和谐与平静。就像直视太阳一样，即使你假装看不到它，它仍笼罩着你，甚至或明或暗地驱使着你的行为、选择。

（一）关于生命丧失的预演

1. 预演丧失，是为了更好地活着

心理学上有一个专门描述对丧失的恐惧的词，叫死亡焦虑（ Death anxiety ），其表现的形式不一定是“怕死”，事实上，很多困扰我们的情绪和心理的问题，背后可能都有对丧失焦虑的部分。对有些人来说，这种丧失焦虑不会直接出现，它会乔装打扮成各种心理疾病；而有些人却会体验到一种明显的、能够意识到的焦虑。如果一个人想到生命的消失就心慌、气短、发抖，怕得睡不着觉，因为怕飞机坠毁不敢坐飞机，怕出门被车撞就不出门，怕被淹死就不敢游泳，这就是对于生命的丧失的焦虑的外显表现。然而，就算是外显的，有时候也很迷惑人。欧文·亚隆在《直视骄阳：征服死亡恐惧》里讲过这样一个故事：“一个 60 岁的女强人因为儿子第三次进了戒毒所而产生了严重的情绪问题，在咨询的过程中，欧文·亚隆发现她刚做了颈部拉皮手术，在 60 岁生日之后。随着咨询的深入，亚隆发现她的痛苦跟儿子关系并不大——真正的问题是她对衰老和生命陨落的恐惧，以至于把希望延续到下一代，寄托在自己儿子身上，让儿子尽可能符合自己的期待生活，这其实是她对抗生命消失带来焦虑的一种方式。”

大多数人面对生命消失的焦虑，本能的反应是回避，假装这个事儿不存在。比如长辈跟你说：“等我生命消失了以后……”，你可能的反应就是，赶紧打断：“瞎说啥呢，打住，别说了。”而回避的结果往往是：我们在无意识中，任由这种焦虑影响着我们的行为和选择，并由此可能发展出一些心理症状。看似在远离，其实可能我们一直将自己置于对生命的消失的恐惧阴影中。

大多数人对生离死别都是敬而远之的，连想都不愿去想，更别提对生命的丧失进行彩排和预演了。其实，“预演和彩排”生命的丧失，它不仅仅代表一种勇气、尝试与思考，也能更好地帮助我们应对现在的生活。预演，是为了更好地活着。

2. 觉醒体验

欧文·亚隆指出，一些重大事件或生命历程的转折点会触发个体的“觉醒体验”，比如：

①重要亲人的突然离世；

②患上严重疾病；

③遭遇灾难、性侵等重大创伤；

④亲密关系破裂；

⑤经历里程碑式的重要时刻，如三十岁、四十岁生日等；

⑥子女离家后的空巢期；

⑦失业、更换职业、退休；

⑧能够传达内心深处讯息的、有影响力的梦。

所以，如果你正在经历一些重大事件，不妨把它当成“直视骄阳”的一个机会，想一想，在有限的生命里，哪些人、什么事对你是真正重要的？这也是预演生命丧失的重要时机。

（二）克服丧失焦虑的方法

（1）思考自己的“波动影响”。“波动影响”是指，我们每个人都会有意无意地给他人带来影响，即使我们的生命消失，这些影响也依然会通过他人一层层传递出去，就像池塘上的涟漪一样。例如古圣先贤们的思想，父母对子女的教诲、老师对学生的教育；虽然人生无常，但在波动影响的作用下，我们的某一部分特质、智慧或者只是留给别人的一些善意或舒适感，留存着或活在他人的记忆里，这就是“波动影响”留在人世间的意义。思考“波动影响”其实就是思考：你希望给别人带来什么样的影响？希望人们用怎样的方式记住你？前面提到的价值观练习就是思考波动影响的一个好方法，知道自己想留下怎样的波动影响，我们就可以在生活中更主动地创造它。

（2）写感谢信。列出一个依然在世，你一直想感谢却从没表达过感谢的人。花 10 分钟给他写封感谢信，表达他带给你的“波动影响”。找个时间把这封信当面交给他，读给他听。

（3）找个人聊聊你对生命丧失的焦虑。跟朋友互相倾诉这一部分焦虑。进行深入的情感表达可以帮助我们克服生命丧失的焦虑。欧文·亚隆说，因为咨询师一般倾向于情绪中立，因此在这一点上，能够敞开心扉的朋友可能比专业的咨询师更有帮助。如果有人向你倾诉他的生命消失带来的焦虑，不需要急着给出建议，只需要让对方感觉到你在感受和重视他的感受就可以了。“我跟你在一起”的感觉本身就能帮我们克服这种焦虑。

（4）写墓志铭。墓志铭是对生命的总结，它是我们留给这个世界的最后一句话。它可能是你最看重的价值、特质，可能是你最想传递给世界的声音，也可能是你最鲜明的性格体现等。那些每个人准备留在墓碑上的字句，更像是每个人对自己人生的期许——被爱、自由、勇敢、快乐、值得、不枉此生……写墓志铭就是一个进行深入自我探索的机会。

（5）找到自己的心流和天赋。“心流”是积极心理学奠基人之一米哈里·契克森米哈赖提出的概念，指一个人全身心投入地做一件事，伴随着高度的兴奋和充实感，完全忘记时间的流逝。这是一种“最优体验”。不妨从今天就开始记录，有什么事是你忍不住想做、做了就停不下来，并且完全沉浸、忘记时间的？这件事就是值得你认真对待、能够帮你超越生命丧失焦虑的事。因为越是活得尽兴的人，越不怕生命的陨落。

生命的陨落只是所有生命共同的归途，不用忌讳，更不用惧怕。

第二节　大学生心理危机概述

一、什么是心理危机

（一）危机与心理危机

危机（crisis），一个在众多领域被广泛使用的概念。《辞海》中对危机是这样解释的：“危机指的是一种紧急状态”。《韦伯词典》中对于危机的定义为：决定性或者至关紧要的阶段、事件或时间。在心理学范畴中，危机则通常指当事人个体在面对危机事件或境遇时，无法调动已有资源和以往惯用的应对机制去应对和处理的事件①。埃里克森的人格发展八阶段理论认为，在人的八个发展阶段中，停滞和适应不良会在解决冲突失败之后到来，每一阶段的冲突都可以称为危机。

那么，心理危机的界定又是怎样的呢？什么是心理危机？美国心理学家卡普兰最先对心理危机的概念进行了定义，即心理危机是指个体面临突然或重大的生活事件（如生命中重要他人遭遇意外、自身生命安全受到威胁、亲密关系解体、突发自然灾难等），个体既不能回避，又无法用常用的方法来解决问题时，对个体的认知、情感、行为产生了重大影响，所表现出来的心理失衡状态。卡普兰认为，每个个体都在用自己的智慧，竭力使生活保持一种掌控感与稳定感，每个个体也在不断通过调动自身能量，以跟环境保持相对平衡与协调的关系。当个体对生活所追求的稳定感、掌控感、秩序感被打破时，惊慌失措、动荡不安、混乱与失控、焦虑与紧张就会随之而来，心理危机也就随之而产生。

著名心理学家埃里克森提出的心理发展阶段理论认为人的发展会历经八个阶段，每个阶段有每个阶段相应的核心任务，每个阶段的任务都是紧密相连，当任务得到恰当的解决，个体就会获得较为完整的同一性。大学生正处于埃里克森的人格发展阶段理论中的成年早期阶段。在这个阶段，大学生面临的人生发展议题主要是“建立亲密感，克服孤独感”。个别大学生可能前一阶段的人格发展任务还没有完全完成，抑或是暂时处于停滞状态，当进入新的发展阶段后，多重发展任务的叠加，就会使原本还在适应与探索新的发展阶段任务的大学生，面临更严峻的挑战，消耗更多的心理资源。大学生心理危机的产生，主要跟其本身的年龄阶段以及所处的环境存在密切的关系。通常而言，每个个体所面临的心理危机的成因都是十分复杂的，大学生更不例外。个体的早期家庭生活成长环境、家庭氛围以及成长经历，个体在家庭中习得的人际交往模式，都会被个体迁移在社会化过程中的其他林林总总的关系里。若这种在早期成长经历中获得的影响是积极的、正向的、开放的，那么其对于个体后面的成长与适应就是推动的作用。倘若个体早期成长经历中的影响都是消极的、负向的、回避与退缩的，那么对于个体而言，这就意味前行之路是艰辛的，同时心理危机发生时，个体能调动的资源是有限的，能采取的应对方式也是单一的，能获得的人际支持系统也是非常薄弱的，个体会感到困顿、沮丧、挫败与失控感。可以说大学生面临的心理危机，既是挑战也是机遇。若在个体自身努力与外界的联动帮扶下，个体成功度过人生某个发展阶段的心理危机，那么个体就会获得有效的应对方式，恢复个体对生活的掌控感，让在心理危机情境下产生的惊慌失措、慌乱不安的心安全“着陆”，同时提振个体对经历了心理危机后的人生的信心，获得价值感与意义感。大学生的心理危机一旦出现，会给个体自身、家庭以及他人带来冲击性的影响。

（二）危机的种类

布拉默（Brammer）的应用危机理论认为，危机可以分为发展性危机、境遇性危机、存在性危机。

发展性危机指的是在个体正常成长与发展的过程中，急剧的变化或转变，导致个

① 夏翠翠. 大学生心理健康教育：慕课版［M］. 北京：人民邮电出版社，2015：175.

体心理上产生的一系列不适应的异常反应。比如居住环境的变更、升学、转学、毕业、就业、成立家庭带来的多种角色与身份转变、孩子出生、孩子抚养、孩子长大离家带来的家庭生命周期的改变、中年迷惘、退休等，都可能引起发展性危机。发展性危机与“发展”有关，所以也是每个个体都会面临的阶段性危机，其持续时间较短，比较普遍与常见，因此也被认为是成长性危机。

境遇性危机指的是当出现罕见或超常事件，且个人无法预测和控制时出现的危机，境遇性危机具有突然性、强烈性、震撼性、灾难性以及不可预见性。如，交通意外、重大事故、自然灾害、突然的疾病或死亡、被抢劫等。区别境遇性危机与其他危机的关键在于，境遇性危机是随机发生的、事出突然的、令人震惊的、情绪激动与变动激烈的①。

存在性危机指的是指伴随着重要的人生问题，如关于人生意义、责任、独立性、自由和承诺等出现的内部冲突和焦虑所导致的危机。存在性危机可以是基于现实的问题，也可以是基于人生深层次的思考。

（三）大学生心理危机的种类

1. 人际关系引发的心理危机

大学生正处于埃里克森的人格发展阶段理论中的成年早期阶段，面临的人生发展议题主要是“建立亲密感，克服孤独感”。这个阶段的亲密关系不仅仅是指大学生建立的恋爱亲密关系，也可以是跟朋辈或者是生命中的成长导师建立的高质量的友情关系。一段相互信任、联结稳定的亲密关系，可以抵御生命中的大部分困苦。威廉·格拉瑟说过：所有的心理问题都是属于缺乏或没有满意的人际关系。我们每个个体通过在人际关系互动中，去获得别人的反馈与照见自己的盲点，从而得到提升；通过在人际关系互动中，得到情感上的支持，从而获得归属与爱的需要，避免孤独感；人际关系是否健康，直接影响着个体的心理健康水平，而刚刚进入成年早期的大学生，在进入大学生后，面对全新的大学生生活，对新环境、新阶段的适应，本身就会迎来诸多挑战与麻烦，同时，快节奏的现代生活大大提高了个体对刺激反应的阈值，降低了我们的耐心。我们似乎没有了足够的耐心去观赏一部电影，而是倾向于选择去看影评或者简短的宣传视频。

刚刚脱离家庭的大学生，进入大学后需要面对来自五湖四海的同学，需要应对师生关系、生生关系等较为复杂的人际关系。尤其很多大学生需要到异地求学，对大学所在区域的文化、饮食、环境等的适应，就会消耗大学生很大一部分心理资源。同时，很多大学生在大学阶段面临的关系危机更多聚焦于寝室人际关系问题上，而大学生所感受到的人际关系危机，往往是由于寝室作息习惯差异，个人气质性格差异，人生观、价值观、世界观等个性化差异，这也是大学生产生人际关系危机的根本因素。

2. 情感引发的心理危机

大学生在大学里的专业学习跟中学阶段的学习大有不同，大学生除了专业学习外，可支配的自由时间更多，节奏也没有中学阶段紧凑，有很多时间与个人空间。寝室常常就是大学生选择放松、交往甚至学习的地方。若寝室人际关系良好，大学生在大学

① 顾瑜琦，孙宏伟. 心理危机干预［M］. 北京：人民卫生出版社，2013：30-31.

阶段的归属需要、被爱与被接纳的需要就会得到充分满足，这对于大学生的身心健康发展、学业水平质量，会有很大的促进作用。若寝室成员之间长期充满矛盾与冲突，氛围压抑，甚至拉帮结派形成小团体，那么大学生在人际关系方面就会产生莫大的失落、退缩与孤独感，甚至可能激发一些原有过被抛弃经历的个体的恐惧感，进而破坏个体对所有人际关系的信任感，产生怀疑感，失去对活着美好愿景的期许。

对于处于成年早期的大学生而言，亲密的恋爱关系是大学生生活中重要的一部分，但也可能成为情感心理危机的来源。在学校生活中最常遇到的情感危机就是恋爱关系的破裂，以及由此带来的大学生在情感方面所经历的严重困扰、痛苦与不安。大学生失恋后，大部分个体会感受到严重的被抛弃感，产生强烈的自我怀疑、自我否定。

3. 学业引发的心理危机

大学的学习不同于初高中阶段，学习内容、学习方法、接受知识的方式都和中学阶段有所不同。大学阶段的学习专业性强，学习内容多，不仅要学习专业知识，还要学习做人、做事。同时，大学生还需要参加各种专业上的等级考试、社团活动、甚至参与老师带领的科研实践项目等。这些学习对大学生的学习能力提出了更高的要求。对于一些内驱力很薄弱的大学生来说，其对于大学的学习可能会出现学习动力不强，学习目标不明确，学习困难，学习迷茫等状态。部分自我要求高的学生这个时候，又会产生自我怀疑，产生对当前选择的怀疑、对未来失去信心与激情的心态。与此同时，很多家庭在这个阶段也很难给大学生提供相对有效的支持，长此以往，大学生的身心就会遭受严重的影响。

4. 就业引发的心理危机

随着经济的波动和社会结构的变迁，大学毕业生们步入了一个前所未有的社会化困境。越来越多的大学毕业生面临着“毕业即失业”的残酷现实。就业形势的空前严峻，用人单位对毕业生综合素质要求的不断提高，导致越来越多大学毕业生也选择加入考研大军，一方面提升学历，加持自身；另一方面，也通过考研让自己暂时不必直面就业压力。

在如此快节奏、充满不确定性的现代社会中，大部分个体都很难拥有一种从内而外的松弛感，毕业生也不例外。就业对于大学生而言，具有重要的心理意义。很多毕业生都表现出强烈的危机感与不安感，不断给自己施加压力，同时长期给自己设置不合理的目标，这些紧张、不安、焦虑的情绪若长期得不到有效缓解，大学生就容易陷入因未来就业而产生的心理危机中。

二、大学生心理危机的发展阶段

从心理危机的发展过程来看，它可以分为四个发展阶段：

1. 第一阶段：冲击期

冲击期发生在危机事件发生后不久或当时，这个阶段主要是指遭受突然性的、巨大的生活事件或工作变故等情况下，个体产生的无法接受与反应的感受。这个阶段的表现通常包括愤怒、困惑，感到震惊、恐慌、惊慌失措，不知道发生了什么。

2. 第二阶段：防御期

防御期处于危机发展的第二个阶段，个体主要表现为想恢复心理上的平衡，控制焦虑和情绪紊乱，恢复受到损害的认知功能。但其又不知如何做，会出现否认、合理化等防御机制。这个阶段表现出受到创伤性事件影响的个体产生的一系列生理反应，包括体验自我、改变自我、维持自我和逐渐摆脱自我，这些反应一般在几个小时到几天内产生。这个阶段的关键是应对反应，包括情感上的应对、自尊和自我探索方面的应对等。

3. 第三阶段：解决期

解决期处于危机发展的第三个阶段，个体积极采取各种方法接受现实，寻求各种资源努力解决问题，减轻焦虑，提振自信，恢复社会功能。这个阶段往往是痛苦的，复杂的感受与思绪循环往复，直到个体最终解决了内在问题并开始理解。个体还可能发现新的、有效的应对策略，以及与他人建立更稳固的联结。

4. 第四阶段：成长期

第四个阶段的个体，经历了危机后变得更成熟，获得应对危机的技巧。当然也有人消极应对而出现种种心理不健康的行为。个体在这个阶段往往会发现他们拥有的支持，会更善于去发现生活中让他们感到满意与快乐的元素，借此开始他们的新生活。

第三节　大学生心理危机的识别与干预

一、大学生心理危机的识别

心理危机的发生不是突然的，而是有一个过程的。通常当事人在采取极端行为结束生命前，大部分都会向身边的人释放出一些求救“信号”。在前期，我们要去学习与积累，因为有些“信号”容易被我们识别与捕捉到，但也有一些“信号”是十分含蓄而隐晦的。我们可以分别从感觉、行为、改变、威胁四个信号去识别。

（一）感觉

识别心理危机的第一个信号，可以从感觉，也就是情绪着手。个体处于心理危机状态中的情绪状态，与没有产生危机前，对比是比较强烈的，也是更易识别的。对方可能在谈话交流中、个人网络空间里、信件中等透露出诸如：“事情不可能好转了”“已经没有什么可以做的了”“我觉得没有任何希望了”“没有人在乎我”“没有我别人会过得更好”“对不起，我不配”等，同时我们也感受到对方强烈的无望、无助，过度的罪恶感和羞耻感，痛恨自己，持续蔓延的焦虑。或者间接表达出：“活着没有意思”“我所有的问题马上就要结束了”“现在没有人可以帮助我”“我再也受不了了”“我的生活毫无意义”。

（二）行为

识别心理危机的第二个信号，可以从行为，也就是事件着手。行为与事件，通常是引发个体产生危机的来源，如药物依赖、酒精滥用或网络成瘾；谈论或撰写与死亡及毁灭相关的情节；做噩梦及其他睡眠紊乱；与重要他人的近期冲突；最近经历了失落（死亡、分离、关系破裂等）；出现频繁的自我伤害；严重抑郁后突然的平静；焦躁不安、攻击、冲动鲁莽等。

（三）改变

心理危机的第三个信号，可以从个体产生的改变去识别。人格方面：疏远家人和朋友，在学校表现出退缩、冷漠和逃避，或更加多话、外向。思维：无法集中精力。睡眠：睡得太多或失眠，有时会很早醒来。食欲下降，没有胃口，体重减轻，或吃得过多。对于朋友、嗜好、个人清洁卫生或以往喜欢的活动失去兴趣，在经历过一段时间的消沉、退缩后突然情况好转。

（四）威胁

言语直接或间接流露自杀信号："流血多久才会死？"威胁性的话："过不了多久我就不会在这里了""再也不用为我操心了"。计划：安排事务，送走喜欢的东西，道谢、致歉、留遗书、研究药物，获取锐器绳索，到自杀计划的相关地点模拟、演练等，以及出现服药过量，割腕等。

当危机个体突然出现情况好转，我们更需要注意。大部分的自杀个案不是发生在人生跌入谷底时，而是发生在情况开始好转的时候，情绪突然好转很可能是因为对方终于决定要采取行动，不需要再做内心的挣扎与纠结，甚至已经做好了计划与准备。

总之，任何想要结束生命的高危信号都值得被关注，若发现自己身边的人透露出有关自杀的各种信号，务必要引起高度注意，一定要及时告诉老师或者带领学生寻求专业的帮助，没有什么比生命更重要。

二、大学生心理危机的评估

（一）危机状态评估

通常情况下，我们个体的生理机能是处于一个动态平衡的状态中的。即使受到一些应激事件的扰动，个体也可以调动已有的资源应对。但当应激事件已经超过个体应对的能力范围内时，个体的身心平衡就会受到扰乱，进而对个体正常的工作、学习等社会功能带来影响，同时这是生理状况的改变，是外显的，可以观察的，因此，我们可以从生理状况的情感、认知、行为这三个维度去进行评估（见表 10-1）。

表 10-1　三维评估

程度 维度	无损害 1	轻微损害 2　3	轻度损害 4　5	中等损害 6　7	显著损害 8　9	严重损害 10
情感	情感状态稳定，对日常活动情感表达适当	对环境的情感反应适当，对环境的变化只有短暂的负性情感流露，不强烈，当事人完全能够控制情绪	对环境的情感反应适当，但对环境变化有较长时间的负性情感流露，当事人能够意识到需要自我控制情绪	情感反应与环境有脱节，常表现出负性情感，对环境变化有较强烈的情感波动。情感状态虽然稳定，但需要努力才能控制情绪	负性情感体验明显超出环境的影响。情感与环境明显不协调。心境波动明显。当事人意识到负性情绪，但不能控制	完全失控或极度悲伤

表10-1(续)

程度 维度	无损害 1	轻微损害 2　3	轻度损害 4　5	中等损害 6　7	显著损害 8　9	严重损害 10
认知	注意力集中，解决问题和做决定能力正常。当事人对危机事件的认识和感知与实际情况相符	思维集中在危机事件上，但思想能受意志控制。解决问题和做决定能力轻微受损，对危机事件的认识和感知基本与现实相符	注意力偶尔不集中，感到较难控制对危机事件的思考。解决问题和做决定的能力降低。对危机事件的认识和感知与现实情况在某些方面有偏差	注意力时常不能集中，较多考虑危机事件而难以自拔。解决问题和做决定能力因为强迫性思维、自我怀疑而受到影响。对危机事件的认识和感知与现实情况有明显的不同	沉湎于对危机事件的思虑，因为强迫性思维、自我怀疑和犹豫而明显影响当事人解决问题和做决定的能力，对危机事件的认识和感知与现实有实质性的差异	除了危机事件外，不能集中精力。因为受强迫、自我怀疑和犹豫的影响丧失了解决问题和做决定的能力。对危机事件的认识和感知与现实情况有明显差异从而影响了其正常的生活
行为	对危机事件应对行为恰当，能保持必要的日常功能	偶尔有不恰当的应对行为，能保持必要的日常功能，但需努力	偶尔出现不恰当的应对行为，有时有日常功能的减退，表现为效率降低	有不恰当的应对行为且做事没有效率。需化很大精力才能维持日常功能	当事人的应对行为明显超出危机事件的反应，日常功能表现明显受到影响	行为异常难以预料，并且对自己或他人有伤害的危险

评分标准：

（1）三个维度得分总分在3~12分，帮助者遵循非指导性干预原则。帮助者可以通过积极倾听、及时反馈、自我开放以及使用开放式提问来帮助当事人澄清什么是他们真正想做的，检验各种可能的选择产生的结果。帮助者起到的是支持与陪伴作用。

（2）三个维度得分总分在13~22分，帮助者秉持合作型干预原则。帮助者以平等的身份与当事人共同评估问题严重性、紧迫性，与当事人尽可能商定与选择能够接受的解决问题的方式，采取切实可行的行动步骤——是“我们”的方式，不是“你”的方式。“我们”二字可以降低对方的防御心理，向对方传达，我和你是站在一边的，比起“我”，“我们”可以给对方带来更强的参与感，增强当事人面对困境的信心。

（3）三个维度得分总分在22分以上，帮助者遵循指导性干预原则。帮助者担当问题的主要确定者，寻找可能的应对机制，制订计划，作为指导者、决策者的角色，更多的是以“我”来交谈。

（二）自杀风险评估

危机状态的评估就像一个温度计，提醒我们，当事人正处于何种状态，以及作为非当事人的我们应该做出什么样的反应，如果当事人的状态是“常温偏高”，还处于正常范围时，那么我们可能只需要多加安抚即可；但如果当事人已经是“高烧”处于自杀边缘时，我们就需要马上拉响警报，打破保密条例采取保护措施。

发现危机信号后，我们可以做的评估是：首先就是表达关注与关心：“你看起来情绪很低落，我很担心你”。其次就是直接评估：“你是在考虑自杀吗?”若对方否认，则可以试着开放式提问："发生了什么事让你看起来那么难过？"若对方承认，则可以继续评估："关于自杀你是怎么计划的？"另外，以下四方面可以协助我们更好地评估危机个体的自杀风险。

1. 自杀念头

自杀念头通常出现在个体感觉当前是被"卡住了"的状态，个体感觉好像怎么努力也过不了，而产生痛不欲生的感受。当无助、孤独、绝望成为生命中不堪承受之重时，自杀的念头就会油然而生。因此，对于自杀念头的评估，可以有效协助我们对于自杀风险进行评估。

第一，想法。危机个体的自杀想法可能是因为遭遇了某个突发的、强烈的、灾难性的、不可控的事件，给个体带来的是失控的、失衡的局面。此时，处于慌乱中的大脑，理智决策与应对变得困难起来，这个时候，自杀的想法可能就会冒出来，因为对于这个个体而言，好像这样，就不用承受痛苦了。但我们清楚，这并不可取。另外，即使当事人度过了这段极其糟糕的日子，但心理上没有接纳，那么这种想法可能就会频繁出现。比如：你好像确实有些过度的抑郁，感受这样的痛苦，你有没有发现你有过自杀的想法？

第二，时间。当我们以一种从容的、镇定的态度去询问了自杀想法这样棘手的问题后，当个体又承认了有自杀念头时，我们就应该探查其自杀的时间、强度。自杀念头可能只是一刹那、一瞬间的出现，但更为严重者，个体大脑时时刻刻都充斥着这样的念头。所以，评估危机个体的自杀念头是一闪而过，还是几乎每天都在想，也是十分必要的。

第三，强度。评估危机个体的自杀念头是仅仅只是想想而已，还是这种想法已经十分强烈。

2. 自杀计划

当我们评估其自杀想法确实存在，从自杀想法时间、强度做了评估后，那么我们就要评估其是否有计划。若有，那么关于计划的时间、地点、怎么做、是否可以实施就是我们评估的重点。比如：你曾提到有时候你觉得如果你死了会更好一些。你有没有计划过如果你真的按照这种想法去做，你将用什么方法杀死你自己呢？

3. 既往及近亲属相关自杀、自伤经历

评估危机中的个体过去是否有自杀经历，过去采取过自杀行为的个体，再次实施自杀行为的可能性更高。关于自杀，需要进一步跟对方确认：是否有演练过。比如："你是否害怕自己在某一个你感到抑郁、孤独的时候可能不顾一切真的自杀了？"同时，要评估危机个体过去行为中是否出现过冲动控制问题；个体过去是否尝试过自杀，过去的自杀行为中致命性越高，现在的危险就越大。如果个体过去曾产生过自杀念头，要问是什么使他没有失去控制去真的自杀。最后，询问个体有没有亲密的朋友或家庭成员曾经尝试自杀或自杀身亡。

4. 自杀决心

评估其是否下定决心实施自杀计划，自杀计划是否致命，有没有和亲友告别过，有没有写下遗书。

【知识窗】

徐凯文的自杀自伤评估表见表 10-2①。

表 10-2　自杀自伤评估（徐凯文）

	无	有（低）	有（高）
评估自杀、自伤计划	0	1	2
评估既往相关自杀、自伤经历	0	1	2
评估目前现实压力	0	1	2
评估目前支持资源	2	1	0
临床诊断	0	1	2

采用自杀自伤评估量表的结果解释：

（1）0~2 分：需要观察随访。

（2）3~4 分：报告分管领导，报告院系辅导员，密切观察随访；24 小时监护，24 小时后再评估，可以通知父母。

（3）5~6 分：报告分管领导，报告院系辅导员，密切观察随访；通知父母，送医院精神科门诊，或精神科会诊，24 小时监护，强烈建议住院。

（4）7~10 分：通知父母，立即住院。

【课堂之外】

对自杀的错误理解

（1）谈论自杀的人不自杀。

（2）自杀前没有任何征兆。

（3）自杀者不是真的想死。

（4）自杀往往是遗传的。

（5）一旦产生自杀的想法，这个想法就总是存在。

（6）一个人自杀未遂后，以后再也不会出现自杀行为。

（7）大多数的自杀是缘于一个突发的创伤事件。

（8）非致命性的自杀行为只是为了引起他人的注意。

（9）如果一个人的抑郁情绪突然好转，他就没有自杀的危险了。

（10）所有自杀者都有精神问题。

三、大学生心理危机干预

（一）什么是心理危机干预

1. 心理危机干预的概念

心理危机干预指的是一种通过调动处于危机中的个体的自身潜能来重新建立或恢复危机爆发前的心理平衡状态的帮助活动和帮助过程。心理危机干预的目标是：保护

① 徐凯文. 基于树理论的危机干预信息管理云平台的建构及其有效性. 中国心理学会. 第十届全国心理学学术会议论文摘要集［C］. 中国心理学会，2014：1.

危机个体的生命，协助危机个体恢复到危机前的平衡状态，协助危机个体增强韧性。同时，对于当事人而言，度过危机后也会不同的结果。在各方支援与帮助下，当事人顺利度过危机，那么当事人就学会了处理与应对危机的方法策略，心理健康水平也因此得到了提高；若当事人度过了此次危机但心理上留下了阴影与创伤，那么可能在今后的社会适应上会遇到一些困难；若当事人未能度过危机而出现明显的心理障碍，则当事人可能会经不住强烈的刺激而再次出现自伤自毁。心理危机干预是复杂而又具有挑战性的助人工作，不仅需要我们自身具备强大的心理承受能力，也需要我们掌握一些切实可行又具有操作性的技巧。

2. 心理危机干预的目标

危机干预的最低目标，毫无疑问，就是保护当事人的生命安全，预防各种意外的发生。危机干预的最高目标就是协助当事人获得人格上的成长。

美国学者柯金（1976）指出自杀危机干预的直接目标：

①减轻当前的危险，降低负性情感体验，如焦虑、迷惘、绝望；

②恢复自杀者与亲人间的关系；

③帮助自杀者明白应该做的事；

④帮助自杀者挖掘自杀的根源；

⑤发展新的态度、行为和应对技巧。

（二）非专业人士心理危机干预技巧

在一项对大学生求助行为的研究中发现，大学生的第一求助学对象通常是身边的同学。他们发生心理危机的时候，可能第一个会打电话或者发短信给自己的同学和朋友。因此，朋辈群体在心理危机干预中，具有天然的优势，同时在心理危机干预中，作为非专业人士，其实是有技巧可循的。

1. 如何问

首先，问经过（经历），如：

①发生了什么事？

②你经历了什么？

③具体发生了什么？

④这段时间你是怎么过的？

引导危机个体讲述其经历的事件，能让当事人感到被关注和关心，同时讲述的过程也是他们自我梳理、自我平复的过程。

其次，问感受（情绪），如：

①你感觉怎么样？

②你的感受是怎样的？

③这件事情带给你的感受是什么？

④当时是什么心情？

⑤那时候情绪是怎样？

经历危机的个体，暂时会出现头脑“一片空白”，心情“一团混乱”的状态，同时，当事人暂时也感受不到自己的担心，不知道自己的需要，询问他们的感受能让他们更清楚自己的状况，找到解决当下困境的方向。

最后，问信息（资源），如：

①发生了什么事？

②你有什么担心？

③你需要什么帮助？

④谁能给你提供帮助？

⑤什么地方能得到帮助？

⑥你做了些什么来调整自己？

⑦身边有哪些人可以帮助你？

⑧你希望怎么解决？

⑨以前遇到类似的情况，你是怎样处理的？

询问当事人过去处理危机的经验以及周围可以提供的帮助和资源，可以帮助他们重拾信心，重获对当下生活的掌控感。

2. 有哪些技巧

第一，认真倾听。人本主义心理学家罗杰斯说过，倾听是具有力量的，倾听一旦发生，痛苦就减少一半。听字的繁体字是“聽”，左边一个耳，一个王，简单套用就是听为王，右上方是十四，右下方是一心一意，连接起来就是用十四个心去听，专注地听。倾听过程中，给予对方一些回应、目光与点头，配合非言语动作会让对方感觉到你在全神贯注地倾听，同时适当地复述当事人谈论的重点细节，比如“你是说……”“你刚才说……”“看看我是否听清楚了，你说到……”。倾听过程中的复述，表面看起来很简单、很平凡，实际上是很有效果的技巧，它可以使对方觉得你在乎他说的话，你想很准确地明白他的意思，同时使对方听清楚自己所说的话。另外，复述可以给我们一点时间，去做出更好的构思或者回答。

第二，允许表达情绪。处于危机当中的个体，情绪是复杂的、波动的。情绪也可能塞满了当事人的内心，让当事人堵得慌，很压抑。情感爆发或哭泣会使他们的情感得到释放。因此，我们要允许对方表达情绪，可以告诉对方：你现在不必去克制情绪，愤怒、憎恨、难过、内疚、委屈都可以用你自己的方式去表达出来。当这个个体的情绪借此时机找到一个出口释放出来，在平息后，个体状态就能恢复到理性层面，他才能进一步理性地描述事件感受、想法与期待，才能给与危机干预者进一步干预提供帮助。

第三，培养同理心。所谓同理心，就是站在对方的立场，去了解对方的感受和内在世界，把这种了解表达出来，让对方知道你对他的感受、想法及对他的行为有所了解，就好像穿着别人的鞋站了一会儿，去体会别人的立场与感受。比如，当面对当事人痛哭的时候，也许他最需要的不是建议，也不是不停地安慰而仅仅是安全的、可以哭泣的环境，陪伴和纸巾。

第四，正常化。通常而言，经历了危机的个体会无意识地将自己局限在所处困境中，面对自己的反应，可能会有羞耻感。此时，你可以告诉对方：你有这样的感觉是很正常的，每个经历了同样事件的人都可能会有这样的反应，或者是你的反应是经历了同样的事件的人都会有的。

第五，鼓励。处于危机中的个体对于当前所处境遇是悲观的、消极的。即使在我们看来，当事人其实是具备一些可利用的资源与优势，但在当前混乱的状态下，要调动对方积极乐观的思维，是有一些困难的。所以，此时需要我们及时给予对方一些鼓励和积极的心理暗示。因为有可能在当事人之前的生活经历中，这样被鼓励的体验非常少，而此时真诚的、充满信任的鼓励，对于当事人提振信心、激活自身能量，就显得尤为重要。

第六，稳定化。哈罗说过，“安全感取决于母亲曾经抱得够不够紧。”通常，应激反应很难通过讲述的方式消除，拥抱和触摸胜过千言万语，可以唤起当事人安全感的记忆。触摸、接触，能让人产生与外界实实在在、真实连接的感觉，减轻恍惚、惊慌失措、慌乱不安、不踏实感，让动荡不安的心、被惊吓而悬着的心“着陆”。

【课堂之外】

蝴蝶拍

经历重大危机事件后，大部分人的内心像受到惊吓的孩子一样需要保护。蝴蝶拍模拟婴儿在母亲怀抱里被紧紧拥抱的动作，让经历危机事件的人的身心得到深沉而实在的安慰，唤起其婴幼儿时代安全感的记忆。此方法是从墨西哥发展出来的，用来治疗飓风后心理受伤的孩子。从那以后此方法就在全世界范畴内推广使用，帮助人们增强积极感受。其原理是利用双侧刺激的方法，促进我们的左右大脑对信息的再加工，通过再加工我们的一些固着的负面认知会发生变化，由此也会带来负面情感的改善，同时通过这个方式也可以让已有的正面积极体验增强并稳定下来，增加我们的积极资源，帮助我们增强信心，以更加积极乐观的态度来面对困难与挑战，是一种常用于遭遇重大危机后的个体的心理稳定技术。

现在开始练习蝴蝶拍技术。请你找个地方坐下来，一个可以让自己坐得安稳的地方，你可以调整一下你的姿势，把双脚脚掌平放在地上，挺直你的背部，让你的脖子可以竖直，下巴内收，双手安放在大腿上，这样可以帮助你以一个放松的姿态开始今天的练习。

首先，我们先来学习一下蝴蝶拍的方式，请把你的双手手臂在胸前交叉，右手放在左上臂，左手放在右上臂，就像是在拥抱自己一样。很好，现在请你左右交替的方式轻拍上臂，一左一右，先从左手开始拍，然后是右手拍，然后是左手拍，再是右手拍，轮流交替，现在请跟着我报的数字一起来拍，1，左手拍，2，右手拍，3，左手拍，4，右手拍，继续交替，5、6、7、8、9、10、11、12、13、14、15、16，好停下来，16 个数为一轮。

我们再来一轮，用一个比较慢、轻柔而且均匀的速度来拍，就像妈妈拍着宝宝哄宝宝入睡一样，1~10。这一次你做得更好了，一会在接下来的练习里就这样交替拍，10 下为一轮。

3. 有哪些注意事项

第一，避免贴标签或下定论。一定要记住我们的角色是同学或者朋友，而非专业的心理咨询师、心理医生，所以在与当事人沟通中就要避免给予评价、避免贴标签或下定论。比如，当事人告诉你他已经好长时间睡眠不好、对什么都提不起兴趣了，那么“你可能有抑郁症”，这样的结论就不能轻易说出，即使你带着不确定性的描述，如

“可能”这样的词汇，也尽量不这样做。因为这可能会引发他们的防御心理，甚至增加他们的焦虑。可以试着说：如果这个问题真的很困扰你的话，我可以陪你去学校或者去医院做个排查。

第二，明确职责边界。在危机干预过程中，明确什么可以做，什么不可以做，是很有必要的。一方面可以减轻我们对于危机干预的压力，另一方面也可以让我们更清楚，我们的职责所在。其中，不要做：

①不要恐慌。

②不要做评价、劝告或建议。

③不要担心直接问及自杀。

④不要承诺保密。

⑤不要让有自杀倾向者独处。

⑥不要单独一人应对。

⑦不要过多怀疑而耽误了时机。

关于保密例外的说明，如果我们评估对方的生命可能处于危险之中，上报信息是很重要的，虽然这可能违反了对方的隐私要求，但在任何情况下，保护生命和防止危险是比维护隐私更重要的考虑。如果我们不确定怎么做，请寻求学校心理中心的帮助。

可以做：

①保持冷静。

②接纳，鼓励他说出内心感受。

③询问具体细节。

④表达不希望他这样做。

⑤倾听、了解、陪伴。

⑥求援。

⑦移开危险物品，如已发生自杀行为，立即将他送至就近医院急诊室。

第三，关于寻求专业帮助。当遭遇心理危机后，有些当事人往往会出现一些应激的症状，比如：持续失眠、食欲不好、情绪低沉等。通常情况下，这些应激反应都会在一周或者一周左右逐渐消失。如果这些症状持续两周以上仍不缓解，则需要协助当事人寻求专业的帮助了，比如找心理咨询师或者精神科医生。

另外一种需要注意的就是创伤后应激障碍（post traumatic stress disorder，PTSD）。创伤后应激障碍指的是个体受到异常强烈的灾难性刺激或精神创伤后，数日至半年内出现的精神障碍。强奸、虐待、暴力袭击、绑架、重大交通事故等人为事件以及强地震、海啸等严重自然灾害均可诱发精神障碍。个体在经历严重的创伤刺激后会出现惊恐等严重心理反应和急性应激障碍（acute stress disorder，ASD），通常在伤后1~2周内恢复正常，仅少数个体会发展成PTSD①。当出现PTSD的症状时，我们也需要寻求专业帮助。

---

① 王庆松，谭庆荣. 创伤后应激障碍［M］. 北京：人民卫生出版社，2015：45.

【知识窗】

PTSD 临床症状

1. 持续地重新体验创伤事件

(1) 反复闯入性地痛苦地回忆起创伤事件，包括印象、思想或知觉。

(2) 反复而痛苦地梦及创伤事件。

2. 对创伤伴有的刺激作持久的回避，对一般事物的反应显得麻木

(1) 努力避免有关此创伤的思想、感受或谈话。

(2) 努力避免会促使回忆起此创伤的活动、地点或人物。

(3) 不能回忆此创伤的重要方面。

(4) 很少参加有意义的活动或没有兴趣参加。

(5) 有脱离他人或觉得他人很陌生的感受。

(6) 情感范围有所限制（例如不能表示爱恋）。

3. 警觉性增高

(1) 难以入睡，或睡得不深。

(2) 激惹或易发怒。

(3) 难以集中注意力。

参考文献

[1] 程从柱. 尼采的生命教育观［M］. 太原：山西人民出版社，2018：186

[2] 夏翠翠. 大学生心理健康教育：慕课版［M］. 北京：人民邮电出版社，2015：169-170，175.

[3] 顾瑜琦，孙宏伟. 心理危机干预［M］. 北京：人民卫生出版社，2013：30-31.

[4] 王庆松，谭庆荣. 创伤后应激障碍［M］. 北京：人民卫生出版社，2015：45.